KB125158

서울의
다섯 궁궐과
그 앞길

서울의 다섯 궁궐과 그 앞길
유교도시 한양의 행사 공간

ⓒ 김동욱, 2017

초판 1쇄 펴낸날   2017년 6월 10일
지은이   김동욱
펴낸이   이상희
펴낸곳   도서출판 집
디자인   스튜디오 로컬앤드

출판등록   2013년 5월 7일 2013-000132호
주소   서울 마포구 동교로 47-15 402호
전화   02-6052-7013
팩스   02-6499-3049
이메일   zippub@naver.com

ISBN   979-11-952334-8-9 03610

서울의 다섯 궁궐과 그 앞길

유교도시 한양의
행사 공간

김동욱 지음

광화문 앞 세종대로는 여러 의미에서 대한민국을 상징하는 거리가 되고 있다. '국가 상징거리'라는 이름에 걸맞게 이 길은 조선왕조 500년은 물론 우리나라 근·현대 정치와 사회 변혁의 중심이었다.

조선시대에는 세종대로를 육조대로라 불렀다. 나라 최고 관청인 육조가 좌우에 늘어선 큰 길이었다. 육조대로의 북쪽 끝에는 경복궁이 자리 잡고 있고 경복궁에는 조선의 국왕이 있었다. 조선시대에 이 길보다 더 크고 더 중요한 의미를 지닌 길은 없었다. 육조대로에는 왕의 장엄한 행차가 있었고 외국 사신들이 오고 갔으며 과거 시험을 비롯한 각종 행사가 벌어졌다. 부당한 일을 겪은 백성들이 이 길에 와서 자신의 억울함을 토로하기도 했다.

왕이 경복궁에 머문 기간은 조선왕조 500여 년의 절반도 못되었다. 왕들은 창덕궁에 더 오래 거처했고 또 창경궁이나 경희궁에도 있었다. 고종은 재위 말년을 덕수궁에서 보냈다. 왕의 거처가 달라지면서 왕의 행차나 사신의 방문이나 다른 행사도 바뀌었다. 창덕궁 돈화문 앞길이 육조대로를 대신해서 각종 행사장이 되었고 창경궁 홍화문 앞길도 이따금 쓰였다. 경희궁 홍화문 앞길 역시 화려한 왕의 행렬이 지나갔다. 덕수궁 대한문 앞길은 대한제국의 색다른 행렬로 볼거리가 되었다.

지금 이 길들에서 옛날의 모습을 찾아보기는 불가능하다. 겨우 궁궐 정문이 버티어 서 있지만 길 주변 건물들은 하나도 남은 것이 없고 길 폭도 크게 확장되어 옛 모습을 잃었다. 간신히 돈화문 앞길이 길 폭 정도를 유지하고 있지만 과거의 흔적을 읽어내기는 어렵다. 길 폭이 달라지고 주변 시설이 하나도 남아 있지 않으니, 과거 이 길에서 어떤 행사가 벌어지고 어떤 일이 있었는지 알아내는 일은 지난하다. 단지 돈화문로라든지 창경궁로라는 길 이름만 남아 있다. 하지만 이름은 이름일 뿐 그 길에서 벌어졌던 일을 전해 주지는 않는다.

이 책은 조선시대 서울의 여러 궁궐 정문과 그 앞길에서 어떤 일이 벌어졌는지 살펴본 것이다. 궁궐이 지어지면서 문은 어떻게 세워졌으며 문과 문 앞 길에서는 어떤 행사가 벌어졌는지 들여다보려고 했다.《조선왕조실록》이나《승정원일기》및《의궤》같은 사료를 통해서 행사의 내용이나 실상, 참여자들의 면면을 밝혀 보았다. 지금까지 궁궐에 대한 관심은 궁궐을 둘러싼 담장 안쪽 세계에 치우친 감이 있다. 그러나 궁궐은 궁궐 출입문과 그 앞길을 통해 바깥 세계와 통해 있었다. 궁궐 앞길은 궁궐과 도시를 연결하는 숨통과 같은 존재라고 할 수 있다. 담장 안의 세계와 함께 담장 바깥 세계까지 아울러 살펴보아야 궁궐을 제대로 이해할 수 있을 것이라는 생각을 한다. 궁궐 앞길에서 벌어진 행사를 살펴보는 일은 이러한 통합적 이해에 접근하는 작은 실마리가 될 것으로 믿는다.

책의 부제목을 "유교도시 한양의 행사 공간"이라고 한 점은 약간 설명이 필요할 듯하다. 한양은 정치의 중심이었고 상업활동이 활발하게 이루어진 곳으로 알려져 있다. 그렇다고 한양을 정치도시, 상업도시라고 정의내리기는 어려워 보인다. 정치도시라고 할 만큼 권력을 쥔 세력들이 대립과 투쟁을 반복하면서 도시 질서를 뒤흔든 모습은 보이지 않는다. 특정 상업세력이 도시에서 영역을 장악하고 통치에 영향을 끼친 정황도 보이지 않아서 상업도시라는 말도 어울리지 않는다. 조선시대 국왕은 절대적이지는 않지만 안정적인 권위를 유지했다. 외적의 침입도 있었고 특정 정파 관료들의 전횡도 있었지만 국왕의 지위를 흔들 정도는 아니었다. 그 바탕에는 조선의 통치 이념인 유교가 있었다. 국왕은 유교가 정해 놓은 통치 질서의 정점이었으며 그 틀 안에서 안정적인 지위를 누렸다. 한양은 이런 유교질서의 구체적인 실천 장이었다. 한양을 유교도시라고 부른 배경은 여기에 있다.

한양의 두드러진 시설은 궁궐과 몇몇 관청 그리고 사방에 산재한 제사 시설이다. 종묘와 사직단을 필두로 선농·선잠단이나 산과 바다와 강을 주관하는 신령을 모신 제단이 가득했다. 여기에 더해서 조선후기에는 종묘에 모시지 못하는 후궁이나 왕세자를 위한 사당이 곳곳에 세워졌다. 이런 시설에는 나라에서 절기에 맞추어 정성스런 제사를 지냈다. 특히 종묘와 사직단, 선농단은 왕이 직접 제사 지내는 곳이었다. 임금은 화려하게 치장한 가마를 타고 궁궐에서부터 이런 시설 사이를 오고 갔다. 한양 주변에 산재한 왕릉을 찾아가는 능행도 잦았다. 도시 행사라는 관점에서 보았을 때 한양에서 가장 두드러진 면은 유교의례를 수행하는 행사였다. 이런 점에서 이 책에서는 한양을 유교도시로 정의하고 그 안에서 벌어진 유교적 행사를 살펴보기로 했다.

유교도시라는 설정은 물론이고, 궁궐 문 앞에서 벌어진 행사에 대한 설명에서도 여러 가지 허술한 부분이 많다는 점을 인정하지 않을 수 없다. 문자로 된 사료에만 의존하다보니 행사의 구체적인 진행이나 하이라이트를 명확하게 집어내지 못한 한계가 있다. 궁중 행사의 전말을 기록으로 남긴《의궤》에는 궁궐 안에서 치러진 행사는 세밀한 부분까지 묘사되어 있지만 길에서 벌어진 행사는 거의 전하는 것이 없다. 종묘에 신주를 모시는 부묘나 왕의 재궁(관)을 모시고 궁을 나서는 발인을 다룬《의궤》도 마찬가지이다. 제목에서 말한 '유교도시의 행사'에서 많은 부분이 누락되었다는 점을 고백하지 않을 수 없다. 가급적 다양한 측면의 행사를 찾아보려고 했지만, 사료가 나라에서 편찬한 것이어서 결국 왕의 움직임에 한정되고 말았다. 백성들과 관련한 행사를 다루지 못해 무엇보다 아쉽다. 서민들의 움직임이야말로 가장 궁금한 점이기는 하지만 손이 닿지 못했다. 부족한 부분은 앞으로 관심을 갖고 자료를 더 살펴야겠다는 다짐으로 넘어가기로 한다.

책을 쓰는 과정에 내가 몸 담고 있는 ㈜역사건축기술연구소에서 수행한 의정부 터나 돈화문로의 정비방안 연구에서 적지 않은 도움을 받았다. 협업의 중요성을 깨닫는 기회가 되었다는 점에서 연구소에 감사를 표한다. 책을 펴낸 도서출판 집의 이상희는 몇 해 전《영건의궤-의궤에 기록된 조선시대 건축》을 함께 만들면서 인연을 맺었다. 건축에 대한 신선한 시각을 갖고 진지하게 글을 모으고 사진을 정리해 우리 시대 좋은 책 만드는데 혼신의 노력을 기울이고 있어서 믿음이 간다. 책을 이 만큼이라도 마무리해 주어 고마운 마음이다.

2017. 4.
김동욱

서울 다섯 궁궐과
가로에 담긴 이야기

섬이 되어 버린 궁궐

어느 날 큰맘 먹고 경복궁을 보러 집을 나선다. 지하철 3호선 경복궁역에 도착해 개찰구를 나와 계단을 오르면 어두컴컴한 지하 통로를 걸어 지상에 올라오게 되는데, 눈앞에 나타나는 것은 기와지붕이 길게 이어진 궁궐 안 담장과 배경이 되는 고층 빌딩들이다. 한쪽에는 국립고궁박물관의 현대식 건물도 보인다. 무언가 기대에 어긋난 모습이다.

　조금 멋진 경관을 얻으려면 이순신 장군 동상이 우뚝 선 세종대로 광장 한가운데로 가서 북쪽 정면을 바라보는 것이다. 눈앞에 멀리 북악산의 자태가 드러나고 그 아래 당당하게 선 광화문이 있다. 그러나 광장에서 광화문 앞으로는 더 이상 나아갈 수 없다. 광화문 앞은 교행하는 차량들의 물결이 넘치고 그 물결을 가로지를 아무런 방법이 없다. 눈앞의 경복궁은 마치 차량의 바다에 둘러싸인 섬처럼 보인다.

창덕궁을 가도 상황은 크게 다르지 않다. 유일한 통로인 돈화문 앞은 차량들로 분주하다. 돈화문 앞에서 종로3가까지의 길은 돈화문로라고 불리는데, 유서 깊은 이 길은 늘 차량이 가득할 뿐 아니라 가로변에 있는 플라타너스 나뭇잎이 무성해서 길에서는 돈화문이 좀처럼 보이지 않는다. 돈화문 바로 앞에나 가야 궁궐이 여기 있는지 알아차릴 정도이다. 창경궁이 있는 홍화문 앞도 상황이 비슷하다. 앞에 서울대학교 병원의 우람한 건물이 버티고 서 있고 홍화문 앞은 찻길이 가로막고 있다.

그나마 문도 잘 보이고 운치 있는 담장도 있고 보는 사람을 반기는 것처럼 보이는 곳은 시청 건너편 덕수궁이다. 덕수궁 대한문 앞 역시 차량의 홍수인 점은 다른 곳과 큰 차이가 없지만 그래도 여기는 앞이 넓게 개방되어서 궁궐의 존재를 잘 드러낸다. 또 다른 궁궐인 경희궁 앞에서는 서울역사박물관만 보인다. 이곳을 방문한 사람 중에 안쪽 깊숙이 숭정전 건물이 복원되어 있는지 아는 사람이 몇이나 될까? 정문인 홍화문은 엉뚱한 자리에 있어서 도대체 왜 그 자리에 문이 서 있는지 이해가 쉽지 않다.

인구 천만을 헤아리는 대도시 서울에 그나마 이렇게 궁궐이 다섯 곳이나 있는 것만 해도 귀한 일이라고 하지 않을 수 없다. 근대기의 소용돌이 한가운데서 온갖 수난을 다 겪은 서울이라는 도시에서 이렇게 궁궐들이 살아남은 것도 거의 기적에 가깝다고 할 수 있다. 섬처럼 되어 있지만 완전히 흔적을 잃을 수도 있었을 텐데 이 정도라도 보존할 수 있는 점에는 경의를 표할 일이다.

그러나 아쉬움은 크다. 무엇보다 큰 아쉬움은 오색 빛깔의 치장에 화려한 행렬이 오가던 궁궐 앞 가로의 모습이 완전히 사라져 버린 점이다. 궁궐 앞 가로는 임금이 탄 가마가 드나들고 외국 사신들이 방문하고 갖가지 공연이 연출되던 조선시대 최고의 볼거리가 펼쳐진 곳이었다. 이런 모습이 흔적

　　　　　　　　　서울 다섯 궁궐과　가로에 담긴 이야기

도 없이 사라지고 궁궐 앞은 차량들만 오가는 삭막한 곳이 되어 있다. 궁궐 정문은 왠지 침울한 모습이고 양 옆으로 이어진 담장은 표정이 없다.

한양의 다섯 궁궐과 가로

조선시대 한양을 건설하면서 제일 먼저 손댄 일 중의 하나는 길을 내는 것이었다고 짐작된다. 한양 천도를 결정하고 며칠 후인 1394년(태조3) 9월 9일에 태조 이성계(李成桂, 1335~1408)는 정도전(鄭道傳, 1342~1398)을 한양에 보내서 도로의 터를 정하도록 했다고 한다. 1년 정도 지나서 궁궐(경복궁)을 짓고 다시 1년 후에는 도성을 둘러싼 성곽을 쌓았다. 성문의 위치가 정해지고 한양의 간선도로들이 만들어졌는데, 동대문과 서대문을 잇는 동서 간선도로가 중심이 되었다. 동서대로는 운종가라고 불렀다. 경복궁에서 운종가를 잇는 큰 길이 열리고 또 종루에서 남쪽으로 큰 길이 뻗어서 남대문으로 이어졌다.

태종 때는 경복궁 동편에 이궁인 창덕궁이 세워졌으며 창덕궁 앞에서 동서 간선도로를 잇는 길이 열렸다. 간선도로를 따라 행랑을 지었다. 창덕궁 정문 앞에서 동서 도로까지 행랑이 길게 이어졌다. 100년쯤 지나서 성종이 왕이 되었을 때 창덕궁 동편에 대비 즉 왕의 할머니들을 위해 창경궁을 지었다. 창경궁 정문 앞으로도 역시 동서 간선도로를 잇는 길이 열렸다. 이 길은 궁궐 앞에서 북쪽으로 계속 나아가서 도성의 동소문인 혜화문으로 이어졌다.

17세기 광해군 때는 도성 서쪽 서대문 앞에 경덕궁을 세웠다. 경덕궁의 정문은 운종가에서 서대문을 잇는 대로변에 서 있어서 자연스럽게 궁궐 정문 앞 길이 종루를 향해 열렸다. 19세기 말에는 고종이 과거 선조가 잠시 머물렀던 정릉동 행궁(경운궁)을 크게 수리해서 그곳을 궁궐로 삼았다. 곧이어 국호를 대한제국으로 하면서 경운궁은 황제의 궁궐이 되었다. 다만 경운궁 정문 앞은 큰 길이 열리지 못해 대궐 앞 가로는 옹색한 모습이었다.

궁궐의 정문은 각별한 의미를 지녔다. 임금이 궁궐 밖으로 나가는 것을 거둥(擧動)이라고 한다. 출궁 거둥은 울긋불긋한 깃발이 앞뒤에 나부끼고 창검을 손에 든 군사들이 호위하는 가운데, 화려한 관복을 갖추어 입은 승지나 대신들과 아리따운 자태의 상궁들이 임금이 탄 가마를 따르는 화려한 행렬이었다. 간혹 중국 사신이 황제의 칙서를 가지고 한양에 들어오면 칙서를 모신 가마를 중심에 두고 왕과 사신이 호위하는 군사들에 에워싸인 채 궁궐로 들어왔다. 임금이 승하하면 신주를 궁궐 안에 모시고 있다가 3년상 기간이 끝나면 신주를 종묘에 모셨다. 3년 동안의 근신 생활을 끝내고 궁궐로 돌아오는 발걸음은 가볍고 홀가분했다. 가로변은 오색 빛깔로 치장을 하고 백성들도 덩달아 기쁜 얼굴을 하고 가로변에 나와서 왕의 행렬을 지켜보았다. 궁궐 정문 앞에서는 광대들이 흥겨운 놀이를 펼치곤 했다.

이런 행사들이 한양의 다섯 궁궐과 그 앞 가로변에서 벌어졌다. 그중의 으뜸은 경복궁 앞 육조대로였지만 17세기 이후에는 창덕궁 돈화문 앞길이 주 무대가 되었으며 간혹 창경궁 홍화문 앞길이나 경희궁 홍화문 앞길로 장소가 바뀌기도 했다. 조선시대 궁궐 앞 가로는 다른 곳에서 보기 어려운 화려한 행렬과 놀이가 펼쳐지던 공간이다.

놓칠 수 없는 궁궐 앞의 구경거리

1440년(세종22) 4월 6일, 왕비가 온양에서 온천을 하고 한양으로 돌아오는 날이었다. 왕세자(문종)가 헌릉 동구(洞口)까지 마중을 나가고 왕세자빈은 삼전도에 나가 맞이하고 각 관청의 관리들이 홍인문 밖에서 맞이했다고 한다. 홍인문에서 광화문까지 가로변은 모두 꽃으로 장식하고 악공은 풍악을 울리고

서울 다섯 궁궐과 가로에 담긴 이야기

기생들이 노래하면서 궁궐까지 행렬을 이루었는데 흥인문에서 광화문 밖까지 구경하는 사람들이 담과 같았다고《세종실록》에 기록되어 있다. 조금 과장했겠지만 "구경하는 사람들이 담과 같았다." 표현이 인상적이다.

조선시대 한양은 서양의 도시처럼 도시 중심에 넓은 광장을 두지 않았다. 옛날 지도를 아무리 들여다보아도 수많은 사람들이 한데 모여서 행사를 하거나 구경을 할 만한 빈 공터는 좀처럼 눈에 띄지 않는다. 그나마 유일하게 보이는 넓은 곳이 궁궐 앞 가로가 아니었나 생각된다. 특히 광화문 앞 육조대로는 고지도에서 뚜렷하게 그 자취가 드러난다. 앞의《세종실록》에서 말한대로 흥인문에서 광화문까지 긴 행렬이 이어졌다. 그중에도 도성 안 가장 넓은 가로인 광화문 앞 육조대로에서 행사가 절정을 이루었다고 짐작된다. 더욱이 지금처럼 차량이 지나다니지 않던 조선시대라면 사람들이 담처럼 운집해서 행사를 구경했음직하다.

조선시대 한양의 백성들은 무언가 구경거리가 있을 때 이를 놓치지 않고 지켜보았다. 세종 때 육조대로에서는 무과 과거 시험을 치렀다. 말달리며 활을 쏘고 창을 휘두르는 모습이 고스란히 구경하는 사람들에게 노출되었다. 어떤 때는 모래주머니를 쥐고 달리기하는 군사들의 체력 훈련도 여기서 했다. 솜씨가 훌륭한 응시자는 박수를 받았고 실수를 한 사람들은 웃음거리가 되었을 터였다. 지금 종로3가 네거리 조금 북쪽에는 파자교라는 돌다리가 있어서 창덕궁 돈화문에서 파자교까지 왕의 행렬이 자주 지나갔다. 왕의 행렬이 시내를 지날 때는 군사들이 가로 좌우에 포장을 쳐서 왕의 가마를 볼 수 없도록 했는데, 파자교 주변은 포장이 낮아서 구경꾼들이 파자교 난간 위까지 올라가 왕의 가마를 구경하는 일이 있었다. 어느 날 정조가 이곳을 지나게 되었는데, 군사들이 구경하는 사람들을 쫓아내려고 하자 왕이 이들을 막지 말도록 한 일도 있었다.

궁궐 앞 가로는 도성 한양에서 거의 유일하게 주민들이 흥거운 구경에 시간 가는 줄 모르던 공간이었다. 물론 이런 유쾌한 일이 자주 벌어진 것이 아니어서 백성들은 모처럼의 구경거리를 놓치지 않으려 애 썼다. 한양의 다섯 궁궐이 모두 같은 상황은 아니었지만 각각의 궁궐과 가로의 상황에 맞추어 조금씩 다른 구경거리가 펼쳐졌다.

유교도시 한양의 행사

궁궐 앞 가로에서 벌어진 행사는 어떤 것이었을까? 왕비의 온천 나들이나 무과 과거 시험도 있었지만 더 중요한 것은 국왕이 종묘나 사직단에 제사 지내러 가는 행차나 멀리 선왕의 무덤을 찾아가는 능행, 중국 황제의 칙서를 지니고 찾아오는 사신을 영접하는 행사 같은 의례였다.

한양은 '수선(首善)'이라는 이름으로 불렸다. 수선은 '모범, 본보기' 같은 말이며 유교의 덕목을 실천하는 본보기를 가리켰다. 또 서울을 가리키는 다른 표현이기도 했다. 서울은 국왕이 거주하는 도시이며 국왕은 모든 사람들을 대표해서 하늘이 정한 덕목을 실천하는 존재라고 보았기 때문에 서울을 수선이라고 했다.

19세기에 만든 대표적인 한양의 지도로 〈수선전도(首善全圖)〉가 있다. 김정호(金正浩, ?~1866)가 제작한 것으로 추정되는 이 지도는 가로 65센티미터, 세로 83센티미터의 커다란 나무판에 한양의 상세한 모습을 새긴 것이다. 나무판에 새겼기 때문에 필요할 때마다 얼마든지 찍어낼 수 있었다. 이 지도에서 중요하게 표현한 것이 궁궐의 위치와 한양에 존재하던 많은 유교적인 제사시설들이었다. 〈수선전도〉를 널리 보급하려는 제작자의 의도를 엿볼 수 있다. 종묘나 사직단은 물론 농사를 주관하는 신령을 모신 선농단이나 누에농

서울 다섯 궁궐과 가로에 담긴 이야기

19세기 중반 한양의 모습을 목판으로 제작한 것이다. 네 곳의 궁궐이 크게 묘사되어 있고 종묘와 사직단, 선농단 등
제사시설이 상세하게 표현되어 있다. 수선은 한양을 일컫는 다른 말로, 유교의례를 치르는 도시의 본보기를 뜻한다.
수선전도, 고려대학교 박물관 소장

사를 주관하는 선잠단 외에 공자님을 모신 문묘, 관운장을 모신 무묘, 산이나 강을 주관하는 신령들의 제단, 그밖에 임금을 낳은 후궁의 신령을 모신 사당에 이르기까지 한양에는 수많은 제사시설이 자리 잡고 있었다.

국왕이 이런 시설에 모두 직접 가지는 않았지만 적어도 종묘나 사직단 같은 곳은 직접 찾아가 제사를 올렸다. 특히 선왕이 승하하고 3년 상을 마치고나서 신주를 모시는 부묘(祔廟) 행사 때는 거의 반드시 직접 움직였다. 부묘 행사는 궁궐에서 종묘까지 선왕의 신주를 모신 가마를 앞세우고 왕이 그 뒤를 따라가는 성대한 행차였다. 궁궐로 돌아오는 행렬은 가로변의 화려한 치장과 기녀들의 춤과 노래, 왕을 칭송하는 글을 지어올리는 유생들이 한덩어리가 된 잔치 분위기였다.

이런 유교적인 행사 외에 한양에서 치러진 다른 행사는 좀처럼 찾아보기 어렵다. 시설 면에서도 궁궐이나 제사시설 외에는 눈에 띄는 번듯한 건물이라고는 육조대로를 비롯한 몇 군데 관청들이 전부였다. 한양에 어떤 수식어를 붙인다면 수선이라는 단어가 보여 주듯이 '유교도시'라는 표현이 걸맞을 듯하다. 이 문제는 간단하게 정의 내릴 일은 아니고 앞으로 다각도로 논의가 필요한 것이기는 하지만 궁궐 앞 가로의 행사를 다루려는 이 책에서는 일단 유교도시로 정의를 내리기로 한다.

궁궐 앞 가로, 서울을 살피는 또 하나의 키워드

궁궐 담장에는 많은 출입문이 있어서 어떤 문은 관리들이 출입하는 데 쓰이고 어떤 문은 왕실 가족이나 궁에서 심부름하는 사람들을 위한 통용문이 되기도 했다. 정문은 왕이 거둥할 때 사용하는 가장 중요한 곳이다. 정문 앞 가로는 거둥 행렬이 지나가는 가장 격식 높은 길이고 외국 사신이 오가는 곳이며 각종 행사가 벌어지면서 도성 주민들에게는 구경에 여념이 없는 각별한 곳이었다.

지금까지 궁궐을 다루어 온 수많은 이야기들이 담장으로 둘러싸인 울타리 내부 세계에 치중해 온 경향이 있다. 물론 담장 안 세계야말로 지엄하고도 은밀한 궁궐 본연의 모습을 담고 있다는 데 이론의 여지가 없다. 그러나 궁궐은 정문과 그 앞으로 열린 가로에서 벌어진 일들을 포괄함으로써 궁궐이 자리 잡은 도시와의 관계를 분명하게 한다. 궁궐 정문 앞 가로는 궁궐의 연장선일 뿐 아니라 궁궐과 도시를 연결하는 고리와 같은 부분이다. 궁궐 앞 가로의 형태나 가로에서 벌어진 일들을 살피는 것은 궁궐 자체의 성격을 파악하는 데 도움을 줄 뿐 아니라 궁궐과 도시의 관계를 이해하는 데 보탬이 된다고 믿는다.

서울에 남아 있는 다섯 궁궐의 속성과 다섯 궁궐 앞 가로의 형태와 그 가로에서 벌어졌던 일들을 살펴보는 나들이를 해 보자.

1

경복궁과
육조대로의 탄생

한양 천도와 경복궁 창건

정도 600년 역사의 출발, 한양 천도

요즘 2000년 서울 역사라는 말이 심심찮게 들린다. 서울시에서 세운 서울역사편찬원은 40권에 이르는 《서울2천년사》라는 방대한 책을 만들고 있다. 서울역사편찬원의 전신인 서울특별시사편찬위원회가 1977년부터 《서울6백년사》라는 제목으로 총서를 내기 시작해서 열 권에 이르는 책을 간행했는데, 세월이 흐르면서 역사도 늘어나고 책 수도 대폭 증가했다. 크고 많은 것이 좋을 수도 있지만 우리 몸에 맞는 적당한 규모가 주는 짜임새도 놓치지 않아야 한다. 2000년 역사는 백제 한성부 시대부터 시작하는 모양이지만, 그래도 서울이 서울다운 시기는 조선왕조가 건국되고 도읍을 한양으로 정한 때부터가 아닐까. 그런 점에서 이 책의 이야기는 한양이 조선의 도읍으로 자리 잡던 때로부터 시작하기로 한다.

이성계가 조선을 건국하고 개성 수창궁에서 왕위에 오른 것은 1392

년 늦은 여름 7월 17일이었다. 이로부터 한 달이 못된 8월 13일에 왕은 한양으로 천도할 것을 명했다. 그리고 이틀 후에는 심복 이염(李恬, ?~1403)을 한양에 보내 궁실을 수리하도록 했다. 한양은 고려시대에 남경으로 불린 곳으로 고려 숙종 때는 궁실도 있었고 조선 건국 시에는 객사 건물이 있고 주민들도 제법 살고 있었다. 그러나 보름 정도 지난 9월 3일에 와서 배극렴(裵克廉, 1325~1392)을 비롯한 왕의 측근들이 한양 천도 중지를 간해 왕이 이를 받아들였다는 기사가 《태조실록》에 보인다. 배극렴은 한양이 궁궐과 성곽도 없는 곳이고 곧 날도 추워지는데 만약 서둘러 한양으로 옮기게 되면 왕을 호위하는 사람들이 백성들의 집을 빼앗아 들어가게 될 것이라고 염려하면서 궁궐과 성곽을 짓고 관청들도 갖춘 후에 옮기자고 권했다.

즉위하자마자 천도를 명한 이성계는 일단 한양 천도를 중단한 이후에도 개성 떠날 궁리를 멈추지 않아서 이듬해인 1393년(태조2) 3월 24일에는 계룡산으로 천도하기로 정하고 공사를 진행했다. 그러나 그해 12월에 가서 계룡산이 위치상 남쪽에 치우쳐 있는데다 풍수상으로도 좋지 않다는 경기관찰사 하륜(河崙, 1348~1416)의 건의를 듣고 공사를 중지시켰다. 이후 천도 후보지를 두고 여러 곳을 살폈지만 마땅한 곳을 얻지 못한 채 시간을 보내다가 1394년(태조3) 8월 대신들을 거느리고 무학대사(無學大師)로 알려진 왕사 자초(自超, 1327~1405)까지 데리고 다시 한양에 왔다. 왕은 곁에 있는 풍수가에게 한양 터에 대해 의견을 물었다.

우리나라 경내에서는 송경이 제일 좋고 여기가 다음 가나, 한 되는 바는 건방(乾方: 북쪽)이 낮아서 물과 샘물이 마른 것뿐입니다.

송도가 제일 좋다는 답이었다. 다시 왕사 자초에게 의견을 구했다.

　　　　　　　　　　　　　　　　　　한양 천도와 경복궁 창건

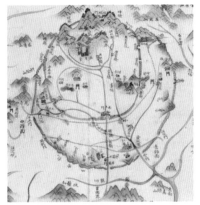

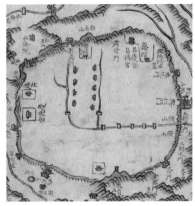

고려의 수도 개경은 사방이 산으로 둘러싸인 분지에 자리 잡았고 큰 물길이 서북쪽에서 동남방향으로 흘러 나가는 모습이다. 송도전도 부분, 서울대학교 규장각 소장

한양의 지세는 개경과 마찬가지로 사방이 산으로 둘러싸이고 큰 물길이 서북쪽에서 동쪽으로 흘러나간다. 도성도 부분, 성신여자대학교 박물관 소장

여기(한양)는 사면이 높고 수려하며 중앙이 평평하니, 성을 쌓아 도읍을 정할 만합니다. 그러나 여러 사람의 의견을 따라서 결정하소서.

하고 답했다.[1] 여러 재상들도 한양이 좋다고 답했으나 홀로 하륜만은 풍수상으로 좋지 않다고 했다. 《태조실록》에는 이날 대신들과 논의를 마친 왕이 한양을 도읍으로 정했다고 적었다. 이때가 8월 13일이었다. 우연히도 즉위 직후 한양 천도를 명한 때와 같은 날짜였는데, 더 이상 천도를 미룰 수 없다는 이성계의 강한 의지가 엿보이는 결정이었다.

새로운 수도가 된 한양은 북쪽에 주산인 북악산을 두고 동쪽은 낙산, 서쪽은 인왕산이 감싸고 남쪽은 목멱산(남산)이 있는 분지였다. 서북쪽의 북

---

1 ─　《태조실록》 권6, 태조3년 8월 13일(경진)

악산 좌우에서 흘러내린 물은 남쪽으로 흘러내리다가 평지를 만나면서 동쪽으로 흘러서 빠져나갔다. 이런 한양의 지형 조건은 고려시대 도성이었던 개경과 흡사했다. 고려시대 개경도 사방이 산으로 둘러싸인 분지에 자리 잡았다. 서북쪽 송악산을 주산으로 해서 동쪽과 서쪽으로 산들이 에워싸고 남쪽에도 용수산이 자리 잡았다. 송악산 아래서 발원한 물길이 성내를 지나 동남방향으로 흘러내린 점도 유사했다.

개경을 본뜬 궁궐과 종묘, 사직단 건설

한양 천도가 결정되고 보름 정도 지난 9월 1일에는 신도궁궐조성도감이 구성되고 곧바로 터를 잡고 궁궐 지을 준비에 들어갔다. 9월 8일, 신도궁궐조성도감의 제조들과 판문하부사 권중화(權仲和, 1322~1408), 판삼사사 정도전 등이 한양 신도에 가서 궁궐과 종묘 지을 터를 살폈다. 현장을 다녀오고 난 뒤의 실록 기사이다.[2]

> 전조 숙왕(고려 숙종을 지칭함) 시대에 경영했던 궁궐 옛터가 너무 좁다하고, 다시 그 남쪽에 해방(亥方)의 산을 주산(主山)으로 하고 임좌병향(壬坐丙向)이 평탄하고 넓으며, 여러 산맥이 굽어 들어와서 지세가 좋으므로 여기를 궁궐 터로 정하고, 또 그 동편 2리쯤 되는 곳에 감방(坎方)의 산을 주산으로 하고 임좌병향에 종묘의 터를 정하고서 도면을 그려서 바치었다.[3]

---

2 — 《태조실록》 권6, 태조3년 9월 9일(병오)

3 — 원문은 以前朝肅王時所營宮闕舊址狹隘, 更相其南亥山爲主壬座丙向, 平衍廣闊, 群龍朝揖, 乃得面勢之宜, 又相其東數里之地, 得坎山爲主壬座丙向, 以爲宗廟之基, 皆作圖以獻

한양 천도와 경복궁 창건

궁궐이 들어설 곳은 숙종 때 궁궐 터에서 남쪽으로, "해방의 산을 주산으로 해서 터는 임좌병향으로 방향을 잡았다."는 것이다. 해방은 방위를 24로 나누었을 때 정북에서 서쪽으로 두 번째 방위가 되며 그 자리에 북악산이 있다. 임좌병향은 정남에서 15도 정도 동쪽으로 기울어진 좌향이다. 종묘의 위치도 정했다. 종묘는 "감방의 산을 주산으로 삼았다."고 하는데 감방은 정북에서 동쪽으로 네 번째에 해당하는 방위이므로 북동동이 된다. 이곳은 응봉(鷹峯)이 자리 잡고 있는데 응봉을 주산으로 삼은 셈이다. 종묘의 터 역시 임좌병향이라고 했다.

10월 28일에는 왕이 신하들을 이끌고 한양으로 내려왔다. 궁궐도 관청도 갖추어진 것이 없으므로 왕은 한양부 객사를 거처로 삼았다고 한다. 나머지 신하들은 주민들 살림집을 빼앗아 임시로 거처를 삼은 듯한데, 10월 하순이면 이미 날씨가 겨울철에 접어든 때였으니 집을 빼앗긴 백성들이나 신하들이나 모두 어려운 형편이었다고 짐작된다.

그해 12월 3일에는 공사가 시작되었다. 토지신에게 땅 파는 일을 알리는 제사부터 지냈다. 궁궐이 완성된 것은 만 10개월이 조금 안 되는 이듬해 1395년(태조4) 9월 29일이었다. 10개월이 안 걸려 지은 궁궐은 내전 일곽의 최소한의 거처와 조하의례를 치를 정전과 상의원 같은 궐내 관청과 중추원 등 국왕을 보좌하는 고위 관청 정도였다. 여기에 남쪽에 오문(午門)이라고 이름 지은 출입문을 내고 문 좌우에 각루를 세워 겨우 외관을 갖추었다.

궁궐이 완성되던 때 종묘도 함께 지었으며 사직단은 이미 그해 2월에 마무리된 상태였다. 사직단은 사단(社壇)과 직단(稷壇) 두 단 을 세우고 평상시 위패를 모시는 신실을 갖추는 간단한 공사였지만 종묘는 7칸 신실에 5칸의 공신당(功臣堂)과 신주(神廚) 7칸에, 향관청(享官廳)이 5칸이고 행랑이 14칸에 재궁(齋宮) 5칸을 갖춘 규모였다. 궁궐을 중심으로 보면 종묘는 궁의 왼편, 사직단은 오른편에 놓였다.

　　도성을 건설하면서 궁궐을 가운데 두고 왼편에 종묘, 오른편에 사직단을 두는 것은 멀리 주나라(기원전 1046~256년경) 시대부터 내려오는 오랜 규범이며, 한양은 이런 먼 옛날 중국의 제도를 수용한 것으로 알려져 있다. 즉 《주례(周禮)》〈고공기(考工記)〉라는 책에서 언급한 도성 제도를 한양이 따랐다는 것이다. 그러나 종묘와 사직단이 궁궐의 왼편과 오른편에 있다는 점만을 가지고 한양 건설이 주나라의 제도를 따랐다고 말하는 것은 조금 지나친 점이 있다.

　　《주례》의 여섯째 권인 〈고공기〉는 나라의 각종 기물이나 시설을 영조하는 일을 책임 맡은 사람들의 역할을 명시했고 도성 건설은 장인(匠人)이 맡는다고 했다. 그 내용에 따르면 도성은 사방 9리이고 각 변에 문 셋을 내고 각 문은 세 개의 도로를 내어 성내는 아홉 개의 도로가 교차하도록 했다. 또 궁궐은 성내 중앙에 두고 궁 앞을 조정을, 뒤는 시장을 두고, 왼쪽에 종묘, 오른쪽에 사직단을 둔다고 명시했다. 《주례》는 중국의 각종 제도에 큰 영향을 준 것으로 알려졌다. 그러나 《주례》는 기원전 1000년에 가까운 옛날에 쓰였고 기록 내용도 후대 사람들이 명확히 파악하기 어려운 점이 많다. 따라서 중국에서조차 실제 도성을 꾸미거나 궁궐을 세우면서 사방 9리에 각 3문을 내고 조정을 앞에 두고 시장을 뒤에 둔다는 《주례》〈고공기〉의 내용을 그대로 적용했다고 알려진 사례는 거의 없는 셈이다.

　　한양을 건설하면서 종묘를 궁궐의 왼쪽에, 사직단을 오른쪽에 둔 점 하나를 두고 한양의 도성 계획이 《주례》〈고공기〉를 따랐다고 말하는 것은 한 가지 사실을 두고 의미를 지나치게 확대 적용한다는 비판을 벗어나기 어렵다. 〈고공기〉에서는 도성 사면에 세 개의 출입문을 내고 성내를 아홉 개 도로가 서로 교차하고, 궁궐 앞에 조정, 뒤에는 시장을 둔다고 언급하고 있으

　　　　　　　　　　　　　　　　　　　　한양 천도와 경복궁 창건

므로 이런 여러 사항들이 어느 정도는 충족되어야만 비로소 〈고공기〉를 따랐다는 이야기가 가능해질 수 있기 때문이다. 한양의 경우 도성 건설의 모범은 멀리 주나라까지 거슬러 올라가기보다는 전 왕조의 수도였던 개경에서 찾는 것이 훨씬 타당성이 높고 구체적이라고 할 수 있다.

고려 시대 개경의 종묘와 사직단의 위치는《고려도경》을 비롯한 당시 기록으로 미루어 종묘는 궁궐 동쪽인 동문의 바깥, 사직단은 궁궐 서쪽인 유암산 아래에 있었다고 판단된다.[4] 위치 관례는 한양의 종묘, 사직단과 거의 흡사하다. 따라서 한양은 고려시대부터 이어져 온 도성 건설의 관습을 따라 조성되었다고 보는 것이 더 현실성이 있다.

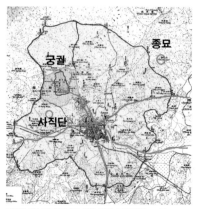

개경의 중심가로와 주요 시설 배치. 동서 간선도로를 열고 궁궐의 왼편 먼 곳에 종묘, 오른편 가까이에 사직단을 두었다. 간선도로는 동서도로와 궁에서 남쪽으로 뻗은 길이 교차한다.

한양의 중심가로와 주요 시설 배치. 궁궐의 왼편에 종묘, 오른편 가까이에 사직단을 두었다. 동서 대로를 중심으로 종루에서 남쪽으로 난 길과 궁궐로 이어지는 길이 간선을 이룬다.

---

4 — 《고려도경》권17, 〈사우조〉에 의하면 태묘는 동문 밖에 있다고 적었다. 고려의 태묘는 성종 때 창건되었지만 유지관리가 원활하지 않다가 13세기 이후 원 간섭기에 다시 지어졌다고 하는데 그 위치는 대체로 달라지지 않았다고 판단되며 대체로 숭인문 바깥으로 언급되고 있다(《중경지》〈고적조〉). 다만, 실제로는 숭인문 위 안정문 밖으로 비정된다(김창현,《고려 개경의 구조와 그 이념》, 신서원, 2002). 한편 사직단의 위치는《신증동국여지승람》에서는 불은사 서쪽에 있다고 했는데 불은사는 유암산에 있다고 했다. 유암산은 궁궐의 서남쪽 작은 언덕을 가리킨다.

창건 당시 경복궁의 공간 구성

창건 당시 경복궁의 규모를 《태조실록》에는 이렇게 적었다.[5]

내전(內殿)

연침(燕寢)이 7칸이며 동서 이방(東西耳房)이 각각 2칸씩이고 북쪽 천랑
(穿廊)이 7칸, 남쪽 천랑이 5칸이다. 동소침 3칸에 천랑 7칸이 연침 남
천랑에 접해 있고 또 천랑 5칸이 연침 동행랑에 접했다. 서소침 3칸에
천랑 7칸이 연침 남천랑에 접하고 또 천랑 5칸이 연침 서행랑에 접해
있다. 북쪽 행랑이 25칸이고 동쪽 구석에 연달아 3칸이 있고, 서쪽 구
석에 루(樓) 5칸이 있다. 동행랑 23칸, 서행랑 22칸이다.

보평청(報平廳) 5칸은 정사를 보는 곳이며 연침의 남쪽에 있고, 동서 이
방이 각 1칸씩이고 남천랑 7칸, 동천랑 15칸, 서천랑 15칸이다.

정전(正殿)

5칸으로, 조회를 받는 곳이며 보평청의 남쪽에 있다. 상하층 월대(越臺)
가 있다. 깊이가 50척, 넓이가 112척 5촌이다. 북행랑이 29칸이며, 천랑
이 북행랑에서 시작해서 정전의 북쪽에 닿았다. 수라간(水剌間)이 4칸
이다. 동서 행랑이 각각 28칸이고 행랑에 동루와 서루가 있다. 정전 마
당의 넓이는 동서가 각각 80척, 남쪽이 178척, 북쪽이 43척이다. 전문
(殿門) 3칸은 정전의 남쪽에 있고, 좌우 행랑 각각 11칸이다. 행랑 양 끝
에 있는 동서 각루(東西角樓)는 각 2칸이다.

---

5 — 《태조실록》 권8, 태조4년 9월 29일(경신)

한양 천도와 경복궁 창건

오문(午門)

3칸이며 전문의 남쪽에 있다. 동서 행랑은 각각 17칸씩이며, 수각(水閣)이 3칸이고, 뜰 가운데에 석교(石橋)가 있다. 문 좌우 행랑은 각각 17칸씩이며, 동서 각루가 각각 2칸씩이다.

나머지 주방(廚房)·등촉방(燈燭房)·인자방(引者房)·상의원(尙衣院)·양전(兩殿)의 사옹방(司饔房)·상서사(尙書司)·승지방(承旨房)·내시다방(內侍茶房)·경흥부(敬興府)·중추원(中樞院)·삼군부(三軍府)와 동서 누고(東西樓庫) 등 무릇 390여 칸이다.

《태조실록》의 창건 기록에 의하면 경복궁은 크게 내전 영역이 있고 정전과 주변 행랑, 오문이 있고 나머지 주방이나 상의원, 삼군부 등 부속시설로 이루어져 있었다. 내전은 침전을 중심으로 동서에 소침전이 있고 침전 남쪽에 보평청이 있는데 이곳은 왕이 정사를 보는 곳이라고 했다. 《태조실록》에서는 여기까지를 내전이라고 명시했다.

보평청의 남쪽에 임금이 신하들로부터 조하를 받는 정전이 있다. 정전은 정면 5칸이고 이중으로 된 월대가 갖추어져 있다. 월대는 깊이가 50척, 넓이가 112척 5촌이다. 깊이라면 정전 건물에서 월대 남쪽 끝까지를 가리키는 것으로 생각되는데 그 길이가 미터로 환산하면 약 15미터가 되는 셈이다. 또 넓이는 33.75미터가 된다. 이 정도면 큰 행사를 치르는 데 부족함이 없는 크기라고 볼 수 있다. 정전의 남쪽 행랑 중앙에는 전문이 설치되고 정문 좌우 행랑의 양끝에는 누각이 세워졌다고 했다.

또 전문 남쪽에 궁의 주출입문이라 할 수 있는 오문이 세워지고 오문 동서에 행랑이 설치되고 전문과 오문 사이는 물이 흘러 돌다리를 두고 수각도 설치했다고 했다. 오문 동서 행랑의 양끝에도 각루가 설치되었다.

창건 당시 경복궁 배치를 보면 남문, 정전, 보평청(편전), 침전이 남북 방향으로 일직선을 이루고 있는 모습을 볼 수 있다. 또 전면에는 정사를 보는 정전을 두고 후면에는 생활을 하는 내전을 두는 원칙을 지켰다. 정전을 앞에 두고 내전을 뒤에 두는 것은 고대 중국건축에서 흔히 언급하는 전조후침(前朝後寢) 즉 전면에 조정을 두고 뒤에는 침전을 두는 원칙에 잘 부합된다.[6]

궁궐과 종묘가 완성되고 1개월여가 지난 1395년(태조4) 10월 5일, 왕은 이성계의 사대조 신주를 모신 종묘에 가서 첫 제사를 올리고 궁궐로 돌아왔다. 돌아오는 길에는 왕이 가마를 타고 종묘 앞길을 지나 운종가에 이르러 전악서 여악들의 노래와 춤을 보느라 세 차례나 가마를 멈추었으며 이윽고 궁궐 오문 앞에 마련한 임시 천막에서 종묘제례 올린 것을 알리는 교서를 반포했다고 한다. 왕이 공식적으로 경복궁으로 들어간 것은 그해가 거의 저물던 12월 28일이었다.

유교 이념과 고려 관습이 혼합된 궁궐

궁궐이 완성되자 정도전은 새로 지은 궁궐과 전각의 이름을 지어 왕에게 바쳤다. 궁은 경복궁(景福宮)이라 하고 연침을 강녕전(康寧殿), 보평청은 사정전(思政殿), 정전은 근정전(勤政殿)이라 했다. 남쪽 정문 이름은 오문(午門)으로 지었다. 군주는 올바른 것(正)을 근본으로 삼아야 하며 그러기 위해서는 남면(南面)해서 정치를 해야 한다는 것이 정도전의 생각이었다. 경복궁은 정문인 오문에서 정전인 근정전에 이르는 좌향이 남쪽을 향해 줄 맞추어 서 있어서 군

---

6 — 경복궁의 건물 배치를 전조후침으로 언급한 사례는 퇴계 이황이 1543년(중종38) 경복궁 동궁 자선당의 상량문을 지으면서 언급했고 이후에도 몇몇 문헌에서 찾아볼 수 있다. 《퇴계선생문집》 권44, 〈자선당 상량문〉 및 《경세유표》 등이 있다.

한양 천도와 경복궁 창건

주가 남쪽을 향해 관청과 시가지를 바라보는 모습을 띠었다.

정도전이 강조한 대로 경복궁의 정문과 정전은 남면해 있어서 유교적인 통치 이념이 건물에 반영되었음을 알 수 있다. 그러나 그 안쪽 궁궐에서 일상생활을 하는 사람들이 거주하는 내전으로 가면 고려시대 궁중 생활이 반영된 양상을 볼 수 있다. 《태조실록》에서 언급했듯이 경복궁은 크게 내전과 정전, 오문으로 구성되었다. 이때 내전의 주요 전각으로 연침과 보평청 전

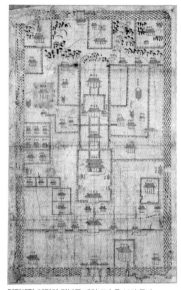

임진왜란 이전의 경복궁 배치 모습을 보여 준다.
경복궁도. 국립민속박물관 소장

각을 들 수 있다. 정도전은 연침을 강녕전, 보평청을 사정전이라 이름 지었다. 연침은 왕과 왕비의 침소를 가리키며, 보평청은 균형을 이루어 살핀다는 뜻처럼 왕이 나랏일을 보는 편전이다. 이 두 건물이 내전의 중심 건물이다. 기록상 보평청이 우리나라 궁궐에 등장하는 것은 고려 말 공민왕 때이다. 공민왕은 궁궐에 보평청을 짓고 정사를 보거나 신하들을 접견했다고 했다.[7] 고려의 보평청은 왕의 침전 가까운 곳 즉 내전에 속해 있었던 것으로 보인다. 경복궁을 창건하면서 내전에 보평청을 둔 것은 이런 고려 말의 궁궐 관습을 계승한 결과로 풀이된다. 결국 창건 당시 경복궁은 유교 이념에 입각해서 남면하는 정치를 염두에 두고 정문이나 정전을 배치하되, 침전과 보평청을 내전에 두

---

7 — 《고려사》 권39, 〈세가〉 공민왕 5년 5월

는 고려 때 관습을 그대로 계승했다는 정의가 가능해진다.

임좌병향의 터와 계좌정향의 건물

《태조실록》에는 처음 경복궁 터를 잡을 때 "해방의 산을 주산으로 하고 임좌
병향이 평탄하고 넓으며, 여러 산맥이 굽어 들어와서 지세가 좋으므로" 여기
를 궁궐 터로 정했다고 적었다. 그런데 현재의 경복궁 좌향은 계좌정향(癸坐丁
向)이다. 임좌병향은 정남향(子坐午向)을 기준으로 해서 약 15도 정도 동쪽으로
기울어진 것이고, 계좌정향은 반대로 정남향에서 15도 정도 서쪽으로 기울
어진 것을 가리킨다. 이런 차이 때문에 혹시 현재의 경복궁 좌향은 고종 때
경복궁을 중건하면서 바뀐 것이 아닌가하는 의문이 제기되기도 했다. 그러나
지난 2009년 광화문을 다시 복원하기 위해서 실시한 발굴 조사에서 이런 의
문은 설 자리를 잃었다. 발굴 조사 결과 고종 때 광화문의 석축 아래에서 창
건 당시 광화문 터로 보이는 석축 하부 구조가 동일한 위치에서 동일한 좌향
으로 노출되었기 때문이다. 더군다나 두 시기의 하부 구조는 규모도 거의 같
았다. 따라서 궁궐의 좌향은 처음부터 계좌정향으로 지었음이 확인된 셈이
다. 그렇다면《태조실록》의 임좌병향 터라는 표현은 어떻게 이해해야 할까?
궁궐 지을 자리를 임좌병향이라고 말한 것은 건물 자체의 좌향을 말한다고
하기보다는 집 지을 터전이 동남향으로 열려 있다는 표현으로 볼 수 있지 않
을까 생각된다. 당시는 궁궐 지을 터를 살피는 단계였으므로 주변 산세나 물
의 흐름 등을 관찰하면서 전체 지세를 언급했다고 볼 수 있으며 그 지세가 동
남쪽으로 열려 있었다는 표현으로 해석할 수 있을 것이다.

임좌병향 문제는 종묘 터를 두고도 나타났다.《태조실록》에는 "감방의
산을 주산으로 하고 임좌병향의 종묘 터를 잡았다(得坎山爲主壬座丙向, 以爲宗廟

한양 천도와 경복궁 창건

之基)."고 적었는데 현재의 종묘 역시 실제 건물의 좌향은 임좌병향이 아닌 계좌정향으로 서남향을 취하고 있어서 경복궁과 마찬가지 상황을 보인다. 종묘지을 터는 임좌병향을 하되 실제 건물은 서남향으로 지었다고 판단된다. 지금 종묘 주변 지형을 보면 크게 보아 동남향으로 지세가 열려 있어서 이런 생각을 뒷받침해 준다.

동서 간선도로의 전통

고려시대 개경의 도시 형태에서 주목되는 점 하나는 이 도시의 간선도로가 동서방향으로 열려 있다는 점이다. 또 하나의 간선이 궁궐 정문 앞에서 남쪽으로 뻗은 것인데, 동서 도로와 궁궐에서 뻗은 남북방향 도로가 시내 중심부에서 교차하는 것이 개경 가로 구성의 큰 특징이었다. 중심부 교차로는 십자가로(十字街路)라 불렸다. 두 간선 중에도 사람들의 통행이 빈번했던 곳은 서문인 선의문에서 동문인 숭인문을 잇는 동서 간선도로였다. 남북도로는 궁궐문에서 십자가로까지는 번화했지만 그 남쪽은 사람들의 왕래가 거의 없었던 것으로 알려져 있다.

한양을 건설하는 과정에서 개경의 이런 가로 형태는 그대로 반영되었다고 생각된다. 즉 도시를 동서로 관통하는 대로가 간선을 이루었고 또 하나의 도로가 도시 중심부에서 남쪽으로 뻗었다. 두 도로가 만나는 지점에 큰 종을 매단 종루를 두었다. 이 길은 사람들이 구름처럼 모이고 흩어진다는 뜻으로 운종가(雲從街)로 불렸다. 그리고 또 하나의 큰길이 궁궐에서 동서도로와 만났다. 종루에서 남쪽으로도 대로가 하나 더 열렸다. 세 개의 대로가 났지만 으뜸은 개경과 마찬가지로 동서대로였다.

광화문 건립

1395년(태조4) 9월 경복궁이 완성되고 한 달여가 지난 윤9월에 왕은 도성조축
도감을 설치해 한양에 성곽 쌓을 것을 명하고 정도전에게 성터를 정하도록
했다. 이듬해 정월부터 약 40일간 전국에서 농민 11만 명이 한양에 와서 성
쌓는 일을 했고 2월말에 성곽이 완성되어 농민들을 돌려보냈다. 성곽은 북쪽
의 북악산과 남쪽 목멱산을 잇는 전체 약 15킬로미터에 달하는 규모였으며
사방의 산등성이를 따라 불규칙한 타원형을 이루었다. 여덟 곳에 성문을 냈는
데 정확하게 8방의 방위에 맞춘 것은 아니고 지형이 허용하는 범위에서 가
급적 사람의 통행이 쉬운 평탄한 곳을 임의로 택했다. 동서 간선도로와 성벽
이 만나는 곳에 동대문과 서대문이 자리 잡았고 남대문은 종루에서 서남방
향으로 비스듬하게 휘어진 도로 끝에 자리 잡았다. 북쪽 대문은 백악 꼭대기
에 문만 세웠을 뿐 사람의 통행은 고려하지 않았다. 각 대문 사이에는 소문을

세웠는데, 백성들의 실질 통용구였다.

　　성벽은 거의 흙으로 쌓고 성문이 있는 주변만 돌로 쌓았다. 한겨울에
공사를 한 것은 농한기를 이용할 수밖에 없었기 때문이었는데 추위를 견디며
먹을 것도 스스로 마련해서 일해야 했다. 이런 열악한 작업환경 탓에 공사가
완벽하지 못해서 그해 여름이 되자 곳곳에 무너진 곳이 발생했다. 도성의 수
리를 위해 다시 백성들을 한여름이나 한겨울에 징발하는 일이 1398년(태조7)
초까지 이어졌다. 도성의 남문인 숭례문이 완성된 것은 1398년(태조7) 2월이
되어서였다.

　　도성 축조가 어느 정도 이루어지자 1398년(태조7) 1월부터는 경복궁을
둘러싼 외곽의 궁성을 축조하는 공사가 시작되었다. 경복궁은 1395년(태조4)
9월에 1차로 지어졌지만 이때는 침전을 둘러싼 내전 일곽과 정전이 겨우 갖
추어졌을 뿐이었고 남쪽에 오문이라고 이름 붙인 출입문이 있을 뿐이었다.
경복궁을 둘러싼 담장은 궁성(宮城)이라고 칭했다. 후대에 지어지는 창덕궁이
나 창경궁 등의 담장을 궁장(宮墻)이라고 표현하는 것과 달리 성곽의 격식을
지닌 것이었다. 1월에 시작된 궁성 축조는 그해 7월이 되어서 거의 모양을 이
루었다. 그에 앞서 6월에는 오문의 남쪽으로 궁성의 정문인 광화문도 세워졌
다. 이때는 아직 광화문이라는 이름은 지어지지 않고 단지 궁성 남문이라고
만 불렀다. 광화문이라는 이름은 세종 때 지었다.

　　궁성은 흙으로 쌓은 도성과 달리 전부 돌로 쌓은 것으로 보인다. 공사
가 한창 진행 중이던 1398년(태조7) 2월의 실록에 왕이 "문무 각품에게 궁성
쌓는 돌을 바치도록 명했다."는 기사가 뒷받침해 준다.[8]

---

8 —　《태조실록》 권13, 태조7년 2월 11일(무자)

약간의 오해

경복궁 건립에 대해서는 약간의 오해가 있는데, 궁궐이 창건될 때 이미 정문인 광화문이 지어지고 또 그 앞에 관청이 갖추어진 것으로 잘못 기술된 글이 보인다. 그러나 앞에서 보았듯이 광화문이 지어진 것은 경복궁 창건 3년이 지나서의 일이다. 오해가 생긴 원인은 《태조실록》의 기사 탓으로 보인다. 《태조실록》의 1395년(태조4) 9월 25일 기사에는 종묘와 궁궐이 완성되었다는 기사를 싣고 건물 규모를 언급한 마지막에 가서 "뒤에 궁성을 쌓고 동문은 건춘문(建春門)이라 하고, 서문은 영추문(迎秋門)이라 하며, 남문은 광화문(光化門)이라 했는데, 다락 3칸에 상·하층이 있고, 다락 위에 종과 북을 달아, 새벽과 저녁을 알리게 하고 중엄(中嚴)을 경계했으며, 문 남쪽 좌우에는 의정부(議政府)·삼군부(三軍府)·육조(六曹)·사헌부(司憲府) 등의 각사(各司) 공청이 벌여 있었다."라고 적었다. 이 기사 때문에 마치 1395년(태조4)에 광화문을 비롯해 문이 모두 지어지고 문 남쪽 좌우에 의정부나 육조 관청이 늘어서 있었던 것으로 잘못 이해할 수 있다. 그러나 경복궁의 외곽 궁성이 지어진 것은 궁궐이 지어지고 3년이 지난 1398년(태조7) 6월이며 이때 남문도 비로소 지어졌다.[9] 이 남문에 광화문이라는 이름을 지은 것은 그로부터 30년 가까이 지난 1426년(세종8)이다. 이때 건춘문이나 영추문의 이름도 함께 지어졌다. 《태조실록》은 1413년(태종13)에 하륜, 변계량 등에 의해 1차 완성을 보았으나 1442년(세종24)에 편찬 내용 중 왕자의 난 등에 대한 잘못된 기사가 있다는 지적에 따라 수정을 거쳤다. 앞의 궁궐 창건 기사에서 "뒤에 궁성을 쌓고……" 운운한 것은 바로 이

---

9 — 궁성 남문이 완성된 것은 1398년(태조7) 6월 중순 경이었다고 추정된다. 《태조실록》에 의하면, 이 해 6월 11일에는 중국 사신이 오기 전에 남문 완성할 것을 독려하는 왕의 명이 있고 6월 23일에는 사신이 서울에 도착해 경복궁에 들어왔다고 하므로 그 이전에 완성된 것으로 보인다.

광화문 건립

때 수정하면서 1426년(세종8)에 정해진 광화문을 비롯한 문의 명칭을 삽입한 결과로 보아야 할 것이다.

궁성 남문 밖 풍경

1395년(태조4) 경복궁 창건 당시 궁궐 남쪽문은 오문이라고 불렀다. 3년 후 궁성을 쌓으면서 오문 바깥으로 남문이 지어지고 이 남문 양 끝에 동서 십자각이 세워졌다. 1426년(세종8), 궁성 남문에 광화문이란 이름을 지을 때 그 북쪽 문은 홍례문(弘禮門)이라고 이름 지었다. 이런 정황으로 보아 홍례문이라고 이름 붙인 문은 경복궁 창건 당시 지어진 오문으로 판단된다.

1398년(태조7) 5월의 《태조실록》에 왕이 흥천사에 갔다가 새로 지은 도평의사사 청사에 갔다는 기사가 등장한다.[10] 도평의사사란 조선 초기 국정의 최고 의결기구를 가리킨다. 실무관청인 육조나 기타 여러 관청에서 작성한 문서들은 모두 도평의사사에 올리고 이곳에서 중요한 사항을 선별해서 왕에게 아뢰었다. 정도전은 도평의사사의 책임자로 오래 일했다. 그 청사가 비로소 1398년(태조7) 5월에 지어진 것이다.

또 하나의 국정 최고위 관청은 의흥삼군부였는데, 국방을 비롯해 군사 업무를 총괄했다. 의흥삼군부는 건국 초인 1393년(태조2)에 설립되었다. 그 아래는 의흥친군위와 8위가 있어서 궁궐과 도성의 수비, 국왕의 시종, 군사 훈련 등 군정을 총괄했다. 설립 이듬해에는 정도전이 판의흥삼군부사로 활동하면서 역할을 키워 나갔다. 도평의사사와 의흥삼군부는 건국 초기 조선의 문무를 대표하는 양대 기관이었다. 경복궁이 창건되었을 때 중추원이나 삼군

---

10 ― 《태조실록》 권9, 태조7년 9월 29일(경신)

부는 경복궁 안에 있었다.[11] 이후에 궁성이 갖추어지고 1398년(태조7) 궁궐 앞에 도평의사사 청사가 지어질 때 의흥삼군부도 그 맞은편 광화문 서쪽에 함께 지어진 것으로 추정된다. 이렇게 해서 궁궐 앞에 문무 최고위 기관이 서로 마주해 배치되는 형세를 취하게 되었다.

관청의 최고 우두머리인 도평의사사가 이때 비로소 청사를 갖추었다는 것을 보면 이 시기까지 그보다 급이 낮은 관청들은 미처 제대로 청사를 구비하지 못했을 가능성이 크다. 《태조실록》에는 궁궐 창건을 언급하면서 광화문 앞 좌우에 의정부와 삼군부, 육조와 사헌부 등이 늘어서 있었다고 했지만 이 부분 역시 후대의 모습을 세종 때 실록을 수정 편찬하면서 삽입해 놓은 것에 지나지 않는다. 실제로는 궁궐이 창건될 당시에 궁궐 앞은 관청들도 미처 마련되지 못하고 겨우 도로만 열린 황량한 공간이었다고 보는 것이 타당할 듯하다.

1398년(태조7) 5월의 실록에 이때 궁성 남문에서 돌 던지고 싸우는 석전놀이가 벌어졌는데, 좌우편으로 나누어 서로 쳐서 해가 질 때까지 했으며 죽고 상한 사람이 자못 많았다는 기사가 있다.[12] 석전놀이는 대개 5월 5일 단오에 가로 넓은 곳에 사람들이 모여서 두 패로 나누어 서로 돌 던지며 노는 행사로 군사 훈련의 성격도 지닌 것이었으며 한 패는 보통 150명 정도였다고 한다. 이런 석전놀이가 1398년(태조7) 5월에도 남문 주변에서 벌어졌다는 것으로 미루어 이 시기에 광화문 앞은 도평의사사나 의흥삼군부 청사 외에는 이렇다 할 관청 건물이 없는 공터로 있었을 가능성이 크다.

---

11 ─　《태조실록》 권8, 태조4년 9월 29일(경신). 궁궐 조성 내용을 설명한 기사에 삼군부가 경복궁에 포함되어 있다고 나온다.

12 ─　《태조실록》 권13, 태조7년 5월 5일(신해)

　　　　　　　　　　　　　　　　광화문 건립

황성 없는 궁궐

창건 당시 경복궁은 궁성 남문을 나서면 현재와 마찬가지로 바로 시가지로 이어졌다고 짐작된다. 일견 당연하다고 생각되는 이런 모습이 실은 고려시대나 중국의 궁궐을 염두에 두고 보면 색다른 것일 수 있다.

고려의 궁궐은 궁성 외곽에 황성(皇城)이 둘러싸고 있었다. 궁성 남문인 승평문을 나서면 관청가가 길게 이어지고 동쪽 바깥에 황성 동문인 광화문(廣化門)이 있어서 궁궐의 주출입문으로 쓰였다. 중국의 경우에는 당대 이후 모든 궁궐이 반드시 궁성 밖에 황성을 두어 이중의 성벽을 갖추었다. 이에 비해 경복궁을 비롯한 조선의 궁궐은 궁성만 있고 황성은 갖추지 않았다.

황성이라고 할 때 황(皇)은 황제를 지칭한다기보다 크다는 의미로 쓰인 듯하다. 중국에서 황성이 처음 나타나는 것은 수나라 문제 때로 알려져 있다. 그 이전 한나라 미앙궁이나 장락궁은 물론 낙양의 궁궐도 궁성만 있었다. 수 문제는 도성인 대흥성의 궁궐 문 밖에 민가들이 마주해 있는 것을 꺼려 궁성 남쪽에 또 하나의 성벽을 쌓고 관청들을 배치하고 황성이라 지칭했는데 이것이 중국에서 황성의 시초이다. 이후 중국은 모든 궁궐이 황성을 갖추었으며 고려의 궁궐 역시 이런 중국 궁궐을 본받아 황성을 세운 것으로 보인다.

경복궁에 황성을 두지 않은 원인은 두 가지로 생각할 수 있다. 하나는 조선이 스스로 제후국임을 자처해 황성을 두지 않았을 가능성이고, 다른 하나는 이미 고려 말에 와서 개경의 궁궐에서 황성의 존재가 거의 사라지게 되면서 한양에서도 황성을 두지 않았을 가능성이다. 첫째 원인으로 거론한 제후국으로 자처해 황성을 두지 않았다는 것은 하나의 추측에 불과하다. 황성이라는 것이 반드시 황제 궁궐에만 설치해야 한다는 규정도 없을 뿐 아니라 황성 자체가 황제의 궁궐을 상징하는 것이 아니고 단지 크고 넓은 성곽을 지칭하는 것으로 볼 수 있기 때문이다. 둘째 원인이 더 타당하다. 고려의 궁궐은 무신난을 겪으면서 궁궐이 크게 훼손되고 원 간섭기에 들어와서 왕들이 별궁에 거처하면서 송악산 아래 궁궐은 거의 사용되지 않았다. 이런 과정에서 황성은 거의 사라지고 말았다. 태조 이성계는 송도의 수창궁에서 즉위했는데 수창궁 역시 황성 없는 별궁의 하나였다. 조선 건국 초 집권층에게 황성이라는 존재는 거의 인식되지 않았으며 이런 여건에서 경복궁에서는 처음부터 황성은 계획의 대상이 되지 않은 것으로 볼 수 있다.

경복궁에 황성이 존재하지 않는 것은 결과적으로 한양의 공간 구성에 큰 영향을 끼쳤다. 중국에서 종묘와 사직단은 황성 안에 두어서 황제가 종묘나 사직단에 제례를 지내러 가는 모습이 일반 백성들에게는 노출되지 않았다. 또 나라의 최고위 관청들도 황성 안에 배치되어서 일반인들의 주거지와 엄격하게 구분되어 있었다. 이에 반해 한양에서는 종묘나 사직단이 민간 주거지 안에 있어서 제례가 있을 때 국왕의 움직임이 드러났다. 관청들도 주거지와 분리되어 있지 않았다. 이런 차이점은 한양의 공간 구성을 색다른 곳으로 만드는 주요한 요인으로 작용하게 되었다.

광화문 건립

육조대로 건설

왕자의 난

경복궁에 궁성이 지어지고 남문인 광화문이 완성된 것은 1398년(태조7) 6월 중순경이었다. 6월 23일에 중국에서 사신이 경복궁을 찾았는데, 며칠 전에 겨우 공사를 마친 듯하다. 그런데 광화문이 지어지고 불과 2개월이 지날 즈음인 8월 26일, 제1차 왕자의 난이 일어났다. 왕자의 난이 벌어지면서 그 동안 추진하던 건축 공사는 모두 중단되고 말았다. 거기에 더해 난 후에 즉위한 2대 정종이 이듬해 초에 송도로 돌아가는 바람에 이제 겨우 모양새를 갖추어 가던 한양은 인적이 드문 빈 도시가 되어 버렸다.

　　태조는 왕위에 오르고 얼마 지나지 않아 여덟 명의 왕자 중에 제일 막내인 방석(芳碩)을 세자로 삼았다. 태조에게는 첫 부인 한씨 사이에 아들이 여섯 있었고, 두 번째 부인 강씨 사이에는 둘 있었다. 그 가운데 가장 눈에 띈 존재는 다섯째 방원(芳遠)이었다. 방원은 열일곱에 문과 급제하고 위화도회군 이후 부친의 권세가 커지면서 승진을 거듭해 7년 만에 밀직대사언에 올랐다. 정세가 급변하는 가운데 과감하게 고려 왕조를 뒤엎을 계획에 앞장서 1392년 정몽주를 살해하고 이성계를 새 왕조의 국왕으로 추대하는 데 적극적이었다. 그때 나이 스물여섯이었다. 그런데 조선이 건국되고 이루어진 세자 책봉에서 선택된 것은 나이 불과 열한 살이었던 여덟 째 막내아들이었다. 세자 책봉에는 정도전의 영향력이 컸다고 전한다.

세자 책봉 이후 정도전은 세자의 스승이 되어 영향력을 키워 갔다. 이런 과정에서 개국 과정에 공이 많았지만 충분히 보상 받지 못했다고 여기던 이방원은 정치권력에서 소외되어 불만이 커졌고 자칫 권력 다툼에서 밀려날 위기에 몰렸다. 더욱이 1396년(태조5)에는 계비가 죽자 신덕왕후로 존호를 올리도록 했는데, 이는 원비 한씨의 지위를 후궁으로 전락시키는 의미였고 그 때문에 한씨 소생 아들들의 큰 불만을 야기시켰다.[13] 여기에 사병을 혁파하려는 정도전의 움직임으로부터 촉발되어 결국 이방원을 비롯한 한씨 소생 아들들이 사병을 이끌고 정도전, 남은 등 대신들을 살해한 사건이 일어났다. 난이 성공하자 왕위는 둘째 아들 방과에게 넘어가 정종이 즉위했다. 방원은 비록 왕위는 차지하지 않았지만 모든 실권을 장악하고 있었다.

정종은 즉위 4개월째 되던 1399년(정종1) 2월에 수도를 다시 송도로 옮겼다. 공신들이 살해되고 민생이 안정되지 않은 한양을 꺼리던 차에 서운관으로부터 거처를 옮길 시운이라는 건의를 받고 인척들과 공신들의 의견을 모

---

13 — 이성계의 첫 부인인 한씨는 조선 건국 1년 전에 사망했기 때문에 아무런 시호를 받지 못했다. 조선이 건국하면서 이성계는 두 번째 부인 강씨를 현비(顯妃)로 칭호를 내리고 한씨에게는 절비(節妃)라는 칭호를 추증했다. 그 후 1396년(태조5) 현비가 사망하면서 존호를 신덕왕후로 올렸다. 그에 따라 절비는 왕후의 반열에 오르지 못하게 되었는데 이는 한씨 소생 아들들에게는 큰 불만거리가 되었다. 결국 왕자의 난 후에 정종이 즉위해 생모 한씨에게도 신의왕후라는 존호가 올려졌다.

육조대로 건설

아 송도로 돌아가기로 했다. 소문을 들은 한양의 주민들이 서로 기뻐하며 손에 손을 잡고 이고지고 하여 길을 나섰다고 한다. 송도로 돌아간 후에도 국정은 여전히 방원의 손에서 좌지우지 되었고 허울뿐인 왕위는 만 2년 만에 끝이 나고 1400년(정종2) 11월에 방원이 수창궁에서 즉위했다. 뒤에 묘호를 태종으로 했다.

태종의 한양 환도와 이궁 조성

태종은 즉위하고 얼마 지나지 않은 때부터 한양으로 돌아갈 일을 입에 담았으며 1402년(태종2) 7월에는 본격적으로 조정의 논의에 부쳤지만 대신들의 의견이 분분해 결정을 미뤘다. 만 2년이 흐른 1404년(태종4) 7월에 왕은 다시 한양 천도 문제를 거론했다. 이때는 한양에 있는 종묘를 송도로 옮길 것인지 논의가 시작되었고 대신들은 한양과 송경 두 곳을 수도로 삼을 것을 건의했다. 그러나 9월에 태상왕 이성계로부터 "송도는 왕씨의 구도로 그대로 머물 수가 없는 곳인데 지금 왕이 다시 이에 도읍을 부활하면 시조의 뜻을 따르는 것이 아니라."는 뜻을 전해 듣고 태종은 한양으로 돌아가기로 결정했다. 한양 천도 방침이 정해지자 제일 먼저 이궁조성도감이 구성되었다. 한양에는 경복궁이 있었지만 따로 이궁을 세우도록 한 것이다. 도감은 9월 1일에 조직되고 9월 9일에는 지관들을 한양에 보내 이궁 지을 터를 살피도록 했다.

한양 천도를 결정하고 이궁 공사를 시작할 즈음인 9월 19일에 왕이 가장 신임하던 하륜은 한양 대신 무악에 천도할 것을 건의했다. 무악은 이미 태조 때에도 하륜이 천도 후보지로 건의했던 곳이었는데 당시는 땅이 좁고 풍수상 길지가 아니라는 의견 때문에 더 이상 논의하지 않던 곳인데 다시 건의한 것이다. 태종은 신하들과 풍수가들을 대동해서 무악 중턱에 오르고 한강변에 흰 깃발을 꽂아 위치를 살폈다. 왕은 풍수가들에게 한양과 무악 두 곳 중 어느 곳이 나은지를 물었고 풍수가들도 한양보다는 이곳이 낫다는 의견을 폈지만 답이 일치된 것은 아니었다. 다른 사람들은 두 곳 모두 결함이 있고 오히려 송도가 더 좋다는 뜻을 말해 은근히 그대로 송도에 머물기를 바라는 분위기를 만들었다. 왕은 마지막 선택 방법으로 동전을 던져 점을 쳐 결론을 짓기로 했다. 종묘에 가서 한양과 송경, 무악 세 곳의 길흉을 점치도록 했으며 결과는 한양이 2길 1흉, 나머지 두 곳은 1길 2흉으로 나왔다는 것이다. 이렇게 해서 한양으로 다시 천도하는 일이 확정되었다. 이 과정을 보면 풍수가들과 대신 일부가 끈질기게 한양 천도를 피하려는 의지를 편 반면 태종은 이들을 설복해서 한양으로 돌아가고자 하는 뜻을 관철 시키려는 모습을 볼 수 있다. 결국 마지막 결정은 동전을 던져 점을 치는 방식이었다. 척전(擲錢)이라는 이 방식은 고대 중국에 기원을 둔 것이기는 하지만 몇 사람만 모여서 점을 치는데 참여하고 또 점친 결과를 증거로 남길 수도 없는 것이어서 목표를 정해 놓고 이를 설복시키기에 알맞은 방법이기도 했다.

한양 천도가 결정되고 한양에 짓는 이궁이 어느 정도 이루어지자 1405년(태종5) 왕은 천도를 단행했다. 한양을 향해 출발한 것은 10월 8일이었다. 아직 이궁이 완성되지 않았기 때문에 한양에서는 연화방에 있는 조준(趙浚, 1346~1405)의 사저에 들어갔다. 이궁이 지어진 것은 10월 19일이었으며 건물 완성 다음날인 10월 20일 왕은 이궁에 들어가 백관의 하례를 받았다. 이궁의 이름은 창덕궁으로 정했다.

한양에는 북악 아래 경복궁이 있었다. 경복궁은 지은 지 10년도 지나지 않은 새 궁궐이었다. 규모는 창덕궁에 비교가 안될 만큼 컸다. 이런 궁을 두고 태종은 왜 서둘러 같은 도성 안에 또 궁을 짓고 이곳을 거처로 삼았을까? 《태종실록》에는 경복궁에 들어가기를 꺼리던 태종의 심사를, "태조가 처음 경복궁을 지을 때 하륜이 상서하여 정지시키고 말하기를 산이 갇히고 물이 마르니 왕이 사로잡히고 족속이 멸할 것이므로 형세가 좋지 않습니다고 하였으나 태조가 짓던 전각과 낭무가 이미 갖추어졌"으므로 그대로 완성했다고 했다. 태종은 비록 한양으로 천도는 했지만 터가 길하지 않다는 경복궁은 들어가기를 극력 꺼렸던 셈이고, 결국 따로 이궁을 지어 자신의 거처로 삼은 것이다.

태종의 관제 개혁

한양 천도를 단행하기 앞서 태종은 관제를 개혁했다. 태종은 개국에 공이 큰 신하들이 국정을 장악해 세력이 커지는 것을 경계했으며 강력한 왕권 구축을 개혁의 목표로 삼았다. 먼저 아직 왕위에 오르기 전인 1399년(정종2) 4월에 관제를 고쳐 도평의사사를 의정부로 바꾸고 의흥삼군부도 삼군부로 개칭했다. 이것은 단지 칭호 변경만이 아니고 행정기구와 군사기구의 기능을 크게 축소하는 것이었다. 아울러 그 업무도 축소시켰다. 왕위에 오른 후에도 관제 개혁은 계속되었다. 1401년(태종1)에는 문하부 관서가 사간원으로 바뀌고 삼사는 사평부, 삼군부는 승추부로 바꾸었다. 이들 관청은 모두 건국 초기에 설치된 2품 이상의 재추아문이었는데 이들을 약화시킨 것이다.

태종의 관제 개혁에서 가장 커다란 변화는 1405년(태종5)에 이루어졌다. 실무 행정부서인 육조의 기능을 강화시키고 그 장관 지위를 정3품에서 정2품으로 승격시킨 점이었다. 실무 부서인 육조가 재추아문으로 승격되어 왕의 명을 받아 국정 실무를 추진할 수 있는 체제로 전환시킨 것이다. 정2품 아문 승격과 함께 육조 아래 다른 관련 아문들을 관할하도록 하는 속아문 제도가 성립되어 육조는 실질적으로 국정 전반을 관장하게 되었다. 이조는 관리의 임용과 승진 등을 다루고 호조(戶曹)는 재정을 총괄했으며 예조(禮曹)는 제사와 학교에 관한 일을 다루었다. 병조(兵曹)는 군사 업무 전반을 관장했다. 본래 군사업무는 삼군부가 총괄했지만 뒤에 삼군부가 승추부로 이름을 고쳤다가 결국고유한 업무가 병조로 이관되면서 실체를 잃게 되었다. 병조는 국방정책 전반에 대한 기획과 집행을 관장하는 강력한 기능을 갖추게 되었다. 형조(刑曹)는법률과 송사를 다루고 공조(工曹)는 영선과 장인 등에 관한 정사를 관장했다. 태종 때 개편된 관제는 결국 의정부와 육조 체제를 정점으로 한 것이었으며이것은 후에《경국대전》에서 법제화되어 조선왕조의 기본 체제로 굳었다.

　　조선 초기 관제는 기본적으로 고려후기의 체제를 따른 것이었다. 고려시대 육조 아문은 정3품 아문이었으며 조선은 건국 초기에는 이를 그대로수용했다. 태종이 즉위하면서 육조의 지위를 높이고 육조에 속아문을 설치해 관장 업무를 확장한 것은 명의 관제 변화를 연상시키는 것이었다.

　　명은 건국 초기에는 원의 관제를 대부분 그대로 따랐다. 황제 아래 행정은 중서성(中書省), 감찰은 어사대(御史臺), 군사는 대도독부(大都督府)가 총괄하는 형태였다. 그러다가 1380년에 막강한 권력을 지닌 중서성의 장관이 모반을 일으키려 했다는 혐의를 씌워 관련자를 모두 처형하고 나서 대폭 관제 개혁을 실시했다. 본래 중서성 아래는 6부의 행정실무 관서가 속해 있었는데 중서성을 폐지하면서 6부를 승격시키는 동시에 황제에게 직속하도록 해서 황제의 통치력을 강화시켰다. 아울러 군사는 대도독부를 폐지하고좌·우·중·전·후 도독부의 다섯 도독부 역시 황제 직속이 되도록 했다. 어사대도 폐지하고 그에 해당하는 관서로 도찰원을 설치해 관료에 대한 감찰을강화했다. 강력한 황제 권한을 실현한 개혁은 모두 태조 홍무제의 치세 동안에 이루어졌다.

　　조선은 건국 초기에는 요동지역 문제들이 얽혀 명과 긴장 관계를 갖기도 했지만 태종대에 와서는 긴장이 해소되고 사신 왕래를 적극 펼쳤다. 조선의 사신들은 명의 수도 남경에 머물면서 명의 제도를 관찰하고 장단점을 살피고 돌아왔다. 태종대 왕권 강화를 목표로 이루어진 관제 개혁은 명의 제도 개혁과 무관하지 않았다고 생각된다.

장랑 건설과 육조대로의 탄생

고려의 남경 시절 도심부 범위는 지금 종로구 청운동 일대로 추정된다.[14] 도심부를 조금 벗어난 외곽의 동편에 향교가 있어서 지금 운현궁 부근의 교동이라는 지명을 그 흔적으로 추정하기도 한다. 이 일대를 벗어난 동남쪽은 저습지를 이루었던 것으로 보인다. 청운동과 삼청동에서 흘러내려온 냇물이 만나서 동편으로 흘러나가면서 범람하기도 하고 토사가 쌓이기도 했다. 한양 환도 후 인구가 늘어나면서 이 저습지에도 주택이 늘어나자 여러 가지 도시 문제가 발생했다. 또한 주택이 늘어나면서 기존의 도로 경계를 넘어서 살림집이 들어서 도로 소통에 어려움이 생기기도 했다.

　태종은 한양에 돌아와서 여러 정치적인 현안들을 처리한 후에 도시 문제를 손대기 시작했다. 한양의 개천을 파내는 사업은 이미 환도 이듬해인 1406년(태종6)에 시작되었다.[15] 그러나 이때는 사업 내용이 미온적이어서 이듬해 5월에 큰비가 오자 개천이 넘치는 사고를 만났다.[16] 결국 1411년(태종11)에

---

14 ─ 이런 추정의 근거 중 하나는 《태조실록》 태조3년 9월 9일 기사와 같이 한양 도성을 처음 정할 때 경복궁의 터를 "전조 숙왕(肅王) 시대에 경영했던 궁궐 옛터가 너무 좁다 하고, 다시 그 남쪽에" 궁궐 터를 정했다는 기록이다. 이 문구에서 고려 때 남경 궁궐은 경복궁의 약간 북쪽이 되는 셈이어서 지금 청운동 일대로 비정된다.

15 ─ 《태종실록》 권11, 태종6년 3월 28일(무오)

16 ─ 《태종실록》 권13, 태종 7년 5월 27일(경진)

경상도, 전라도, 충청도의 백성 52,000여 명을 동원해 개천을 본격적으로 파내는 공사를 벌였다. 청계천이라고 부르는 한양 중심을 가로지르는 개천이 만들어졌다.

개천이 이루어지자 그해 1411년(태종11) 5월에는 개천도감의 명칭을 행랑조성도감으로 고치고 도심부 가로를 정비하고 가로변에 장랑(長廊)을 건설하기 시작했다. 장랑은 한양의 간선도로변에 지어진 단층의 긴 건물을 가리킨다. 장랑 중 사람들이 많이 오가는 중심부에는 시전 상점을 두어 도시민의 생필품 조달을 가능하게 하고 나머지 구간은 관청이나 군영 시설물로 쓸 수 있도록 했다. 이런 장랑은 이미 고려시대 개경에서 도심부에 세운 것들인데, 태종 때 와서 한양에서 재현된 것이다.

태종의 장랑 건설은 네 차례로 나누어 시행되었다. 1차로 1412년(태종12) 2월에 시전의 좌우 행랑 800여 칸의 터를 닦는 것으로 시작되었으며 구간은 혜정교(惠政橋)에서 창덕궁 동구에 이르렀다.[17] 2차는 태종 12년 5월에 창덕궁 정문에서 정선방(貞善坊) 동구까지 행랑 472칸을 이루었고,[18] 3차는 태종 13년 5월, 경복궁의 남쪽부터 종묘 앞까지 좌우 행랑 881칸을 건설하는 것이었다.[19] 마지막 4차는 1416년(태종14)으로, 7월에 왕은 행랑을 더 짓도록 명령했다. 범위는 종루에서 남대문에 이르기까지와 종묘 누문에서 동대문까지였다. 1416년(태종16) 3월의《태종실록》에 행랑 역사에 나온 늙은이가 왕의 가마 앞에서 굶주림을 호소했다는 기사[20]가 있는 것으로 미루어 행랑 공사는 이때까지도 지속된 것으로 보인다. 이로써 한양의 도로 중심부는 좌우에

---

17 — 《태종실록》 권23, 태종12년 2월 15일(경오)

18 — 《태종실록》 권23, 태종12년 5월 22일(을사)

19 — 《태종실록》 권25, 태종13년 5월 16일(갑오)

20 — 《태종실록》 권31, 태종16년 3월 28일(경신)

행랑이 길게 이어지는 모습으
로 변모하게 되었다.[21]

　　행랑 건설과 함께 한양
의 간선도로는 도로 폭이 일정
하게 정비되었다. 1426년(세종8)
의 실록에는 한성부에서 왕에
게 청하기를, 1413년(태종13) 8월
에 도성의 도로를《주례》동관
에 입각해서 대로, 중로, 소로

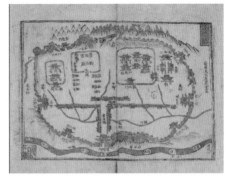

1412년(태종12)에서 1413년(태종13) 사이에 도성 중심부 도로
좌우에 장랑을 세웠으며 이때 육조대로의 형태가 완성되었다.
한양도, 〈천하〉 서울역사박물관 소장

폭을 정하도록 했으므로 이를 기준으로 해서 도로 정비할 것을 청하는 기사
가 보인다. 그러나 이 청에 대해서 세종은 일이 중요한데다 인가를 부수어 철
거해야 하고 도로를 고쳐야하므로 해당 관청에서 잘 헤아려 하라는 지시를
남기고 있다.[22] 이 기사로 보면 한양의 도로들은 세종 때에도 완전히 정비되
었다고 보기 어려운 측면이 있다. 후대의 기록이지만《경국대전》〈공전〉에는
도성의 가로를 두고 대로는 폭이 56자(약 16.8미터), 중로는 16자(4.8미터), 소로는
11자(3.3미터)라고 명시했다.[23]

　　장랑 건설은 위치가 시전 상점이 모여 있는 종루 인근만이 아니고 창

---

21 ─　행랑 조성은 많은 어려움을 극복하면서 추진되었다. 무엇보다 행랑 지을 곳에 이미 많은
　　　민가가 들어서 있었기 때문에 이 집들을 철거해야 했는데 이를 위해서 적지 않은 보상
　　　비를 주어야 했다. 1414년 9월의《태종실록》에 의하면 당시 행랑 조성 때문에 철거한 집
　　　규모가 1,486칸이었으며 이 중 기와집이 126칸, 초가집이 1,360칸이었다고 한다. 치러
　　　준 보상비도 태종 때 통용되던 지폐인 저화로 13,600장이 들었다고 한다.《태종실록》권
　　　28, 태종14년 9월(경진)

22 ─　《세종실록》권32, 세종8년 4월 5일(무진)

23 ─　《경국대전》〈권6: 공전(工典)〉, "교로(橋路)"

덕궁 돈화문 앞에서 동구까지, 또 경복궁 광화문 앞에서 운종가를 따라 종묘 앞까지 이루어졌다고 하므로 단지 시전 상점을 위한 것은 아니었다. 행랑이 어느 정도 이루어진 1412년(태종12) 4월 왕은 이런 말을 했다.

> 행랑을 조성하는 일을 처음에는 모두 어렵다고 생각하였는데, 지어 놓고 보니 국가에 모양(模樣)이 있어 볼 만하다. 만일 남은 힘이 있으면 종루(鍾樓) 동서쪽에도 지었으면 좋겠다.[24]

행랑을 지어 놓음으로써 비로소 국가에 모양이 갖추어졌다는 것인데, 이 말은 행랑이 단순히 시전 상점을 위한 것이 아니었음을 잘 말해 준다. 태종대에는 본격적으로 중국 사신들이 한양을 찾아오던 시점이었으며 태종이 국가에 모양이 갖추어졌다고 하는 것은 도성의 간선도로를 따라 행랑이 길게 이어짐으로써 외국 사신의 눈에 가로 안쪽 서민들의 살림집을 가려 줄 수 있었음을 시사해 준다. 이와 관련해서 고려시대 개경의 장랑을 두고 개경을 방문한 중국 사신 서긍(徐兢, ?~?)이 남긴 아래 글이 참고가 된다.

> 왕성에는 본래 시장이 없고 광화문에서 부와 관에 이르기까지 모두 장랑으로 백성들의 사는 곳을 가려 놓았다.[25]

개경 장랑의 경우에도 궁궐 문 앞에서 각 관청에 이르기까지 장랑을 세워 백성들의 사는 모습을 가려 놓았다는 기사를 볼 수 있다.

---

24 ─ 《태종실록》 권23, 태종12년 4월 3일(정사)
25 ─ 《고려도경》〈권5: 성읍(城邑)〉, "방시(坊市)"

장랑 건설과 함께 경복궁 광화문 앞에도 육조의 관청이 좌우에 도열한 모습이 갖추어졌다고 판단된다. 태종은 1405년(태종5) 3품 관청이었던 육조 아문을 정2품 관청으로 승격시켜 육조 장관이 직접 왕에게 업무를 보고할 수 있도록 했다. 이런 과정에서 비로소 육조의 관청이 광화문에 진출할 수 있게 되었다고 추정된다. 이전까지 육조 관청들이 어디에 있었는지 잘 알 수 없지만 광화문 앞 좌우 도로변을 차지하지는 못한 것으로 보인다.[26]

앞에서 살펴보았듯이 광화문 앞에 있었던 1품 관청인 도평의사사는 1398년(태조7) 5월경에 준공되었다. 마주하고 있던 의흥삼군부도 비슷한 시기에 지어졌다고 짐작된다.[27] 광화문이 준공된 것은 그로부터 1개월 이상 지난 6월 중순경이었다. 따라서 이 시점에서는 광화문 앞은 도평의사사와 의흥삼군부 두 청사 외에는 아직 변변한 시설이 갖추어지지 못한 것으로 볼 수 있다. 그런데 광화문이 지어지고 불과 2개월 남짓한 8월에 왕자의 난이 일어나고 이듬해 정월에는 정종이 한양을 떠나 송도로 돌아가 버렸다. 광화문 앞에 미처 다른 관청이 지어질 겨를도 없이 조정이 한양을 떠난 것이다. 따라서 태종이 한양으로 돌아왔을 때 광화문 앞에는 겨우 도평의사사와 의흥삼군부 청사가 좌우에 갖추어진 정도였던 셈이다. 두 관청의 남쪽에는 작은 길이 나 있어서 도평의사사를 끼고 동쪽으로 가면 정도전의 집으로 통하게 되고 의

---

26 —— 일례로 한성부 남쪽의 도로 안쪽에는 '고예조계'라는 지명이 18세기 여러 지도에 남아 있는데, 이것은 예조가 육조대로에 진출하기 이전에 한성부의 남쪽 도로 안에 있었음을 시사해 준다.

27 —— 같은 해 8월 왕자의 난이 일어나면서 환관 김사행의 목을 삼군부 대문 밖에 매달았다는 《태조실록》의 기사로 미루어 난이 일어났을 때 의흥삼군부 청사는 이미 지어져 있었음을 알 수 있다.

흥삼군부를 끼고 서쪽으로 돌아가면 사직단으로 갈 수 있었다.[28] 그 앞쪽의 상황은 지금으로서는 쉽게 추측하기 어렵지만 아마도 조선 건국 초부터 2품 관청으로 있었던 중추원이나 사헌부, 한성부 같은 관청들이 서서히 자리를 잡아 가고 있었다고 짐작된다. 여기에 새롭게 육조가 2품 관청으로 승격되면서 광화문 앞 가로변은 기존의 2품 청사들에 육조 관청이 들어서면서 양상을 새롭게 해 나갔다고 볼 수 있다. 중추원 청사나 한성부 청사 언제 지어졌는지는 알 수 없지만 태종이 한양으로 돌아오고 여러 정치적 현안들을 해결해 나가면서 청사들이 광화문 앞에 모습을 드러내게 되었고 이와 함께 육조의 관청들도 하나둘씩 청사를 갖추기 시작했다고 판단된다. 그 시점은 도성 안에 장랑이 지어지던 시기보다 앞서거나 아니면 비슷한 때로 짐작된다. 이 단계에 와서 비로소 광화문 앞에는 우리가 아는 육조대로가 탄생되었다고 볼 수 있다.

---

28 — 〈수선전도〉를 비롯한 조선후기 지도에 의정부와 예조 남쪽에 동서 방향으로 골목길이 그려져 있고 의정부 남쪽 골목을 나가면 중학으로 연결되는데 이 일대는 조선 초 정도전의 집이 있었다고 전한다. 또 과거 삼군부 자리에 들어선 예조와 중추원 남쪽 골목을 나가면 사직단으로 연결된다. 이런 도로 구성은 건국 초기에도 마찬가지였을 것으로 짐작된다.

육조대로 건설

육조대로의 형태

광화문 앞길, 육조대로, 육조가

광화문 앞 육조 관청이 좌우에 늘어서 있던 가로를 보통 '육조거리'라고 부른
다. 그러나 육조거리는 《조선왕조실록》이나 《승정원일기》 같은 조선시대 관찬
사서에서는 쓰지 않던 명칭이다. 아마도 사람들 입에 쉽게 오르내리던 관습적
인 표현이었던 것으로 생각되지만 그것도 확실하지는 않다. 관찬 사료에 등장
하는 이 가로의 명칭은 '광화문 앞길(前路)', '육조대로' 또는 '육조가' 정도이다.

'광화문 앞길'이라는 호칭은 기술의 주 대상이 광화문을 일컫는 경우이
고, 가로 자체를 언급하는 경우에는 '육조대로' 또는 '육조가'라는 호칭을 사
용하고 있다. 몇 가지 사례를 보기로 한다.

우선 광화문 앞길의 예이다.

(왕이) 선원전 전알 후에 진선문 밖에서 진작하여 광화문전로에 이르렀

다가, 육상궁 환궁 시에 다시 진작하였다.

《승정원일기》영조44년 12월 18일

취각(吹角) 할 때의 조건(條件): 모든 위(衛)의 절제사(節制使)는 각기 그 작위(爵位)의 순서대로 광화문(光化門) 앞 좌우에 서고, 5사(五司)는 광화문 앞길에 서는데, 많으면 종루(鐘樓)와 흥인지문(興仁之門)까지 이릅니다.

《세조실록》세조1년 10월 20일

두 사례는 나팔을 불어 군사를 동원해 훈련하는 과정이나 왕이 육상궁(毓祥宮) 전배(展拜)를 하러 가는 경로에서 광화문 지나는 것을 말하고 있어서 광화문이 기술 대상인 경우이다. 광화문 앞길의 용례는 가장 흔하지만 대부분 차이가 없다.

다음은 육조가의 사례이다.

한성부의 장계에 이르기를, 전교에 의거하여 육조로 곁에서 술을 빚은 사람 문성대를 육조가 상에서 곤장 60대를 칠 것을 감히 아룁니다. 하니 알았다고 하다.

《승정원일기》영조50년 12월 23일

어영청의 장계로 아뢰기를, 하교에 따라 지난밤 본청의 순라삼패패장 기사 김상백이 육조가 상에서 밤에 액정서 노비들이 술에 취해 횡행한 것을 붙잡지 않은 까닭을 엄히 조사하고 나서, 순검을 보내 자내에 도착하여 육조가로에서 구광화문 근처 방곡에 이르러 범야인 2명을 붙잡으니,……

육조대로의 형태

가로변의 어떤 집에서 청주 빚은 것을 문제 삼은 내용이고, 역시 가로에서 벌어진 사건을 기술하면서 육조로 또는 육조가로라고 표기한 예이다.

육조대로의 사례이다.

지난해 조정의 사목(事目)에서 전세(田稅)를 무명으로 환산하여 받아들이도록 하되 35척(尺)을 정식으로 삼아, 그 내용을 각도에 알리고 민간에 효유시킴으로써 백성들이 정식대로 작성하여 기한까지 바쳐왔는데,……(중략)…… 육조대로변에 베가 산더미처럼 쌓이니, 그것을 본 도민들은 모두 말하기를 '나라에서 어찌 이렇게까지 백성을 속인단 말인가 하였고, 각 고을 담당 관리들은 서로 마주보고 목 놓아 울었습니다.
《인조실록》45권, 인조22년 9월 24일(기유)

범법자들(당시 금주령을 위반한 사람들)이 우두머리와 졸개가 서로 통하여 앞에서 붙잡은 것은 병이나 통에 승이나 홉 정도를 양조했는데 차차로 늘어나서 심지어 육조대로가에서 항아리에 청주를 넣은 것을 현장에서 붙잡았다고 하니…….
《승정원일기》영조40년 4월 25일

앞의 사례는 베를 가로에 쌓아놓았다는 내용이며 육조대로로 명기하고 뒤의 사례는 대로에서 벌어진 술을 빚은 일을 문제 삼은 내용이다. 이상의 사례로 보면 육조가와 육조대로 용례는 모두 대로변에서 벌어진 일을 기술하고 있다.

위 몇 사례를 보면 행사 과정에서 광화문이 중심이 된 경우에 '광화문 앞길'로 표기하고 있고, 가로 전체를 대상으로 할 경우 육조대로나 육조가로 기술했다. 뒤의 두 용어는 같은 개념으로 볼 수 있으며 '육조가'라는 용어보다는 '육조대로'가 더 대상을 명확하게 기술하는 것으로 판단할 수 있다. 이런 판단 아래서 이 책에서는 광화문 앞 육조 관청이 늘어선 가로를 육조대로로 부르기로 한다.

육조대로의 형태

태종 때 만든 육조대로는 과연 어떤 모습이었을까? 이 물음의 해답은 찾을 길이 없다. 어느 사료에도 대로의 모습을 구체적으로 적어 놓은 글이 없다. 1413년(태종13)에 만들어진 이 길이 세월이 흐르면서 가로의 폭이 달라지고 가로변 시설들의 변동에 따라 가로 자체에 변화가 생겼을 수도 있다. 따라서 지금 시점에서 태종 때 육조대로가 어떤 모습이었을지 생각하는 것은 먼 산 위에 걸린 구름의 형상을 그려 보려는 것만큼이나 잡히는 것 없는 노력일지 모르겠다. 한 가지 지금 기댈 만한 자료라면, 옛날에 그린 지도들에서 모습을 찾는 일인데, 〈수선전도〉나 〈도성대지도〉 같은 18세기 지도를 보면 하나 같이 광화문 앞 남쪽으로 일직선의 굵은 길이 그려 있고 의정부를 비롯해서 사헌부, 중추부와 함께 육조 관청이 좌우에 늘어선 모습을 보여 준다. 다만 이런 지도들은 정확한 축척을 바탕으로 한 것이 아니어서 그저 가로의 분위기 정도를 파악할 수 있을 뿐이다.

20세기에 들어오면 측량 기법에 의해 정확한 축척으로 서울의 가로나 건물 위치 등을 표기한 지도들이 제법 눈에 띈다. 그러나 이런 지도는 너무 축척이 작아서 육조대로는 거의 엄지손가락 길이 정도로만 표현되어 있다. 그중 눈에 띄는 자료가 하나 있다. 국가기록원에 소장된 도면으로, 1907년경에

육조대로의 형태

제작된 것으로 보이는 〈광화문외
제관아실측평면도〉이다. 이 자료
는 육조대로의 모습을 측량을 통
해 도면으로 만들었을 뿐 아니라
축척도 600분의 1이어서 거의 가
로의 윤곽을 정확하게 파악할 수
있게 해 준다. 이 도면이 만들어
진 시점이 1907년이어서 과연 당
시 육조대로 모습이 500년 가까
운 그 옛날 태종 때의 가로와 얼
마나 일치하는지에 대해서는 뭐
라 할 말이 없는 상황이기는 하
지만 말이다. 그래도 지푸라기라
도 잡는 심정으로 우선 〈광화문
외제관아실측평면도〉라는 도면을 좀 들여다보자.

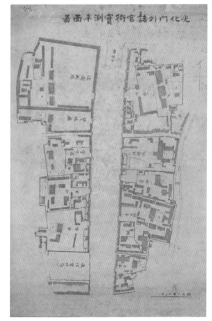

20세기 초 광화문 앞 육조대로 모습을 보여 준다.
광화문외제관아실측평면도, 국가기록원 소장

　　도면에 의하면 북쪽 중앙에 광화문이 긴 월대 뒤에 서 있는 모습이고
앞에 남쪽으로 일직선의 넓은 대로가 그려져 있고 대로 좌우에는 각종 관청
들이 늘어서 있다. 그런 점에서는 18세기 〈수선전도〉와 크게 다르지 않다. 다
만 근위대대, 경시청, 군부, 법부, 내부, 법무원, 학부, 탁지부 등 좌우의 관청
이름은 육조 관청과는 거리가 먼 낯선 것들뿐이다. 이미 이 시기에 와서 육조
의 관청들은 모두 해체되고 나라를 집어먹은 통감부에 의해 새로운 기관들
이 육조대로변을 장악한 모습을 보여 준다.
　　대로는 완전한 직선은 아니다. 동편 도로 선은 거의 직선에 가깝지만 서
쪽 도로 선은 북에서 4분의 1지점쯤에서 완만하게 꺾이는 모습을 모인다. 이 꺾

이는 지점에서는 직각 방향으로 작은 골목길이 서쪽으로 나 있다. 다른 지도들을 보면 이 골목길의 끝에서 사직단 정문과 만나게 된다. 이 골목길이 시작되는 지점과 대칭되는 동쪽 도로 선에도 골목길이 있다. 이 동쪽 골목길을 나가면 개울물을 건너선 곳에 넓은 대지가 하나 자리 잡고 있는데 조선 초기에 정도전의 집이 있었다는 곳이고 20세기 초에는 수송초등학교가 들어선 곳이다.

대로의 남쪽 끝은 지금 광화문 네거리 정도가 되는 셈인데, 이 도면에서는 네모난 광장이 그려져 있고 광장 한가운데를 45도 각도로 개울물이 지나간다. 광화문에서 이곳 광장 부분까지 대충 거리를 잡아보면 550미터 정도가 된다. 도로 폭은 일정하지 않아서 광화문 앞에서는 55.4미터 정도, 가장 넓은 곳인 동서로 직각 방향 골목길이 시작되는 지점은 58미터가 되고 남쪽으로 내려가면서 다시 조금 줄어서 55미터 정도가 된다.

이것이 20세기 초 육조대로의 모습이었다. 그렇다면 20세기 초의 육조대로는 과연 얼마만큼이나 대로가 처음 만들어진 태종 당시의 모습을 반영하고 있을까? 결론부터 말하자면, 태종 때 만든 육조대로는 1907년 대로의 도면이 만들어질 때와 기본적으로는 크게 달라지지 않았다는 것이 내 판단이다. 가장 결정적인 판단 근거는 바로 대로 북쪽 4분의 1지점에 난 동서 양쪽 골목길의 존재이다. 이 길은 서쪽은 사직단으로 가는 길이고 동쪽은 정도전이 살던 집으로 가는 길이다. 조선 초기에 광화문 앞에는 동쪽에 도평의사사(의정부)가 있고 서쪽에 의흥삼군부가 있었다. 사직단 가는 골목길은 의흥삼군부를 지나서 바로 서쪽으로 꺾인 것이고 정도전 집 가는 동쪽 길은 도평의사사 담장이 끝나는 지점에서 동쪽으로 꺾인 길이라고 말할 수 있는데, 바로 이런 상황이 이 도로가 지닌 오랜 역사의 흔적을 전한다. 1997년경에 광화문 광장을 조성하면서 세종로 한가운데서 간략한 발굴 조사가 이루어졌는데, 이때 세종로 거리는 조선시대에도 아무런 시설이 들어선 흔적이 없이

육조대로의 형태

온전하게 도로 기능을 유지하고 있었음이 확인되었다.

길이라는 것이 어떤 곳은 짧은 시간 안에도 막혔다가 열리고 집이 도로를 침범하면서 구부러지고 하는 변화를 겪기도 하지만 어떤 곳은 아무리 세월이 흘러도 본래 형태를 잃지 않기도 한다. 유럽에는 아직도 로마시대에 만들었던 도로가 그대로 남아 있어서 지금도 사용하고 있는 곳이 많다고 한다. 서울의 경우 다른 곳은 몰라도 적어도 광화문 앞 육조대로 길은 처음 만들어지고 나서 이 길을 함부로 손대지 않고 그대로 유지 관리했을 가능성이 높다. 1907년 도면을 보면서 이 도로 상황이 태종 때 처음 대로를 건설했을 당시와 근본적으로 거의 달라지지 않았을 것이라는 가정을 해 보게 되는 이유이다.

육조대로변 관청들

광화문 앞으로 나라 최고위 관청들이 좌우에 도열해 육조대로가 완성되는 시점을 태종연간으로 보았다. 그러면 육조대로에는 어떤 관청들이 들어서 있었을까? 육조대로변 관청 중 일부는 명칭이나 위상이 달라지고 어떤 곳은 관청 자체가 폐지되는 변화를 겪었다. 관청들은 대체로 세종 초에 기능이나 지위가 확정되고 위치도 안정되었다.

관청 중 가장 크게 위상이 달라진 곳은 중추원과 의흥삼군부였다. 중추원은 조선 건국 직후 문무백관의 관제를 정할 때, 나라의 재정과 군정 및 왕실의 경비 등을 총괄하는 역할을 맡았다. 그러나 1393년(태조2)에 의흥삼군부가 설립되면서 군정 업무가 넘어가고 왕실 경비도 의흥삼군부가 맡게 되었다. 태조 때 의흥삼군부는 도평의사사와 함께 국정의 최고위에 군림한 기관이었다. 그러나 왕자의 난 이후 권력을 장악한 이방원은 1400년(정종2) 관제 개혁을 하면서 의흥삼군부와 중추원을 통합해 삼군부로 했다가 이듬해에는 명칭을 승추부(承樞府)로 고쳤다. 승추부로 개편되면서 역할이 크게 약화되었다. 대신 군사 업무는 1405년(태종5) 2품 관청으로 승격한 병조가 주관하게 되었다. 이후 삼군부는 삼군진무소, 삼군도총제부 등으로 통합과 개칭을 반복하다가 결국 1432년(세종14)에 완전히 폐지되기에 이르렀다. 삼군도총제부가 폐지되면서 중추원이 다시 설립되어 왕실의 경비를 맡았다. 중추원은 1461년(세조7)에 명칭을 중추부로 고쳤다. 중추부는 정1품 관청이었지만 실제로 관장하는 역할은 뚜렷한 것이 없이 소임이 없는 고관들을 대우하는 기관에 지나지 않았다.

조선시대 광화문 앞 육조 관청의 배치 모습. 광화문 앞 동쪽과 서쪽에 늘어서 있다. 도성도 부분, 서울대학교 규장각 소장

한편 정2품 당상관청에 승격한 육조 관청들은 실질적으로 국정을 주관하는 기관으로 부각되었다. 태종 재위 당시 육조의 서열은 이조, 병조, 호조, 형조, 예조, 공조의 순이었다.

육조 관청 외에 건국 초기부터 나라의 주요 기관으로 자리 잡고 있던 곳으로는 사헌부와 한성부가 있다. 사헌부는 언론 활동, 풍속 교정, 백관에 대한 규찰, 탄핵 등을 관장하던 곳으로 비록 종2품 기관이었지만 왕과 신하들을 모두 견제할 수 있었다. 한성부는 서울의 호적대장, 시장과 상점, 도로와 교량 등을 총괄하고 치안을 관장하는 곳으로 국왕이 거주하는 도성의 제반 업무를 처리하는 곳으로 위상이 각별했다. 장관은 정2품이었다.

육조대로가 형성되던 초기에 각 관청이 어떤 순서로 배치되었는지 명확하지 않지만 적어도 광화문 동쪽 첫머리에 의정부가 놓이고 서쪽에 삼군부

육조대로의 형태

가 자리 잡고 있었음은 분명하다. 그 남쪽으로 사헌부, 한성부 외에 육조 관청이 서열에 따라 좌우에 배치되어 있었다고 판단된다.

세종 때 삼군부의 후신인 삼군도총제부가 폐지되고 삼군부에 통합되어 있던 중추원이 복설되면서 관청의 배치에도 변화가 나타났다고 추측된다. 1418년(세종 즉위) 12월, 이조에서 왕에게 아뢰었다.

> 주(周)나라 이후로 천지(天地)·사시(四時)의 관직이 그 칭호는 비록 같지 않음이 있더라도, 그 차서(次序)는 일찍이 변하여 바꾼 일이 없었사온데, 우리나라 건국 초기에 있어, 전조(고려)의 옛 제도를 그대로 받아, 하관(夏官)이 지관(地官)과 춘관(春官)의 위에 있으니 온당하지 못합니다. 원컨대 옛날의 제도에 의하여, 첫째의 천관(天官)은 이조로 하고, 둘째의 지관은 호조로 하고, 셋째의 춘관은 예조로 하고, 넷째의 하관은 병조로 하고, 다섯째의 추관(秋官)은 형조로 하고, 여섯째의 동관(冬官)은 공조로 하여, 일정한 제도를 삼을 것으로 청합니다.

태종 때 정했던 육조의 순서 가운데 두 번째 서열이었던 병조를 넷째로 보내고 다섯째에 있던 예조를 셋째로 올리자는 건의였고 왕이 이를 따랐다.[29] 예조의 위상을 높이고 병조를 낮춘 것인데, 세종대에 들어와 유교의례를 중시하는 정책 변화의 신호탄으로 볼 수 있다.

이러한 변화에 발맞추어 육조 관청의 위치도 달라져서, 삼군부의 자리에 예조와 복설된 중추원이 자리 잡았다. 예조가 가장 윗자리에 놓이고 남쪽 자투리땅에 중추원(세조 때 중추부로 개칭)이 들어선 것이다. 세종 때 자리가 확정

---

29 — 《세종실록》 권2, 세종 즉위년 12월 5일(경진)

된 육조대로의 관청들은 이후 조선 말기까지 크게 위치 변동 없이 유지되어 갔다. 순서에 따라 정리하면 아래와 같다.

광화문 동편: 의정부-이조-한성부-호조
광화문 서편: 예조-중추부-사헌부-병조-형조-공조

삼군부 자리를 두고 예조와 중추부가 대지를 나누어 사용하다보니 약간의 마찰도 있었다. 《용재총화》에 이런 일화가 있다.

(삼군부 터를) 예조로 삼고, 중추원은 도리어 예조의 남쪽 곁채에 우거하였다. (중략) 예조의 우물도 또한 맑고 깨끗하고 마르지 않아 흘러서 큰 못을 이루니 비록 몹시 가물어도 한결같았다. 못 남쪽에 조그마한 땅이 중추부로 뻗어서, 수초가 우거지고 더럽더니 금상 기미년(1499년, 연산군5)에 중추부에서 아뢰기를 "개 이빨처럼 우리 관아에 들어오니, 마땅히 분할하여 우리 못으로 해야겠습니다."하니 예조가 이르기를 "외국 사람을 대접하는 곳을 좁게 해서는 안 된다."하고 서로 다투었다. 임금이 승지와 내관 등에게 물어서 쪼개어 나누어 주니, 중추부에서 그 땅을 파서 서지(西池)를 만들고, 대청을 개축하고 대청에 연이어 서헌을 만들고, 돌기둥을 물속에 세우니, 아로새겨지는 그림자가 물결 위에 떨어지고, 서쪽은 산봉우리가 높고 집들이 좋고 나무가 빽빽하여 풍경이 서울에서 제일이었다."

본래 삼군부 자리는 중추부가 들어서 있던 곳이었는데, 뒤에 예조가 들어오면서 못을 두고 실랑이가 벌어진 것인데, 관장하는 뚜렷한 역할 없이 업무가

육조대로의 형태

한가로웠던 중추부는 오히려 못을 더 가꾸고 멋진 건물을 짓고 경관을 꾸민 듯하다.

2

세종의
경복궁 전면 수리

경복궁으로 돌아온 세종

세종이 근정전에서 즉위한 것은 1418년 8월 10일이었다. 장남 양녕대군이 왕
세자 자리에서 쫓겨나고 3남 충녕이 세자로 책봉된 지 불과 두 달 후의 일이
었다. 선왕 태종의 양위도 사전에 충분히 논의되지 않은 급작스런 일이었다.
태종은 아직 나이 쉰둘의 장년의 몸이었다. 병을 핑계로 삼았지만 건국 초기
복잡한 정치적 갈등을 해결하고 왕권도 안정이 되자 자신이 상왕이 되어 젊
은 왕을 뒤에서 밀어주면서 일선에서 물러나려는 의도였다고 평가된다.[1] 양
위를 반대하는 신하들에게 "18년 동안 호랑이를 탔으니 이미 족하다."는 말
로 일축했다.

---

1 — 　1418년 8월 8일 국보를 세자에게 넘겨주면서 왕은 대신들에게 자신의 양위 의지를 천
　　명하였다. 《태종실록》 권36 태종18년 8월 8일(을유)

태종의 맏아들 양녕은 이미 15년 동안이나 세자로 있었고 아들까지 두었다. 그 사이 세자의 덕성에 적합지 않은 행실로 태종의 눈 밖에 났다가 급기야는 세자 자리에서도 물러나게 되었다. 반면 셋째 아들인 충녕은 "천성이 총민하고 또 학문에 독실하며 정치하는 방법도 잘 안다."는 부왕의 평을 얻어 왕위에 오르게 되었다. 이때 나이 스물둘이었다.

즉위 초년 세종은 헌신적으로 상왕을 모셨다. 상왕이 궁궐 가까이 있을 때는 거의 매일 문안을 올렸다. 세종은 창덕궁에 있었고 상왕은 바로 옆 수강궁을 처소로 삼았다. 성안을 답답하게 여긴 상왕은 한강변에 낙천정을 짓고 풍양에는 이궁을 지었고 무악 아래에도 서이궁을 지어 여러 곳을 옮겨 다녔다. 세종은 거리가 멀어 직접 문안을 드리지 못할 때는 반드시 신하를 보내 문안을 올리도록 했다.

태종은 사냥을 즐겼다. 국왕의 임무에서 벗어나자 사냥은 거의 철마다 이루어졌다. 사냥에 나갈 때는 세종을 데리고 가기를 즐겼다. 책 읽기를 좋아하던 세종은 부왕의 표현에 의하면 "살찌고 무게가 나가는(肥重)" 편이었다고 한다. 말달리고 짐승 좇는 사냥이 그다지 즐겁지 않았을 듯하지만 가급적 동행하려고 노력했다. 1421년(세종3) 2월에는 상왕을 따라서 철원으로 사냥 나갔는데 마침 모친의 국상이 끝나고 얼마 지나지 않을 때여서 주저했지만 상왕의 강권으로 동행했다.

양위는 했지만 태종은 가장 중요한 병권은 놓지 않았고 국가의 중대한 결정에 간여했다. 신하들이 현 왕에게로 쏠려 권력이 이반되는 것도 경계했다. 당시 신망을 얻은 대신 중 한 사람이 세종의 장인인 영의정 심온(沈溫, 1375~1418)이었는데, 사은사로 중국에 갔다가 돌아오는 길에 체포해 죽였다. 사유는 상왕의 병권장악을 비방했다는 것이었는데 뒤에 무고로 밝혀졌다.

상왕이 살아 있는 동안에 세종은 가급적 새로운 시책을 펴지 않았다.

경복궁으로 돌아온 세종

눈에 띄는 일로 1422년(세종4) 도성을 새로 쌓은 것이 있다. 도성 성벽은 태조 때 일부는 돌, 일부는 흙으로 쌓았는데 무너진 곳이 많아 민정 30만 명을 불러내어 1월 14일 공사를 시작해서 2월 23일 마쳤다. 성벽은 모두 돌로 쌓았고 출신 지역별로 담당 구간을 정해 무너질 경우 책임을 지도록 했다. 상왕의 사냥 나들이는 더 잦아졌다. 이미 3월과 4월 초에 두 임금이 두 차례 철원, 양주 등지를 다녔는데 다시 4월 12일 포천, 영평으로 사냥 나갔다 돌아왔다. 이로부터 1개월이 안 된 5월 10일 상왕이 연화방 신궁에서 숨을 거두었다. 이제 비로소 세종이 자신의 정치를 펼 수 있게 되었다.

경복궁 이어

세종은 즉위 의식을 경복궁 근정전에서 거행했지만 경복궁에 머무르지는 않고 창덕궁을 거처로 삼았다. 1422년(세종4) 태종이 세상을 뜨고 3년 정도 지나서 1425년(세종7) 4월 세종은 거처를 경복궁으로 옮겼다. 경복궁에서는 근정전에서 조회도 받고 사정전에서 정사도 보았다. 상왕도 세상을 떴고 자신의 정치적 입지를 공고히 할 시기가 도래하면서 경복궁을 임금의 거처로 삼은 셈이다. 이후 일시적으로 창덕궁이나 다른 곳에 잠시 처소를 옮기는 일은 있었지만 특별한 일이 없는 한 항시 경복궁을 처소로 삼았다.

경복궁으로 거처를 옮긴 세종은 약 1년 반이 지난 1426년(세종8) 10월에 집현전에 명해서 아직 이름도 짓지 않은 궁성문이나 다리의 이름을 짓도록 했다. 비로소 궁성 남문에 광화문(光化門)이란 이름이 붙었다. 아울러 동문은 건춘문(建春門), 서문은 영추문(迎秋門)으로 하고 광화문 정북의 문을 홍례문(弘禮門)으로 지었다. 또 근정전 동월랑의 협문을 일화문(日華門), 서월랑 협문을 월화문(月華門)이라 하고 근정문 남쪽 돌다리는 영제교(永濟橋)라 했다.

광화문은 임금의 빛이 널리 미친다는 의미를 지녔다. 동문과 서문은 각기 봄을 일으킨다는 건춘과 가을을 맞이한다는 영추로 해서 봄과 가을의 상서로운 기운이 궁 안에 미치기를 기원하는 뜻을 담았다. 홍례문은 당초 정도전이 정문으로 이름 지었던 곳인데 궁성을 쌓으면서 정문이 남문(광화문)으로 옮겨 감에 따라 다시 이름을 지었다. 예의를 넓힌다는 뜻으로 홍례라 해서, 이 문에서부터 유교적 의례가 본격적으로 행해진다는 의미를 담았다.

경복궁에 와서 8년 정도가 지난 1433년(세종15) 7월, 서운감에 근무하는 풍수학을 하는 최양선(崔揚善, ?~?)이라는 사람이 왕에게 "경복궁의 북쪽 산이 주산이 아니라 목멱산에 올라서 바라보면 향교동으로 이어진 줄기, 지금 승문원의 자리가 실로 주산"이므로 창덕궁을 승문원 자리로 옮겨 왕이 여기 거처하기를 청하는 말을 아뢰었다. 왕은 약간 마음이 움직여 승문원 터에 창덕궁을 옮기는 대신 100여 칸 정도의 궁을 새로 지을 뜻을 신하에게 일렀다. 며칠 후 왕은 지리에 밝은 사람을 승문원에 보내 터를 살피게 했다. 그러나 일이 바깥에 알려져 대신들이 나서게 되었고, 영의정 황희(黃喜, 1363~1452)를 비롯한 대신들이 전면 반대 입장을 폈다. 대신들은 경복궁 뒤 백악이 삼각산(북한산)에서 보현봉으로 내려온 맥이 와닿는 명당이라고 주장했다. 이에 대해 일부 풍수가들은 보현봉 아래 산세로 미루어 백악이 명당이 되기 부족하다는 의견을 냈다. 왕은 이들을 직접 보현봉까지 올라가 지세를 살피도록 했지만 의견 통일을 보지 못했다. 결국 왕 자신이 백악산 중턱까지 올라가 주변을 관찰하고 다시 몇 차례 더 논의가 이어졌지만 결론에 이르지 못했다. 논의가 시작된 지 27일이 경과한 7월 29일에 대신들이 각종 풍수 서적의 이론을 들어 경복궁이 명당자리에 있음을 역설하고 세종도 더 이상 논의를 끌기가 부담스러워 새로 궁궐 짓는 논의는 중단하도록 했다. 최양선은 1441년(세종23)에도 다시 경복궁이 바른 명당이 아니므로 궁궐을 가회방의 제

경복궁으로 돌아온 세종

생원 터로 옮기자는 건의를 했지만 묵살되었다. 대신들은 양선의 처벌을 몇 차례 주장했지만 왕은 "나랏일을 위하여 말한 것이니 죄 줄 수 없다."고 답했을 따름이다.

1433년(세종15) 경복궁 터에 대한 논의를 보면 세종은 개인적으로는 최양선의 견해에 마음이 기운 듯 했지만 대신들의 강한 반대에 부딪혀 궁궐 옮기는 일은 포기한 셈이다. 세종은 자신의 개인적 관심보다는 대신들의 중론을 중시한 것으로 볼 수 있다. 이제 겨우 왕권이 안정되고 새롭게 제반 질서를 잡아가는 마당에 풍수가의 말에 이끌려 함부로 궁궐을 옮기거나 새로 짓는 따위의 일을 벌여서 혼란이 빚어지는 것을 피하려고 했다고 생각된다. 대신 그 동안 성문의 이름조차 갖지 못했던 경복궁을 조선의 정궁으로 확고하게 다져나갔다.

의례 정비

상왕의 그늘에서 벗어나 독자적으로 정치를 하게 된 세종이 크게 힘을 기울인 것은 유교에 입각해서 통치의 기틀을 다지는 일이었다. 이를 위해서 집현전을 설치해 학자들을 가까이에 불러 모으고 학자들에게 당·송의 의례 제도를 연구하도록 해서 조선의 의례를 정비하도록 했다. 그리고 자신은 경연 즉 학자들로부터 고전 학습하는 일을 하루도 거르지 않고 했다.《논어》로 시작해서《예서》,《시경》 등을 익혔다. 나아가 신하들과 대면할 때는 반드시 조회라는 절차를 갖도록 해서 군신 간 예의를 차렸다. 세종의 전성기 움직임을 그의 행장(죽은 후에 일생을 간략하게 언급하는 글)에서는 이렇게 기술했다.

왕은 매일 사고(四鼓, 네 번 북치는 시각으로 새벽 5시 경)에 일어나서, 새벽 무렵에 군신의 조참(朝參, 아침 인사)을 받고, 이후에 시사(視事)를 시행하여 일체의 업무를 처결하였으며, 연후에 윤대(輪對, 문무관원이 돌아가며 임금의 질문에 응하는 일)를 행하여 나라를 다스리는 방도를 물었다.[2]

유교를 통치의 근간으로 삼은 조선에서 유교의 실천 덕목인 의례는 빼놓을 수 없는 중대사였다. 나라를 지켜 주는 각종 신령께 제사 지내는 길례(吉禮), 군신 간이나 왕실가족 간에 절기에 따라 또는 특별한 행사가 있을 때 서로 예를 표하는 가례(嘉禮), 외국사신을 맞이하는 빈례(賓禮), 출정하는 군사들을 보내는 군례(軍禮), 왕이나 왕비, 왕세자 등이 죽었을 때 치르는 흉례(凶禮), 이 다섯 가지 의례는 특별히 국가에서 반드시 치러야 하는 것이었다.

오례(五禮)로 지칭되는 다섯 가지 의례에 대해서는 이미 고려시대에 그 절차와 제도 등이 규정되었다. 그러나 고려 말에 와서 오례는 잘 지켜지지 않았고 절차도 흐트러졌다. 조선 건국 초년에는 아직 이런 의례들이 제대로 자리 잡지 못하고 편의에 따라 치러졌다. 태종대에 들어와 비로소 조금씩 의례가 정비되었지만 충실하지 못했다.

세종조의 의례 정비는 한꺼번에 모든 것을 만들어 내지는 못했고, 관련한 사안이 발생할 때마다 한 가지씩 정비해 나갔다. 예조와 의례상정소의 학자들이 중국의 고전이나 당·송의 사례를 상고해 조선의 현실에 적합한 형태로 안을 만들어 왕이 이를 받아들이는 형식을 취했다. 세종은 1420년(세종2) 모후 원경왕후가 죽자 산릉을 꾸미는 제도를 새로 마련했으며 2년 후 선왕 태종이 붕어하자 다시 산릉의 제도를 고쳐 만들도록 했다. 1424년(세종6) 중국에서 황제가 칙서를 보내는 때를 당해 칙서를 받는 의식인 영칙서의(迎勅書儀)를

2 ─ 《세종실록》 권127, 세종32년 2월 5일(정유)

경복궁으로 돌아온 세종

제정했으며 왕세자가 혼인을 하면서 새롭게 세자빈 책봉 절차를 정했다. 이런 방식으로 궁중에 일이 발생할 때마다 의례상정소에서 당·송의 의례를 상고해 의례 절차를 하나씩 다듬어 나갔다. 재위 말년에는 정무 일부를 세자에게 맡겼는데 이를 위해서 세자가 신하들로부터 조하받는 절차라든가 사신 영접 절차 등이 만들어졌다.

의례 정비는 세종의 전 통치 기간에 걸쳐서 이루어졌다. 그 성과는《세종실록》의 말미에 〈오례〉라는 항목을 별도로 만들어 수록했다. 조선의 27대 국왕의 실록 중에 말미에 따로 부록을 삽입한 것은《세종실록》이 유일하나. 《세종실록》에는 〈오례〉와 〈지리지〉 두 편이 수록되어 있다. 〈지리지〉는 지방의 형세나 특산물을 나열한 것인데 세종대에 와서 지방 통치의 기틀이 마련되었음을 말해 준다.

문물제도와 건축의 정비

의례 정비는 단지 절을 올리는 절차만으로 이루어지지 않고 의례에 따른 음악, 복장의 정비를 수반했다. 의례에 사용하는 제기를 만들기 위한 도량형도 다듬어야 하고 시각을 정확하게 알릴 수 있는 장치도 필요했다.

세종은 자신도 음악에 조예가 깊었을 뿐 아니라 박연(朴堧, 1378~1458)과 같은 뛰어난 전문가를 곁에 두었다. 박연은 왕의 요구에 부응해서 아악을 부흥시키고 악기를 제작해 의례에서 사용하는 음악의 기틀을 잡았다. 1425년(세종7)에는 아악을 정리하고 1429년(세종11)에 율관을 제작하고 여기 맞추어 아악기를 만들었으며 1433년(세종15)에도 아악기를 새로 만들었다. 이 일은 모두 박연이 주관했다.

하례나 조회 시 관원들이 입는 복장에 대해서는 1426년(세종8)에 중국의 제도를 참고해서 한 차례 정비했다. 조하 시에 신하가 왕에게 절을 올리는 방식도 다시 정했다. 척도는 특히 의례에 쓰는 각종 기물을 만들기 위해서 통일이 필요했다. 이에 따라 1446년(세종28) 9월에 새 영조척을 만들었으며 11월에는 영조척 마흔 개를 제작해 서울과 지방에 나누어 주었다.

세종 때는 건물 자체에 대한 손질도 적극 실천했다. 세종 즉위 초 모후 원경왕후와 태종의 장례를 맞아 장례 절차를 정비하고 산릉 제도를 새로 정했다. 무덤의 석실을 만들고 능상에 석물 놓는 법식을 정비했다. 능 앞 좌우에 세우는 돌은 고려 때에는 전죽석(錢竹石)이라고 했는데 이를 망주석(望柱石)으로 고쳐 부르도록 하고 정자각 안에 놓는 탁자는 주토에 송연칠을 해서 검은 색으로 통일시켰다. 이것은 종묘나 문소전에 놓는 탁자가 주홍으로 칠하는 것과 차이를 두기 위한 것이었다.

왕실 건물에 대한 정비 외에 민간의 살림집에 대해서도 규정을 마련했는데, 하나는 집안에 가묘(家廟)를 두도록 한 것이고 다른 하나는 신분에 따라 집터의 크기나 집의 규모를 한정하는 것이었다. 집 안에 조상의 신주를 모신 가묘를 세우고 절기에 맞춰 제사를 지내는 것은 유교의 가르침을 실천하는 중요한 덕목의 하나였다. 그러나 이런 국가의 시책이 개인의 살림집에서 잘 실행되지 않는 것이 현실이었던 듯하다. 1432년(세종14) 2월, 예조는 앞으로 만 2년을 시한으로 해서 1434년(세종16)년부터는 적어도 문무관원의 집에서 가묘를 세우지 않는 집은 처벌하도록 영을 세웠다. 단, 집이 가난해 사는 집이 10칸이 안 되거나 집터가 3, 4부(약 115~150평정도, 1부는 38내지 39평) 이하인 경우는 1칸의 가묘를 허용하고 그마저도 할 수 없이 영세한 관원이나 사족이 아닌 집에서는 잠자는 곳에서 제사지내도록 정했다.

신분에 따라 집터 크기나 집의 규모를 규정하는 것은 1431년(세종13)에 처음 정했다. 왕의 친아들, 친형제와 공주는 50칸으로 하고, 대군은 10칸을

경복궁으로 돌아온 세종

더하며, 2품 이상은 40칸, 3품 이하는 30칸으로 하고, 서민은 10칸을 넘지 못하며, 주춧돌을 제외하고는 다듬은 돌을 쓰지 못하고 단청도 금해 검소하고 간략하게 짓도록 했다.[3] 1440년(세종22)에는 건물 규모만이 아니고 집의 기둥 높이나 들보의 길이까지 상세한 규정을 정했으며 이를 보완한 규정이 이후에도 한두 차례 더 있었다. 그러나 이런 규제는 실제로는 잘 지켜지지 않았는데 특히 왕의 친족들이 규정을 무시하고 큰 집을 지었다.

　이런 모든 제도 정비 못지않게 가장 중요한 것은 국가적 의례를 거행하는 장소인 궁궐 자체를 의례 절차에 맞추어 다듬는 일이었다. 그 주 무대는 경복궁이었으며 세종의 과제는 경복궁을 어떻게 의례에 맞추어 고칠 것인가 하는 것이었다. 세종은 재위 10년(1428)부터 경복궁의 문을 비롯해서 편전이나 침전 등을 고쳤다. 동궁은 새로 지었다. 경복궁 수리 공사는 1443년(세종25)경까지 거의 15년에 걸쳐 진행되었다. 세종은 재위 절정 기간에 경복궁을 의례 거행에 적합한 공간으로 바꾸어 나갔다.

---

3 ―　《세종실록》 권51, 세종13년 1월 12일(정축)

경복궁의 전면 수리

사대문 수리

정종이 도성을 송도로 옮기면서 경복궁을 비우고 나서, 세종이 경복궁에 다시 돌아온 것은 27년만의 일이었다. 1399년(정종1) 3월에 궁을 떠났다가 1425년(세종7) 4월이 되어 다시 주인을 맞은 셈이다. 그 사이 외국사신이 오면 행사를 벌이고 과거 시험을 치르기도 했지만 내전에서 사람들이 잠자고 밥 먹는 일상을 다시 시작한 것은 이때부터였다.

1426년(세종8) 정월이 되자 드디어 근정전에서 새해를 축하하는 조하를 받고 경회루에서 연회도 베풀었다. 10월에 비로소 궁성의 문 이름도 정해졌다. 해가 바뀌어 1427년(세종9)이 되자 경복궁 동서 십자각을 철거했다. 기울어져 위태로운데다 쓸모가 없기 때문이라고 했다.[4] 동서 십자각은 1398년(태조7) 궁

---

4 — 《세종실록》 권35, 세종9년 3월 21일(기유)

성을 세울 때 남쪽 궁성 모서리에 세운 각루였다. 세운 지 30년 정도가 지난 셈인데, 관리를 하지 않아 건물이 퇴락한 듯한데 무엇보다 쓸데가 없다고 한 이유가 주목된다. 동서 십자각은 군사가 망루에 올라 주변을 감시할 목적으로 지어졌다고 생각되는데, 그 사이 십자각 바깥에 건물들이 바짝 들어서면서 주변을 제대로 감시할 수 없게 되었기 때문이 아닌가 추측된다.

이어서 그 해 6월에는 영추문을 수리했다. 1428년(세종10) 5월에는 건춘문을 다시 세웠다. 1431년(세종13) 4월에는 광화문이 이루어졌다.《세종실록》에는 이때의 일을 "修迎秋門(수영추문)", "改營建春門(개영건춘문)", "成光化門(성광화문)"이라고 적었다. 이 기사만으로는 당시의 공사가 어느 정도 범위였는지 가늠하기 어렵지만 '개영(改營)'이나 '성(成)'이라는 표현으로 보아서는 건물을 다시 짓는 정도가 아니었을까 생각된다. 다시 1433년(세종15) 7월에는 궁성에 북문을 냈다. 의례상정소에서 제왕의 궁실은 반드시 네 대문이 있어야 한다고 사유를 올려 문을 냈다고 했다.[5] 북문은 설치만 하고 사용하지 않았으며 이름도 짓지 않고 있다가 1475년(성종6)에 가서야 신무문(神武門)이라는 이름을 지었다. 세종이 27년 동안 비어 있던 경복궁에 들어와 처음 손댄 것이 궁성의 출입문들을 모두 정비하는 것이었다.

성문은 밖에서 볼 때 건물의 외관이나 인상을 결정 짓는다는 점에서 각별히 중요하다. 세종이 경복궁으로 거처를 옮기면서 제일 먼저 궁성 문들을 손댔다는 것은 세종이 경복궁에서 무엇을 중요하게 생각했는지 말해 준다.

세종의 궁성 수리 배경으로 두 가지 점을 생각할 수 있다. 하나는 그동안 이궁에 머물던 관습을 버리고 왕조의 정궁에 자리 잡아 왕의 위상을 바로하려는 의지이다. 창덕궁은 태종이 송도에서 한양으로 돌아오면서 세운

---

5 — 《세종실록》 권61, 세종15년 7월 25일(병자)

궁이다. 어디까지나 이궁으로 지었기 때문에 지어진 위치나 외관이 한 나라의 궁궐로는 부족한 점이 없지 않았다. 세종은 상왕 생존 때에는 창덕궁에 머물렀지만 상왕이 세상을 뜨자 얼마 지나지 않아 정궁인 경복궁에 들어왔다. 나라의 문물제도를 바로잡으려는 의욕을 가진 세종으로서는 우선 임금이 정궁에 자리 잡아야 한다고 생각했을 것이다. 경복궁으로 옮겨 와서 첫 번째로 한 공사가 쓸모없는 동서 십자각을 철거한 일이고 다음이 영추문, 건춘문, 광화문을 짓고 마지막으로 없던 북문을 새로 개설한 것이다. 가장 먼저 궁궐의 외관을 일신해 왕의 권위를 도성민에게 드러내 보이려는 뜻으로 이해할 수 있다.

세종 즉위 이후 중국 사신의 왕래가 빈번해졌다. 이 시기 중국은 3대 성조(成祖, 태종)가 1421년(세종3) 수도를 남경에서 북경으로 옮기고 북방 경영을 전개하면서 주변 나라에 대한 외교에 적극성을 보이던 때였다. 조선에도 1년에 두세 차례 사신을 보내 황제의 칙서를 전달하는 등 활발한 외교 관계를 열었다. 따라서 세종으로서도 중국 사신에게 궁궐의 제대로 된 모습을 보여 줄 필요가 있었다고 짐작된다.

특히 광화문의 경우는 사신 영접의 핵심이었다. 중국 사신이 황제의 칙서를 가지고 올 경우 왕이 사신 숙소인 모화관까지 나가서 칙서를 맞이하고 왕과 사신이 나란히 광화문을 통과한다. 문 앞에서는 산대놀이를 펼치고 문 주변을 꽃으로 치장해 위엄을 표한다. 1431년(세종13)에 와서 광화문을 다시 세운 일은 이런 중국 사신 영접과 관련이 있을 것으로 추정된다.

동궁 건설

세종은 즉위하던 해에 첫 아들을 얻었고 아들이 네 살이 되던 1421년(세종3)

경복궁의 전면 수리

에 세자로 책봉했다. 1425년(세종7) 세자의 나이 여덟 살이 되자 정월 초하루에 임금이 세자와 함께 망궐례를 행했다. 1427년(세종9)에는 왕세자빈을 맞았다. 세자 나이 열 살이었다. 이 해에 세자와 세자빈이 따로 거처할 동궁(東宮)을 경복궁 안에 지었다. 조선이 건국되고 궁궐 안에 처음으로 정식 동궁이 들어선 것이었다.[6]

동궁에는 중심전각으로 자선당(資善堂)과 승화당(承華堂)이 있었다. 자선당은 세자나 세자빈이 거처하는 침소인 동시에 세자가 신하들과 의례를 거행하는 장소였다. 승화당에서는 세자가 정사를 보았다. 세자는 동벽 교의에 앉고 신하들은 서벽에 차례로 앉는다고 했다.[7]

동궁이 들어선 위치는 건춘문 안이라고 《궁궐지》에 적었는데 정확히 어느 장소인지는 잘 알 수 없다.[8]

1443년(세종25)에 들어와 왕은 병을 구실로 가벼운 정무는 세자에게 위임하려는 뜻을 밝혔다. 신하들이 반대했지만 왕은 뜻을 관철해 4월에 세자가 섭행하는 교지를 내렸다. 그런데 이 교지에서 섭행을 할 때 세자가 승화당에서 남면해서 조회를 받도록 했는데 신하들이 이것을 반대하고 나섰다.

---

6 — 그 전까지 왕세자는 궁 밖에 별도의 건물에서 지냈다. 태종 때는 처음 의령군 남재의 집을 동궁으로 삼았다가 창덕궁과 거리가 멀어서 창덕궁 가까이에 동궁을 지었다. 이때 지은 동궁은 종묘와 담을 마주하고 있었다는 《태종실록》 기사(태종17년 3월 5일)로 미루어 단봉문 밖의 현재 돈화문 동쪽의 빈터로 남아 있는 일대로 추정된다.

7 — 《세종실록》에 의하면 1441년(세종23) 세자빈 권씨가 자선당에서 원손을 나았다는 기사와 이튿날 자선당에서 권씨가 죽었다는 기사를 볼 수 있다. 《세종실록》 〈오례〉에 의하면 자선당에서는 세자가 문무신하들로부터 조하를 받고 세자가 스승과 상견하는 의례를 거행하는 곳으로 명시되어 있다.

8 — 고종 때 경복궁을 중건하면서 지은 동궁은 사정전의 담장 밖 동쪽 건춘문 안이었으며 자선당이 서쪽에 있고 자선당과 나란히 동쪽에 비현각이 각각 행랑으로 둘러싸여 자리 잡은 모습이었다. 이때는 승화당은 보이지 않는다. 비현각은 세조 때 사정전 동쪽 모퉁이에 내상고 2칸을 고쳐서 지은 곳이라고 하며 세자가 연거하는 곳이라고 했는데, 고종 중건 시에는 세자의 집무실로 지었다.

이전에 자선당 등에서 세자와 신하는 서로 동서에 마주선 형태로 예를 올렸다. 이것은 세자의 지위를 대신들과 대등하게 삼는 것이었다. 그런데 세자가 남면을 하면 대신들은 북쪽을 향하게 되며 이는 세자가 왕과 동등한 입장에 서는 것을 의미했다. 의정부와 육조 대신이 한결같이 세자가 남면하는 것이 불가하다고 했으며 일부는 세자의 섭행 자체를 반대했다. 세종은 "나는 차라리 왕위를 사퇴하고 병이나 조리하겠다."고 강경하게 맞섰고 결국 절충안을 내서 세자가 동궁 정문에서 남면해 앉고 1품 이하는 뜰아래서 재배하는 방안으로 교지를 고쳤다. 그러다가 며칠 후 의정부에서 새 안을 내기를 동궁이 남문에 앉는 대신 건춘문 안에 별도 건물을 지어 동궁은 서향해서 앉고 신하들은 마당에서 재배하도록 건의해서 왕이 받아들였다. 이렇게 해서 5월에 건춘문 안에 계조당(繼照堂)을 새로 지었다. 1444년(세종26) 1월 21일 왕세자는 계조당에서 서쪽에 앉아 문무백관의 조참을 받았다고 한다.

상참 의례와 편전의 개조

《세종실록》에 1429년(세종11) 4월 3일에 "사정전이 이루어졌다(思政殿成)."는 기사가 보인다. 그로부터 19일이 지난 4월 22일에 예조에서 상참의(常參儀) 절차를 올렸다. 상참은 임금이 정사를 보기 전에 신하들이 임금에게 일정한 예를 표하는 의식을 말한다. 예조에서 이르기를, 이제까지 임금에게 계사를 올릴 적에 예가 없었기 때문에 당이나 송의 제도를 참작해서 의례를 정했다고 했다. 상참의례는 이때 처음 제정되었다고 했는데, 이 의례를 제정하기 약 20일 전에 사정전이 이루어졌다는 점은 새로 수리한 사정전과 상참의례가 관련성을 갖고 있다는 생각을 하게 한다.

사정전은 경복궁이 창건되던 1396년(태조5)에 지어졌으며 처음에는 보

경복궁의 전면 수리

평청이라 불렀다. 창건 당시 사정전은 정면 5칸, 좌우에 각 1칸의 이방이 있다고 했다. 또 사정전 앞과 뒤에는 천랑이 있어서 남쪽은 근정전 뒤 월랑에 닿았고 북쪽은 강녕전 천랑과 연결되었다. 사정전은 내전에 속해 있었다.

건국 초기에는 아직 궁중의 제반 제도가 갖추어지지 못했고 특히 고려 말의 관습을 이어 내전에서 많은 업무가 진행되었다고 짐작된다. 사정전이 내전에 속해 있었던 것도 이런 고려 말의 관행을 반영한다고 볼 수 있다.

《세종실록》의 "상참의"에서는 상참의식을 이렇게 정했다. 우선 상참에 참여하는 신하들이 사정전 마당에 모여서 기다리다가 임금이 편전에 나와 어좌에 앉으면 마당에 도열한 신하들이 무릎을 꿇고 두 번 절을 하고 일어선다. 절이 끝나면 왕에게 아뢸 일이 있는 관원은 계단을 올라 사정전 실내에 들어와 정해진 자리에 나아가는데, 영의정과 이조·호조·예조판서, 판한성부사·대사헌은 서쪽을 향하고, 영중추부사·병조·형조·공조판서는 동쪽을 향하며, 기둥 밖으로는 참의와 승지가 부복으로 자리해 정사를 논의한다. 여기서 말하는 기둥 밖이란 실내 남쪽에 있는 두 개의 기둥을 가리키는데 기둥 밖 툇간 부분이 참의나 승지가 부복하는 자리였던 셈이다.

1429년(세종11)에 이루어진 사정전이 어떤 모습이었는지 지금으로서는 잘 알 수 없다. 고종이 경복궁을 중건했을 때 사정전은 정면 5칸, 측면 4칸 규모였다. 내부에는 앞뒤로 고주가 세 개 있어서 북쪽 고주 사이에는 임금의 어좌가 놓였고 남쪽 고주 바깥으로는 상참 때 참의나 승지가 머물렀다고 판단된다. 창건 당시 좌우에 이방을 갖추고 있던 사정전은 어느 시점에서 이방이 사라지고 고종 중건 시와 같이 사방이 개방된 5칸 건물로 바뀌었다. 언제 이방이 사라졌는지 확실치는 않지만 여러 정황으로 미루어 1429년(세종11)에 수리하면서 이방을 없앤 것으로 추정된다. 결국 1429년(세종11)의 사정전 수리는 임금과 신하가 매일 거행하는 상참 의식을 원활히 치르는 데 적합하도록 건

물을 개조하는 과정에서 이루어진 것으로 볼 수 있다.[9]

강녕전의 수리와 교태전 신축

1433년(세종15) 9월 23일에는 강녕전이 다시 지어졌다. 강녕전에 대해서는 이 해 7월에 왕이 영의정을 비롯한 신료를 불러 "강녕전은 나만이 가질 것이 아니고 그것이 만대에 전할 침전인데, 낮고 좁고 또 어두워서 만일 늙어서까지 이 침전에 거처하면 반드시 잔글씨를 보기가 어려워서 만 가지 정무를 처결할 수가 없을 것이니, 내가 고쳐지어서 후세에 전해 주고자 하는데 어떻겠는가."하고 의견을 물었다. 모두가 찬동했다.[10] 공사는 빠르게 진행되어 2개월여 만에 건물이 완성되었다. 공사 기간이 짧아서 본격적으로 집을 새로 지었다고 보기는 어렵지만 공사 중에 돌을 뜨던 사람이 돌에 맞아 죽는 사고도 발생했다는 기사로 미루어 간단한 수리는 아니었다고 짐작된다. 집이 낮고 어두워서 잔글씨를 보기 어려운 것이 강녕전을 새로 지은 사유라면 고친 집은 밝고 명랑한 실내였다고 볼 수 있다.

　　강녕전 역시 창건 당시에는 좌우에 이방이 2칸씩 있는 구조였는데 수리 후에 어떤 변화가 따랐는지는 알 수 없다. 고종 중건 당시 강녕전을 보면 평면이 네모반듯해 이방의 흔적은 볼 수 없다. 중앙이나 좌우의 폭이 동일하고 좌우는 각기 툇간에 둘러싸인 온돌방을 둔 모습이다. 강녕전에 대해서도

---

9 ― 최근 사정전에서 거행된 의식을 바탕으로 평면 형태를 고찰한 한 연구(경세진·조재모, 〈합문을 통해 본 조선시대 궁궐의 내외개념〉,《대한건축학회논문집》254호, 2009년 12월)에서는 사정전 좌우에 따로 방이 있고 방과 대청 사이에 합문이 있는 것으로 추정했다. 그러나 근거가 되는 상참의 내용으로 보아서는 합문을 대청과 방 사이 문으로 보면 실내가 지나치게 비좁아지는 문제가 있어서 수긍하기 어렵다.

10 ― 《세종실록》권61, 세종15년 7월 21일(임신)

　　　　　　　　　　　　　　　　　　　　경복궁의 전면 수리

세종 수리 이후에 이방에 대한 언급이 전혀 보이지 않는다. 따라서 사정전의 경우와 마찬가지로 1433년(세종15) 수리에 따라 강녕전의 경우에도 좌우 이방을 없애고 좌우 건물 폭을 가운데와 동일하게 넓힌 것으로 추정할 수 있다.

1437년(세종19)에는 강녕전 남쪽 월랑을 수리한다는 기사가 《세종실록》에 보이는데 이 공사 때문에 왕이 동궁으로 처소를 옮겼다고 한다. 남월랑을 수리한 이유나 공사 규모를 알 수는 없지만 공사 때문에 왕이 처소를 다른 데로 옮겼다고 하므로 제법 일이 컸던 듯하다. 이때 남월랑을 어떻게 고쳤는지 알 수 없지만 아마도 창건 당시에 만들었던 천랑을 일반 행각으로 고친 것이 아닌가 추정된다. 강녕전은 창건 당시에 남쪽으로 천랑이 있고 다시 천랑이 동서방향으로 길게 이어지고 그 남쪽에 사정전이 있었다. 그렇게 해서 사정전까지는 내전으로 삼았다. 그런데 사정전은 1429년(세종11)에 수리를 하고 상참 의식을 제정해서 신하들이 수시로 사정전까지 출입하게 되었다. 이때 와서 남월랑을 고쳤다는 것은 사정전과 강녕전 사이를 행각으로 확실하게 구분해 침전과 편전을 공간적으로 나누려는 의도가 아니었나 짐작된다. 실제로 고종 때 중건된 경복궁에서는 사정전까지는 신하들이 출입해 정무를 보는 외전 영역이 되고 내전은 사정전 뒤의 향오문이 있는 행각 북쪽부터 시작되는 모습이다.

결국 1429년(세종11)에서 1437년(세종19) 사이의 경복궁 수리는 임금과 신하 사이에 갖추어야 할 상참 의식을 제정하면서 사정전을 그에 맞게 고치고 또 좁고 어두웠던 강녕전을 밝고 넓게 고치는 동시에 신하들의 출입 영역과 내전을 명확하게 구분 짓는 일이었음을 짐작해 볼 수 있다.

1440년(세종22) 9월의 《세종실록》에는 왕과 왕비 처소를 동궁으로 옮겼다는 기사가 보이는데 이유는 교태전(交泰殿)을 짓기 때문이라고 했다. 교태전과 관련해서 다시 1449년(세종31) 6월에 아래와 같은 기사가 있다.

강녕전·만춘전(萬春殿)·천추전(千秋殿)·연생전(延生殿)·경성전(慶成殿)·사정전(思政殿) 같은 것은 이른 바 정궁(正宮)이고, 함원전(咸元殿)·교태전(交泰殿)·자미당(紫薇堂)·종회당(宗會堂)·송백당(松栢堂)·인지당(麟趾堂)·청연루(淸燕樓)는 내가 세운 자그마한 집인데 정궁(正宮)이 아니니 장차 동궁으로 하여금 거처하게 하려고 하였더니…….

이때는 가뭄이 심했다. 가뭄에는 왕이 정전을 피해 거처하는 관습이 있었기 때문에 거처를 어디로 옮길지 신하들과 의논하는 자리였다. 위에서 말하는 정궁은 태조 창건 때부터 있었던 중심 전각을 가리키는 것으로 보인다. 나머지 정궁이 아닌 건물에 대해서 세종은 "내가 세운 집"이라고 말했다. 세종이 경복궁에 거처하면서 필요할 때마다 조금씩 건물을 지었다는 것으로 이해되는데 건물이 제법 된다. 이 가운데 주목되는 건물이 교태전이다. 따로 실록에 교태전 건립을 언급할 만큼 건물 비중이 컸다고 짐작된다. 그 위치를 《궁궐지》에서는 강녕전 북쪽이라고 했다. 세종 때 지은 교태전은 왕이 신하들에게 연회를 베푸는 용도로 쓰였다. 《주역》에 나오는 천지교태(天地交泰)라는 말은 사물이 크게 서로 통교하는 것을 의미하는데, 건물 이름을 교태라고 하여 임금과 신하의 통교를 상징한 것으로 볼 수 있다. 이때 지은 교태전은 왕이 신하들을 만나 연회를 여는 일종의 별당과 같은 전각이었다.[11]

---

11 — 고종 중건 당시 교태전은 왕비를 위한 전각으로 지어졌다는 것이 상량문에서 확인된다. 그러나 적어도 세종 때 지은 교태전은 왕비 처소가 아니고 왕과 신하의 연회 장소였다. 궁궐 안에 별도로 왕비를 위한 전각이 나타나는 것은 17세기 이후 경희궁에서 왕비를 위한 별도의 전각이 나타나면서 생겨난 결과로 보는 견해가 있다(홍석주, 〈조선조 광해군대의 궁궐건축에 관한 연구-인경궁과 경덕궁을 중심으로〉, 홍익대학교, 2001).

경복궁의 전면 수리

세종조 건축 기술의 성숙

건축의 독자성 모색

고려시대에는 중국을 왕래하는 사람들이 많았다. 많은 중국인들이 고려에 와서 장사를 했고 고려인들은 중국에 가서 새로운 문물을 접하고 불교의 새로운 사상을 배웠다. 몽고족이 중원을 지배하는 동안에 부마국이었던 고려는 원과 밀접한 관계를 가졌다. 원의 공주를 따라 수많은 원나라 사람들이 고려에 들어오고 많은 고려인들이 중원의 여러 곳을 다녔다. 어떤 이들은 원에서 벼슬을 얻어 일하기도 했다. 원나라에서 유행하던 라마교가 고려에 들어와 퍼졌으며 원의 기술자가 와서 탑을 만드는 일도 있었다.

그러나 중원을 명이 차지하고 나서는 사람들의 왕래는 거의 단절되었다. 이후로 조선은 반도 안에서 고립되었다. 비록 중국과 정기적인 사신왕래가 있었고 일본과는 왜관에 일본인 거류지를 두어 소규모의 통교를 가지고는 있었지만 그 왕래는 극히 제한적인 데 그쳤다. 이것은 조선을 정치, 경제적으로 고립시키는 동시에 문화적으로는 주변 나라 문물의 영향을 받지 않고 독자적인 길을 가도록 만들었다. 새로운 문물은 사신으로 중국을 다녀오는 사람들을 통해서 전래되는 책이나 물품을 통해 극히 제한적으로 유통될 따름이었다. 해외로부터 문물 전래가 단절되면서 조선의 문화는 사회 변화에 대응해서 독자적인 진로를 택하지 않을 수 없었다.

이 시기 문화 창출의 중심지는 도성 한양이었다. 마침 태종·세종대를 거치면서 안정적인 중앙집권 체제가 수립되었기 때문에 중앙 왕권을 중심으로 한 통치체제 수립이 가능했다. 건국 초 15세기에 도성 한양은 전국 모든 문물의 중심지였다. 도성은 '수선'이라고 부르듯이 모든 지역의 모범이 되었다. 그것은 사람들의 복장이나 음식에서부터 대규모 건축과 살림집에 이르기까지 모든 영역에 걸쳤다.

중국의 영향을 탈피해 조선의 독자성을 추구하는 경향은 건축에도 나타났다. 그 대표적인 사례로 온돌의 확산을 꼽을 수 있다. 방바닥 일부에 고래를 틀어 더운 공기를 보내 난방을 하는 방식은 3, 4세기 이전부터 한반도를 비롯해서 중국 동북지방 일대에 널리 채택되었지만, 이런 고래를 방바닥 전체에 깔아 실내 전체를 온돌로 만드는 방식으로 발전시킨 것은 고려후기인 13, 4세기 경 한반도에서였다. 고려후기에 나타난 실내 전면 온돌은 조선조로 넘어오면서 더욱 확산되어 궁중에서부터 관청은 물론 상류계층의 살림집까지 퍼졌다. 온돌은 조선의 건축을 중국과 차별시키는 가장 결정적인 부분이었다. 궁궐의 침전에도 당연히 온돌이 확산되었다고 짐작되지만 아직 구체적인 증거들이 뒷받침되지 못하고 있다. 궁궐의 온돌 보급을 짐작할 수 있는 간접적인 사례로 세종조에 시도된 영전(影殿) 즉 임금의 초상화를 모신 건물의 온돌 적용 사례를 살펴보기로 한다.

세종은 태조의 초상화를 모신 전각을 지방 주요 도시에 세워 제사 지내도록 하고 각각 명칭을 개성부는 목청전, 함경도 영흥부는 준원전, 전주부는 경기전, 경주부는 집경전, 평양부는 영숭전이라고 이름 지었다.[12] 초상화는 벽에 걸어놓게 되는데 실내에 습기가 있으면 그림이 영향을 받게 되므로 실내를 건조하게 유지하는 것이 필수였다. 그 방안을 두고 여러 가지 시도를 하다가 1439년(세종21) 7월 예조에서 아래와 같이 대책을 마련해 왕에게 아뢰었다.

> 여러 전의 쉬용(초상화)에 불을 피우는 상황을 자세히 살펴보니, 전주와 평양부는 숯을 화로에 피워서 전내에 나누어 놓는데, 이것은 온기가 오르지 못할 뿐만 아니라 불이 날 우려가 있고, 개성부와 영흥부는 의장(倚障) 밑에 온돌을 만들어 놓고, 그 북쪽에 아궁이를 만들어, 숯을 밖에서 피워서 연기가 나지 않는 것을 기다려서 아궁이 속에 넣는데, 이것이 좋은 것 같습니다. 청하옵건대, 경주, 전주, 평양의 쉬용에 불을 피우는 것도 개성부와 영흥부의 예에 의하게 하소서.[13]

왕이 허락했음은 물론인데, 숯불을 화로에 담아 실내에 두는 방식과 실내 바닥에 온돌을 깔아 온기를 얻는 두 가지 방안 가운데 결국 온돌이 채택된 것이다.

　　궁궐이나 왕실의 사당, 관청에서도 의례가 정비되면서 의례에 맞추어 건물 세부를 고쳐나간 부분도 적지 않았을 것이다. 당시 의례 자체는 주로 당이나 송의 제도를 채택했지만 건물까지 당이나 송의 건축을 따를 수는 없었다. 결국 의례의 절차는 당·송의 것을 채택하되 의례가 치러지는 공간은 고

---

12 — 《세종실록》 권96, 세종24년 6월 22일(신해)

13 — 《세종실록》 권86, 세종21년 7월 26일(임신)

려 이래로 정착되어 온 조선의 방식으로 꾸며질 수밖에 없었다.

　　태평관은 명의 사신을 접대하던 곳이다. 세종은 1431년(세종13) 태평관의 임금이 거하는 어실 북쪽 기단석을 다듬은 돌(熟石)로 하지 말고 잡석(雜石)으로 하도록 명을 내렸다. 이유는 백성들의 수고를 덜도록 하려는 것이었다. 숙석은 표면을 매끈하게 다듬은 돌을 가리키는데 이미 세종은 민간의 주택 규모를 제한하는 가사제한령을 내리면서 주춧돌 외에는 숙석을 사용하지 못하도록 정한 바가 있었다. 여기에 더해서 자신이 사신을 접대하는 건물 중에 앞에서 잘 보이지 않는 북쪽 기단은 숙석을 쓰지 않도록 명해 검소함을 실천하는 본보기를 보였다. 숙석 문제는 이후 왕족들이 화려한 집을 지으면서 자주 위반 사례가 발생하는 대표적인 부분이었지만 태평관 어실에도 숙석을 쓰지 말고 잡석을 쓰도록 한 세종의 명은 이후에 주택뿐 아니라 다른 건물에서도 잡석이 널리 사용되는 계기가 되었을 것으로 생각된다.

　　온돌을 적극 활용하고, 중국의 제도에 구애받지 않고 조선의 현실에 맞는 건물을 구상하고 한반도에 흔한 화강석을 건축에 적극 활용하되 가공도 잡석으로 마무리하는 등 세종대의 건축은 중국과는 구별되는 새로운 길로 크게 나아갔다.

기술자의 국가적 관리

태조가 한양 도성의 성벽을 쌓고 남대문을 세웠을 때 남대문을 지은 목수 우두머리는 각화사라는 절의 각희(覺希)라는 승려였다. 이 승려가 남대문의 구조를 계획하고 치수를 정해서 나무를 깎고 건물을 세우는 모든 작업을 주관했다. 그 직책을 대목(大木)이라고 불렀다. 도성 남문 짓는 일을 승려가 대목으로 일했다는 것이 의아하기도 하지만 조선이 건국할 즈음 나라의 영선 체계가 그럴 수밖에 없었다.

중앙집권 관료제를 토대로 하면서 군주가 나라를 다스리는 체제에서 기술자들은 일을 주관하는 관청에 소속되어서 필요할 때에 나라의 수요에 응하는 것이 기본이었다. 고려시대에도 각종 장인들은 공부(工部)에 예속되어 있어서 일정한 기간 나라의 공역에 종사하도록 했다. 그러나 무신난 이후 이러한 체제가 이완되고 권문세족들이 사적으로 장인들을 소유했다. 나라에서 장인들을 지원 받을 수 없게 된 불교사원에서는 승려들이 스스로 기술을 익혀서 장인 일을 했다. 이런 상황은 고려 말에 가서 더욱 확산되어 지방의 큰 절마다 기술을 익힌 유능한 승려 장인들이 있었다.

조선이 건국되고 도성을 한양으로 옮기면서 많은 건설공사가 벌어졌지만 장인을 관리하는 영선 체계는 미처 갖추어지지 못했다. 결국 도성 정문인 남대문을 지을 때도 각화사의 승려장인에게 대목 일을 맡겨 문을 완성한 셈이다. 조선 건국 초기에는 모든 행정을 도평의사사가 주관했다. 실무 관청으로 육조가 있었지만 3품의 당하관청으로 하급 행정실무를 수행하는 데 그쳤다. 육조 안에 공조가 있었지만 아직 여기서 전국의 장인을 관장하고 관리할 수 있는 체계가 마련되지 못한 것으로 보인다.

육조 관청이 정2품 당상관청이 되고 공조가 실질적으로 장인을 관장할 수 있는 여건이 갖추어진 것은 1405년(태종5) 중앙 관제를 대폭 개편한 이후로 추정된다. 이때 비로소 공조 선공감은 목수를 비롯해 건축 일을 하는 장인들을 관장할 수 있었다. 그러나 유능한 기술자를 관청에서 충분히 확보하는 것은 하루아침에 이루어질 수 없었다. 《태종실록》에 의하면 1415년(태종15)에 와서야 비로소 선공감에 목수 100명을 둘 수 있었다고 했다.

세종 때는 공조의 기능이 안정되고 공조 안에 충분한 장인 인력이 확보될 수 있었다. 세종이 경복궁으로 와서 광화문을 비롯해서 동궁이나 편전,

침전 등을 전면적으로 고쳐나갔을 때 이 공사를 담당한 것은 공조에 소속된 유능한 기능을 갖춘 장인들이었음을 미루어 짐작할 수 있다.

한편 관청에 신분이 소속된 장인들은 1년 중 절반 또는 3분의 1 기간 정도를 관청에 나와서 일하고 나머지 기간에는 민간의 수요에 응했다. 관청에 속한 장인 중에 특별히 재주가 많고 공로가 큰 장인은 무관 계통의 관직에 오를 수 있었다. 과거 시험을 치르지 않고 관직에 오르는 일이 쉬운 것은 아니었지만 오랜 기간 나라의 일에 공적을 쌓으면 임금이 특별히 관직을 제수하는 것은 드문 일은 아니었다.

각화사의 승려 각희가 대목을 맡아 지은 숭례문은 지은 지 50년 만에 집이 기울어지는 일이 벌어져 결국 1448년(세종30)에 와서 집을 다시 짓는 사태로 전개되었다. 다시 지을 때의 대목은 승려장인이 아니고 정5품 무관 품계를 지닌 관료 장인이었다.

1960년대에 숭례문은 문루 부분을 전면 해체하는 큰 수리 공사가 있었다. 이때 해체된 건물 곳곳에서 창건 당시를 비롯해서 세종 때 및 성종 때 있었던 수리 공사에 참여한 감독관이나 장인들의 명단이 확인되었다. 명단은 주로 대들보나 장혀 같은 곳에 먹으로 적었는데 이 글씨들이 해체 과정에서 수습된 것이다. 그중 주요한 인물을 열거하면 아래와 같다.

提調(제조)　　正憲大夫議政府左參贊判戶曹事鄭芬
　　　　　　　(정헌대부 의정부 좌참찬판호조 사정분)
　　　　　　　資憲大夫刑曹判書閔伸(자헌대부 형조판서 민신)
監役官(감역관)　通勳大夫判?(통훈대부 판?)
　　　　　　　啓功郞繕工監直長李命敏(계공랑 선공감 직장 이명민)
　　　　　　　三軍鎭撫使李繼藩(삼군진 무사 이계번)

　　　　　　　　　　　　세종조 건축 기술의 성숙

(이하 생략)

大木(대목) 司直崔建?(사직 최건?)

都石手(도석수) 司直申乃行(사직 신내행)

제조는 공사 전체를 총괄하는 책임자인데, 일을 맡은 사람은 호조판서와 형조판서였다. 감역관은 공사 현장에서 일을 감독하는 관리이며 선공감 직장 등이 일을 맡았다. 그 아래 기술자 우두머리로 대목과 도석수가 등장하는데, 대목과 도석수는 각각 무관 관직인 정5품 사직이었다.

대목이나 도석수가 정5품 무관직을 제수 받은 것은 궁궐이나 관청 등 나라의 영선 업무 공로가 인정되었기 때문이다. 관청이 기술자들을 안정적으로 확보하고 또 공로가 있는 장인에게 관직 제수 기회도 마련하면서 유능한 장인들이 관청 건물을 짓는 공사장에서 자신의 기량을 발휘해 건물을 짓는 것은 당연한 귀결이었으며 그런 여건에서 지어지는 건물은 기술적으로나 형태에서 이전보다 한층 향상된 결과를 낳았다고 말할 수 있다. 세종 때 다시 지어진 숭례문이 그 후 500여년을 지나면서도 본래 형태를 유지하고 있는 점이 그러한 사정을 잘 보여 준다.

외래 신양식의 채택

전란이 잦았던 우리나라에서 1000년 이상 넘은 오랜 목조건물은 존재하지 않는다. 가장 오랜 건물이라야 13세기경 고려 중기로 거슬러 올라가는 것이 고작이다. 안동의 봉정사 극락전이 이 시기에 속하며 이후 부석사 무량수전이나 수덕사 대웅전(1308년 건립) 등이 열거된다.

고려시대는 중국과의 인적 교류가 활발한 시기였다. 자연히 건축물에

1308년에 지어진 수덕사 대웅전은 공포가 기둥 위에만 설치되는 주심포식의 특징을 보여 준다.

도 그런 영향이 반영되어서 중국의 새로운 요소들이 적극 도입되었다. 경상도 안동의 산속에 있던 봉정사 극락전은 비교적 토착적인 분위기가 강한 모습이다. 이에 비해 충청도 예산의 수덕사 대웅전은 서해안을 통한 중국의 새로운 영향이 강한 건축물이다. 태평양 연안의 중국 푸젠 성은 물자가 풍부하고 상인들의 활동이 왕성한 곳이었는데 이 지역에서 유행하던 건물의 세부 가공 수법이나 형태가 서해안 지역에 유행을 하면서 수덕사 대웅전에 그런 요소가 강하게 남게 되었다. 이후 충청도나 전라도 일대는 물론 내륙 깊숙한 곳으로 그 영향이 확산되었다. 특징 중 하나는 처마를 지지하기 위해 기둥 위에 조립하는 공포(栱包)라는 부재에 잘 나타나 있다. 즉 비가 많은 중국 남부 지방처럼 처마를 깊숙이 내밀고 기둥 위에서 첨차(檐遮)라는 수평재를 밖으로 길게 내뻗어서 처마를 지탱하도록 하는 것이다. 여기에 첨차의 끝은 반

세종조 건축 기술의 성숙

복되는 곡선으로 처리하여 장식을 가미한다. 봉정사 극락전처럼 이전부터 짓던 건물의 공포는 첨차가 밖으로 뻗기보다는 열십자 형태로 짜 올라가면서 기둥 상부를 안정적으로 조립하는 데 치중한다. 기둥과 기둥 사이는 화반(華盤)이라는 받침재를 세워서 상부의 무게를 공포와 분담하는데 이 화반의 형상이 마치 화염이 솟아오르는 듯한 독특한 모습이다. 수덕사 대웅전에 이런 화반은 쓰이지 않는다. 오로지 밖으로 내민 처마를 지지하는 데에만 충실할 뿐이다.

원나라와 교류가 왕성하던 14세기 전후에는 원의 기술자가 고려에 와서 건물을 짓는 일도 흔했다. 그런데 이들에 의해 지어진 건물은 앞에서 언급한 건물과 전혀 다른 차원의 모습이다. 가장 큰 특징은 기둥 위는 물론 기둥 사이에도 공포를 가지런히 배열하는 점이다. 세부 형상은 원나라 때 중국 북부 지방에서 볼 수 있는 것과 흡사하다. 황해도 연탄의 심원사 보광전(1374)은 이런 새로운 특징이 잘 갖추어진 건물인데 이 건물의 시주는 고려 말의 문신 이색(李穡, 1328~1396)으로 전한다. 이색은 원나라에 가서 과거 시험을 치러 전시 2등에 합격해 원의 관리를 지내다가 귀국해 요직을 역임하고 보광전을 지을 즈음에는 한산군에 봉해진 인물이다. 이 건물은 처마 밑에 공포가 가지런히 놓이고 실내는 이전의 불사에서 하지 않던 천장을 가설하고 내부에 화려한 채색 치장을 한 색다른 건물이었는데 원에서 유행하던 건축의 특징을 고스란히 간직하고 있다.

이처럼 14세기경 고려에서는, 한편에서는 푸젠 성의 영향을 받은 건물이 지어지는가 하면 다른 한편에서는 원의 새로운 유행을 반영한 색다른 건물이 지어지고 있었다. 이런 새로운 유행의 배경에는 활발한 문물 교류가 있었음은 물론이다. 그러다가 중원이 명나라 차지가 되면서 사람 왕래가 끊어지고 조선은 문화적 단절의 시대를 맞게 되었다.

1374년에 건립된 심원사 보광전은 공포가 기둥 사이에 가득 배치되는 다포식의 특징을 보여 준다. 출처: 《북한의 문화재와 문화유적》, 서울대학교출판부, 2002

이 단절의 시기에 조선의 건축은 고려 말에 유행하던 두 가지 유형 건물을 적절히 소화하면서 조선의 건축 여건에 맞추어 독자적인 건축을 만들어 갔다. 주로 지방의 소규모 불교사찰이나 관청에서는 수덕사 대웅전에서 하던 유형을 적당히 다듬어 건물을 지었다. 이에 반해 궁궐이나 도성의 성문, 왕실과 관련한 건물에서는 심원사 보광전에서 보이던 화려하고 내부에 화려한 치장을 한 건물을 지었다. 이후에 조선조의 건축은 주로 장엄한 외관을 추구하는 건물에서는 심원사 보광전과 같은 공포를 가득 짠 형식을 따랐고, 지방 관청이나 영세한 사찰, 유교 관련 건물은 수덕사 대웅전의 방식을 더 간결하게 축약한 건물을 지었다. 현재 남아 있는 건물 사례로 보면 심원사 보광전처럼 공포를 가득 짠 형식의 건물은 개성 남대문(1394년, 1950년 소실 후 재건), 안변 석왕사 응진전(1386)과 호지문(1401), 그리고 숭례문(1448)을 들 수 있다. 한편 수덕사 대웅전 유형의 건물로는 강릉 임영관 삼문, 경상북도 영천의 은해사 거조암 영산전, 강진 무위사 극락보전 등이 있다.

세종조 건축 기술의 성숙

광화문이 다시 지어지던 세종대의 건축 사정은 이처럼 고려 말에 중국을 통해 새롭게 도입되어 유행하던 두 가지 유형의 건축이 조선시대에 와서 교류 단절의 여파 속에서 조선의 독자적인 유형을 모색하던 중이었다. 그러면서 궁궐이나 성곽, 왕실 관련한 건물에서는 화려한 외관을 갖춘 심원사 보광전 유형이 선호되고 있었다.

광화문의 건축적 위용

광화문 문루의 장엄

궁궐 외곽을 두르는 담장의 형식에서 경복궁은 조선시대 이궁이나 별궁과 구분된다. 다른 궁들이 모두 담장 형식인 궁장을 두른 데 반해서 경복궁은 성벽의 일종인 궁성으로 이루어졌다. 담이 궁성인지 궁장인지에 따라 담에 세우는 문의 격식이 크게 달라진다. 궁성에서는 석축 위에 문루를 세우고 궁장은 단지 목조건물만을 세운다. 19세기에 남아 있던 성문을 두고 본다면 경복궁의 광화문은 장대한 석축을 두고 그 위에 중층지붕을 한 문루가 세워진 모습이며 창덕궁을 비롯한 다른 궁궐은 모두 석축 없이 단층이나 중층의 문을 세웠다.

창건 당시 광화문은 하부에 세 개의 홍예문을 갖춘 석축이 있고 그 위에 중층 지붕의 누각이 당당하게 선 모습이었다고 추정된다. 궁궐의 문은 출입구를 셋 둔다. 중앙은 주로 임금이나 황제의 서신 등을 지참한 중국 사신이 출입하고 일반 관리들은 동쪽과 서쪽 협문을 이용한다. 광화문은 석축에 세 개의 홍예문을 열었고 창덕궁의 돈화문은, 건물은 5칸으로 지어 웅장함을 갖추었지만 출입문은 세 곳만 내고 양 끝은 벽으로 막았다. 창경궁의 홍화문이나 경희궁 홍화문은 3칸 건물로 지어 세 개의 문을 냈다.

현존하는 궁궐의 정문인 창덕궁 돈화문이나 창경궁 홍화문, 경희궁 홍화문, 덕수궁 대한문은 처마를 지지하는 부분의 기둥 위는 물론 기둥 사이에도 공포를 가지런히 채워 넣는 방식으로 했다. 어느 궁이나 침전은 간결한 익공식(翼工式)으로 되어 있지만 정문만은 폿집으로 되어 있다. 지방의 읍성도 거의 익공식이다. 예외라면 1796년(정조20) 정조의 명으로 지어진 수원화성의 남문과 북문이 폿집이다. 궁궐 정문을 폿집으로 지은 것은 정문을 다른 출입문보다 격식이 높은 것으로 인식했음을 말해 준다.

궁궐의 문은 지붕 형식이 일정하다. 한국 목조건물의 지붕은 크게 세 종류로 나뉜다. 하나는 가장 간단한 맞배지붕으로 지붕면이 앞뒤 경사진 두 면으로 이루어진다. 두 번째는 전후좌우 네 면이 모두 경사지면서 위에서 모아지는 것인데 이중에 가로 세로 크기가 같으면 꼭짓점이 하나로 모아지는 사모지붕이 되고 정면이 길고 측면이 좁으면 우진각지붕이 된다. 우진각지붕은 네 모서리 추녀가 길게 지붕 꼭대기 용마루까지 뻗는 것이 특징이다. 마지막 하나는 맞배지붕에 우진각지붕을 결합한 방식으로 네 모서리 추녀가 위로 올라가다가 중간에서 끊겨서 수직면을 이룬다. 측면의 삼각형 수직면을 박공이라고 부른다. 이런 지붕을 팔작지붕이라 부른다.

지붕의 발생 과정으로 보면 맞배지붕이 가장 먼저 손쉽게 만들어졌다고 할 수 있고 우진각지붕이 그 다음, 팔작지붕은 가장 나중에 만들어졌다고 볼 수 있다. 조선시대에는 소규모 건물이나 부속시설은 맞배지붕을 하고 중심 전각은 팔작지붕이 보통이다. 우진각지붕은 삼국시대에는 대규모 불전에 흔하게 쓰였다고 짐작되지만 이런 지붕은 긴 추녀목을 필요로 하기 때문에 목재 사정이 여의치 않았던 조선시대에는 잘 쓰지 않았다고 판단된다. 그런데 조선시대에도 유독 우진각지붕을 고집한 건물이 바로 궁궐이나 도성의 출입문이다. 지금까지 확인된 바로는 한양 도성에서도 사대문 건물은 지붕이 모두 우진각지붕이고 궁궐에서도 정문은 반드시 우진각지붕을 했다. 또 지방의 읍성으로는 수원 화성의 남문과 북문이 우진각지붕이다. 화성은 정조가 특별히 도성의 지위에 버금가는 도시로 조성한 곳이어서 그 성문을 도성에 준해서 지은 것으로 알려져 있다. 이런 점으로 미루어 우진각지붕은 특별한 격식을 나타내는 지붕 형식이다.

이렇게 정리해 볼 때 창건 당시 지어진 경복궁 광화문의 건축 형식은 우선 높은 석축을 갖추고 세 개의 홍예 출입문을 내고 그 위에는 처마를 지지하는 공포를 가지런히 배열해 화려함을 더하고 지붕은 가장 격식이 있는 우진각지붕을 덮은 장중한 건물이었다. 도성 안에서 광화문을 넘보는 건물은 없었다. 또한 광화문 앞은 육조 관청이 좌우에 도열한 도성 안 가장 넓은 대로가 펼쳐졌다. 일직선의 긴 도로 끝점에 장중하게 선 광화문은 단연 도성 안 최고의 건축이었다.

이 문은 1398년(태조7) 처음 세운 지 33년이 지나서 1431년(세종13)에 다시 이루어졌다. 세종 때 와서 광화문을 다시 세운 이유는 명확하지 않지만 단지 건물이 낡았다고 하기보다는 중국 사신 접대 등을 염두에 두고 한층 궁궐 정문다운 격식을 갖추려는 의도가 있었다고 짐작된다. 세종 때의 공사는 석축부분보다는 석축 상부 문루를 손보는 것이 아니었나 짐작된다. 왜냐하면 석축은 발굴 조사에서도 창건 이후에 손댄 흔적이 없기 때문이다.

한양에 천도해 도성을 세우고 궁궐을 지을 때는 미처 유능한 장인들을 안정적으로 확보하기에 한계가 있었다. 승려장인을 불러 숭례문을 지은

광화문의 건축적 위용

점이 이를 잘 말해 준다. 그 후 나라에서 장인들을 체계적으로 관리하고 공로가 큰 장인에게는 무관 관직을 주어 이들이 효과적으로 아랫사람들을 부리면서 자신의 기량을 충분히 발휘할 수 있게 된 것이 세종 때였다. 세종 때와서 광화문을 다시 지은 것은 이런 배경과 무관하지 않을 것으로 보인다. 광화문을 다시 세우는 일을 맡은 세종 때의 장인은 중국 사신의 접대는 물론 나라의 각종 의례를 수행하기에 손색이 없는 장중한 궁성 남문을 세우는 데 자신의 기술적 능력은 물론 무관 관리라는 지위와 식견을 발휘해 문루를 완성했음에 틀림없다.

숭례문과 광화문

건물 흔적이 전혀 남아 있지 않은 지금 세종 때의 문루가 어떤 모습이었을지 추측하는 것은 불가능하다. 그러나 당시 도성 내 다른 건물들을 살펴보면 광화문의 모습을 추정할 수 있는 단서를 찾아볼 수 있을 것이다. 신뢰할 만한 단서는 광화문과 같이 세종대에 와서 다시 지어진 숭례문이다.

숭례문은 도성 한양의 성곽이 축조되던 1398년(태조7)에 처음 지어졌다. 이후 문이 낡고 기울어 1448년(세종30)에 다시 지었다. 세종 때 다시 지은 숭례문은 이후 여러 차례 수리를 거치면서도 세종 때의 건물 뼈대와 세부를 그대로 간직한 채 지금에 이르고 있다.

숭례문은 높은 석축을 갖추고 그 위에 중층의 문루로 이루어져 있다. 석축에는 하나의 홍예문이 나 있다. 석축 좌우는 한양 외곽을 둘러싸는 성벽이 길게 이어져 있다. 문루는 다포식의 공포를 갖추고 지붕은 전형적인 우진각지붕이다. 가장 격식을 잘 갖춘 성문의 형식을 고루 지니고 있는 셈이다. 건물 세부를 살펴보자.

우선 석축을 보면 하부는 큰 장대석으로 쌓고 중간부분 정도부터는 작고 모서리를 둥글게 다듬은 돌을 수평줄을 맞추어 가지런히 쌓았다. 도성의 성곽은 태조 때는 일부만 석축을 쌓고 대부분 흙으로 쌓았다가 세종 때 전체를 돌로 다시 쌓았다. 이때 하부를 장대석으로 튼튼히 하고 중간 부위는 작은 돌을 줄 맞추어 쌓았는데 숭례문 주변은 당시의 축조 모습이 잘 남아 있는 셈이다. 석축 중앙에 홍예문 하나를 크게 냈다.

　　숭례문의 문루는 당당한 정면 5칸, 측면 2칸의 누각 건물이다. 성문의 누각으로 숭례문 비슷한 규모의 건물이 원형대로 남은 사례로는 서울 동대문(흥인지문)과 수원 화성의 남문(팔달문) 정도를 들 수 있다. 이들 건물은 중층으로 된 실내의 건물 뼈대를 이루는 방식에서 다른 건물에서 볼 수 없는 특징이 있다. 그것은 건물 중심부를 고주(高柱)가 일렬로 열 지어 집의 뼈대를 이루는 점이다. 고주란, 말 그대로 키가 큰 기둥을 가리킨다. 기둥은 건물 바깥쪽에 높이가 작은 평주(平柱)를 세우고 안쪽에는 고주를 세워서 실내 가운데 부분의 천장이 더 높아지도록 하는 것이 일반적이다. 그런데 보통의 건물은 고주가 앞뒤에 두 개씩 열 지어 서고 두 고주 위에 대들보가 걸쳐진다. 숭례문은 이와 달리 고주가 하나만 서게 되고 두 개의 보가 앞뒤에서 고주에 맞닿게 된다. 이런 보를 맞보라고 부른다. 맞보는 조선시대 살림집에도 종종 쓰이지만 대규모 건물로는 숭례문이나 흥인지문, 팔달문 같은 대형 성문에서만 볼 수 있다. 같은 성문이라도 규모가 작은 평양 보통문이나 전주 풍남문은 일반적인 2고주 위에 대들보를 얹는 방식이다.

　　귀고주도 빼놓을 수 없는 특수한 부재다. 문루는 하층보다 상층이 평면 크기가 작아지는데 이때 상층의 바깥기둥들은 하층기둥보다 안쪽에 놓이게 된다. 그런데 네 귀퉁이에서는 상층기둥이 하층바닥까지 그대로 연장된다. 이렇게 해서 상층의 네 모서리 기둥이 안정적으로 지면 위에 서게 되고

세종 때 다시 지어진 숭례문은 조선초기 다포식의 특징이 간직된 건물이다. 세종 때 다시 지어진 광화문도 이와 유사한 세부 특징을 지녔을 것으로 짐작된다. 국립중앙박물관 유리건판 사진

하층의 추녀들도 귀고주에 결구되어 구조적으로 안정감을 얻을 수 있다.

숭례문의 공포는 전형적인 조선초기 폿집의 특징을 잘 보여 준다. 귀포의 처리도 고려 말에 비해 훨씬 안정되었고 쇠서라는 밖으로 돌출한 첨차의 끝 부분도 간결하면서 힘 있게 아래로 향하고 있는 모습이다. 공포 위에 얹혀 있는 대들보 끝이 처마 밑으로 그대로 돌출되어 있는 점도 조선초기 폿집의 한 가지 특징이다. 지붕은 우진각지붕의 긴 추녀가 사방에서 하늘을 향해 용마루까지 뻗어 있고 용마루 양끝에는 취두가 장식되어 있다.

숭례문에 나타난 구조적 특징은 같은 세종 때 다시 지어진 광화문의 문루를 추정하는 데 결정적 자료가 될 수 있다. 광화문 역시 숭례문과 마찬가지로 우진각지붕을 한 중층 누각이 우뚝 서고 처마 아래는 공포들이 가지

런히 배열되어 화려하고도 장중한 외관을 이루었다고 생각된다. 내부에는 역시 맞보를 걸어 가운데 고주를 고정시키고 귀고주를 두어 상부의 기둥이 하층까지 안정적으로 내려와 지면까지 닿았다고 추측된다.

세종 때 지어진 광화문은 숭례문과 유사한 장중한 외관이었고 석축에는 세 개의 홍예문을 내서 홍예가 하나뿐인 숭례문보다 웅장함을 더했다고 생각된다. 여기에 광화문이 숭례문을 뛰어넘는 장중함을 갖춘 부분이 있었다. 그것은 문 앞에 길게 마련된 월대였다.

광화문의 월대

세종 때 한창 광화문을 다시 짓고 있을 때 예조판서가 임금에게 아래와 같은 건의를 했다.

> 광화문 문밖에 본래 섬돌이 없어서 각품 관리들이 문 지역까지 타고 와서야 말에서 내리오니, 이는 매우 타당치 못한 일입니다. 또 이 문은 명나라 사신이 출입하는 곳으로서 이와 같이 누추하게 버려두는 것은 부당하오니, 돌을 채취하여 계체(階砌)를 쌓고, 양쪽 곁으로 둘레를 쌓기를 청합니다.[14]

여기 대해서 왕은 곧 농사철이라는 이유로 허락하지 않았다고 했다. 여기서 말하는 섬돌은 월대(月臺)를 일컫는 것으로 보인다. 월대는 1자 또는 1자반 정도 높이로 단을 쌓고 테두리는 장대석으로 두르는 것을 가리킨다. 예조판서

---

14 — 《세종실록》 권51, 세종13년 3월 29일(계사) 원문은, 光化門外, 本無階砌, 各品官吏騎至門域下馬, 甚爲未便° 且此門乃朝廷使臣出入之處, 不宜如此卑陋° 請伐石爲砌, 旁築外圍"

는 관리들이 문 지역까지 말을 타고 와서 문 앞에 와서 말에서 내리는 것이 온당치 못하기 때문에 돌로 단을 쌓아야 한다고 했다. 또한 명나라 사신이 출입하는 곳이므로 누추하게 해서는 안 되기 때문에라도 단 쌓기를 청했다. 단의 양쪽은 둘레를 쌓아 옆에서 함부로 출입하지 못하게도 해야 한다고 했다.

　위 기사에서는 왕은 농사철을 이유로 허락하지 않았지만 그 후에 왕의 허락을 받아 조성한 것으로 추정된다. 2008년 광화문 하부를 발굴할 때 고종 때 축조한 월대의 하부에서 그 보다 선대에 같은 위치에 만들었던 월대 유구가 출토되었다. 세종 때 광화문을 다시 지으면서 비로소 예조판서가 월대 쌓을 것을 건의한 것으로 미루어 광화문 창건 당시에는 아직 월대가 마련되지 않았다고 할 수 있으며, 따라서 이 선대 유구는 세종 때 쌓은 월대 유구로 판단된다.

　광화문은 창건 당시에는 미처 월대까지는 갖추지 못했다가 세종 때 문을 다시 지으면서 비로소 월대를 갖춘 것으로 보인다. 이제 비로소 광화문은 월대까지 갖추어 그 장중함을 한층 더하게 된 셈이다.

광화문의 종과 북

태조는 도성을 한양으로 천도한 이후에 도성 한가운데 종루를 짓고 여기에 큰 종을 걸어 도성민들이 시각을 알 수 있도록 했다. 종루를 짓고 여기에 종을 건 것은 1398년(태조7) 4월이었다. 한양 천도 이후 도성에는 여러 곳에 종이 걸려 있었던 것으로 짐작된다. 그중 대표적인 곳이 종루와 광화문이었다. 종루는 주로 도성민들에게 시각을 알리는데 쓰였고 광화문은 궁궐을 출입하는 사람들을 위한 것이었다고 볼 수 있다. 궁궐 문에 종을 매단 의미를 두고 문신 변계량(卞季良, 1369~1430)은 "신하들이 조회하는 시간을 엄하게 하려

는" 것이라고 했다.[15]

시각을 정확하게 해서 사람들이 시각에 맞추어 일사분란하게 움직이는 것은 전통사회에서도 중요한 일이었다. 특히 유교적 의례를 진행하는 과정에서 시각을 통제하고 관리하는 일은 나라의 중요 사안이었다. 그런데 조선 초기에 시각을 관리하는 일은 쉽지 않았던 듯하다. 《태종실록》1411년(태종11) 기사에는 종전에는 행사가 있을 때 큰 나팔을 광화문 앞에서 불면 그 소리를 듣고 사대문에서 응대해서 나팔을 불어 사람들에게 알리도록 했는데 잘 들리지 않는 곳이 많고 사대문이 멀리 떨어져 있어서 먼저 듣는 사람과 나중에 듣는 사람이 생겨서 불편하니 나팔을 광화문이 아닌 종루에서 불도록 변경하는 기사가 보인다.[16]

1434년(세종16) 3월 18일, 세종은 광화문에 나와서 건물에 마련해 놓은 두 개의 종을 치도록 하고 각각의 소리를 들었다. 하나는 전부터 건물 안에 걸려 있던 종이고 다른 하나는 새로 주조한 종이었다. 여드레가 지난 3월 26일, 왕은 헌 종은 내리게 하고 새로 주조한 종을 광화문에 달도록 했다. 1431년(세종13)에 광화문을 개축하고 나서 3년이 지나서 오래된 종을 철거하고 새로 주조한 종을 건 것이다.

아울러 광화문에는 큰 북도 설치했다. 광화문에 설치된 종과 북은 시각을 알리고 궁궐의 큰 행사가 있을 때 행사의 절차에 따라 북소리로 행사

---

15 — 태종은 한양에 돌아온 후에 경복궁은 거의 머물지 않고 이궁인 창덕궁을 거처로 삼았다. 자연히 조회나 조참같은 행사들이 창덕궁에서 거행되었는데 돈화문에는 아직 종이 마련되어 있지 않았다. 돈화문에 종이 설치된 것은 1412년(태종 12)에 와서인데, 이때 변계량이 돈화문 종명을 적었다. 돈화문 종명은 《태종실록》권24, 태종12년 9월 15일(정유)에 실려 있다. 그런데 변계량의 문집 《춘정집》권12에는 같은 종명을 적으면서 제목을 광화문 종명으로 기재했다. 후대에 《춘정집》을 편찬하면서 생긴 착오로 보인다.

16 — 《태종실록》권22, 태종11년 12월 17일(계묘)

참여자들이 나가고 물러나는 시각을 알 수 있도록 했다. 북은 광화문 외에 경회루 남문이나 영추문과 건춘문에도 설치되어 있었다. 종과 북은 시각을 일정하게 해 궁궐을 출입하는 사람들의 움직임을 통제하는 중요한 역할을 했으며 궁궐의 여러 종과 북 가운데도 광화문이 중심이 되었다.

광화문에 새로 종을 달고 약 3개월이 지난 7월 1일, 경복궁 안 보루각에 새로 제작한 물시계가 안치되었다. 물시계는 누기(漏器)라고 했는데 이전부터 궁중에서 시각을 정하는 기구로 이용되어 왔지만 조선초기에는 기계가 정밀하지 못해 정확하게 시각을 알리지 못한 듯하다. 세종은 새로운 누기 제작을 뛰어난 기술자 장영실(蔣英實, ?~1442)에게 맡겼다. 장영실이 새 누기 제작에 성공한 것은 1433년(세종15) 9월이었다. 누기가 완성되었을 때 세종은 "영실의 사람됨이 비단 공교한 솜씨만 있는 것이 아니라 성질이 똑똑하기가 보통에 뛰어나다. (중략) 이제 자격궁루(自擊宮漏)를 만들었는데 비록 나의 가르침을 받아서 하였지마는, 만약 이 사람이 아니더라면 암만해도 만들어 내지 못했을 것이다. 내가 들으니 원나라 순제(順帝) 때에 저절로 치는 물시계가 있었다 하나, 만듦새의 정교함이 아마도 영실의 정밀함에는 미치지 못하였을 것"이리고 칭찬을 아끼지 않았다.

누기 제작에 맞추어 광화문의 종도 새 것으로 바꾸어 달았다. 보루각의 물시계에 설치한 나무 인형이 시각을 알리면 경회루 남문과 월화루, 근정문에 쇠북을 울리도록 하고 이 소리에 맞추어 광화문의 북이 울리면 이를 받아서 종루의 종이 울려 도성 사람들에게 시각을 전하도록 했다.

이제 광화문은 문루도 새롭게 지어지고 문 앞에는 월대도 갖추어지고 문루에는 새롭게 설치된 종과 북이 있어 궁궐 성문이 갖추어야 할 모든 설비가 완성된 셈이었다. 조선 최고의 성문이 세종대에 와서 비로소 완성된 것이다.

3

육조대로에서 벌어진 행사들

광화문에서 치른 의례

세종 재위 중에 이루어진 나라의 의례 정비와 그에 맞추어 추진한 경복궁 개축은 광화문 앞 육조대로의 행사로 연장되었다. 의례 중에는 광화문을 기점으로 진행된 것도 들어 있다. 특히 국왕이 궁궐 밖을 나가거나 궁궐로 돌아오는 행차는 광화문과 그 앞 육조대로가 중요한 통과 지점이 되었으며 이때의 행차는 도성 주민들에게 노출되어 하나의 볼거리를 제공했다.

계동대나의

섣달 그믐날에 묵은해의 잡귀를 몰아내기 위해 벌이는 의식으로 나례(儺禮)가 있다. 구나(驅儺), 대나(大儺), 나희(儺戱)라고도 한다. 특별히 그믐에 나라에서 치르는 나의를 계동대나의(季冬大儺儀)라 했다. 구나하는 풍속은 중국에서 비롯되었으며 우리나라는 고려 때부터 이를 받아들였다. 나례는 오례 가운데 군례에 속한다.

《세종실록》〈오례〉에 계동대나의 절차가 실려 있다. 나이 열둘에서 열여섯 사이 아이 마흔여덟 명을 뽑아 나자(儺者)를 정하고 이들이 귀신을 쫓는 의식을 치르

《영조국장도감의궤》 반차도에 표현된 방상시의 모습. 출처: 국립중앙박물관 외규장각의궤

고 축문을 외고 술과 음식을 올리는 순서로 진행되었다. 황금으로 된 네 눈을 가진 탈을 쓰고 곰가죽으로 된 검은 저고리에 붉은 치마를 입고 오른손에 창, 왼손에 방패를 쥔 방상시(方相氏)가 앞장서서 소리를 지르고 붉은 옷을 입은 동자들이 화답을 하면서 북, 쟁, 피리를 들고 요란한 소리를 내어 귀신을 몰아내는 의식을 벌인다. 행사 장소는 광화문과 도성의 사대문인 숭례문, 흥인문, 돈의문, 숙청문이었다. 이 행사를 궁성문과 나성 문에서 치르는 것은 궁궐 안의 악귀를 쫓아내는 곳을 광화문으로 설정하고 도성 내 악귀 축출을 사대문으로 설정한다는 의미를 가졌기 때문이다. 행사가 시작되면 근정문 밖에 대기하고 있던 서운관 관원이 나자를 거느리고 북을 치고 함성을 지르면서 궁궐 내정으로 들어가고 방상시는 창을 쥐고 방패를 들면서 소리를 지르고, 동자들이 화답해 귀신을 몰아내는 의례를 하면서 광화문으로 달려 나간다. 광화문에 와서는 사대로 나누어 횃불을 따라 사대문으로 향하며 사대문에서는 희생물을 바치고 술을 따르고 축문을 읽는 것으로 행사를 마친다.

행사는 이것으로 그치지 않고 부수적으로 연희도 베풀었는데 광대들의 창과 예능, 기생들의 춤이 행해지고 악공들이 음악을 연주하는 종합 유희

광화문에서 치른 의례

가 벌어졌다. 이런 오락을 잡희라고 불렀다. 나례 잡희는 동짓날에만 치르지 않고 궁중의 행사가 있을 때 수시로 거행되고 또 중국 사신이 올 때도 벌어졌는데 행사장은 정전 마당이거나 궁궐 정문 즉 광화문 앞에서 거행되었다. 궁궐 마당에서 치르는 나례는 왕실 가족이나 대신 등 소수가 관람했지만 광화문 밖에서 치르는 나례는 일반 백성들까지 구경할 수 있었다. 나례 잡희를 하게 되면 산대(山臺)라는 거대한 무대를 만들어 공연을 했다.

취각령

나라에 위급한 일이 있을 때 도성을 지키는 군사들을 궁궐 주변 정해진 자리에 불러들이는 명령을 취각령(吹角令)이라고 했다. 왕이 취각의 명을 내리면 궁궐 안에서 각을 울리고 이를 받아서 궁궐 문루에서 각을 울리고 다시 도성 안팎 높은 곳에서 각을 울려 군사들이 모일 때까지 각을 불었다. 취각령이 내리면 도성 군사들은 물론 각 관청의 관원들도 각기 정해진 자리에서 대기하게 된다.

취각령을 처음 시행한 것은 1410년(태종10)이었으며 이때는 한양 동쪽 교외에서 군사 훈련을 겸해 궁궐 문에서 각을 불어 군사들의 소집 태세를 점검했다. 취각령은 중국에서 전해 온 중요한 군사 훈련의 하나였지만 조선에서는 잘 시행하지 않는데, 태종은 여러 차례 취각령을 발해 소집에 늦은 무관들을 벌주기도 하며 제도를 정비해 나갔다. 세종 역시 즉위 후 의례 정비의 일환으로 취각령의 자세한 절차를 보완하고 결과를 《세종실록》〈오례〉 "군례편"에 실었다. 취각령을 주요한 명령으로 삼아 실제 훈련에 임한 것은 세조였다.

1455년(세조1) 11월 13일, 세조는 취각령이 제대로 운용되는지 점검하려고 시험 삼아 영을 발동했다. 왕은 홍례문에 나오고, 종친과 시신(侍臣)들이 주변에 동서로 나누어 서고, 시위 군사들이 갑옷을 입고 차례로 섰다. 임금이 명을 내리자 취라치(吹螺赤)가 광화문에 올라가서 소라(螺)를 불고 다음에는 대각(大角)을 불고 신기전(神機箭)을 후원에서 쏘게 해 백악·남산·흥인문·성균관 북쪽 고개·인왕산 고개·돈의문에서도 모두 대각과 신기전으로 호응하게 했다.

이때 각 위(衛)의 절제사는 군사를 인솔해 광화문 앞에 서고, 좌우 오사(五司)는 광화문 앞길에 서고, 흥인문에 이르기까지 점열에 응할 자는 종루 남쪽 길에 서고, 백관은 조방(朝房)에 모이고 성 밖의 여러 관사는 각각 그 본사에서 명령을 기다리며, 병조·진무소·훈련관·군기감의 관원은 광화문 앞에서 명을 대기했다. 소집된 군사들에 대한 점검이 모두 끝나고 훈련을 마쳤을 때는 저녁이 되었다. 아침부터 저녁까지 도성 안이 어수선한 가운데 군사훈련을 마쳤는데 행사가 모두 끝나자 세조는 사정전에 종친과 부마들을 불러서 격구를 즐기고 술을 내려 마음껏 즐기고 파했다고 한다. 이날의 취각령에서도 행사의 중요한 장소는 광화문이었다.

세조 때까지 군례의 중요한 행사로 여겼던 취각령은 성종 때 편찬된 《국조오례의》〈군례〉에서는 빠졌다. 《세종실록》의 〈오례〉 "군례편"에도 수록되어 있던 취각령이 《국조오례의》에서 빠지게 된 배경에 대해서 《국조오례의》 편찬자는 아무런 글도 남기지 않았다. 또한 왕조실록에도 1455년(세조1)의 취각령 시험 기사를 끝으로 취각령에 대한 기사가 보이지 않는다. 세조 이후 주변 나라의 정세가 안정되어 군사적인 경각심이 약화되면서 취각령의 필요성을 느끼지 않게 된 것인지 알 수 없다.

부묘

왕과 왕비가 승하하면 궁궐 안에 혼전을 마련해 3년 상을 치른다. 3년 상을 무사히 마치고 나면 신위를 종묘에 모시게 된다. 부묘(袝廟)란 종묘에 신위를 모신다는 뜻이며 이 절차가 부묘의이다. 부묘의는 오례 가운데 흉례에 속한다. 3년 상 기간 동안에 궁궐에서는 잔치를 금하고 떠들썩한 행사를 피해 모두가 근신하며 지낸다. 이윽고 3년 상을 무사히 마치고 신위를 종묘에 모시는 모든 절차가 끝나면 비로소 국왕을 비롯한 문무 관료들은 그간의 억제되었던 마음의 부담을 덜고 홀가분한 기분으로 궁으로 돌아오게 되는데 이때는 임금의 가마가 지나는 연로를 화려하게 치장하고 음악을 울리고 춤과 노래를 곁들인 행렬을 펼치며 광화문은 행렬의 종점이 된다.

종묘에 신주 봉안을 마치고 난 후 임금의 행렬을 《세종실록》〈오례〉 "흉례편"의 부묘의는 이렇게 적었다.

어가가 움직이면 고취(鼓吹)가 진작하고 종친 및 백관들이 몸을 굽힌다. (어가가) 지나가면 몸을 바로 하여 차례로 시위하고 도종하기를 상시의 의식과 같이 한다. 의금부의 군기감이 종묘의 동구에서 나례를 올리고, 성균관의 학생들이 종루의 서쪽 길에서 가요를 올리고, 교방(敎坊)에서 혜정교 동쪽에서 가요를 올리고, 이어 정재(呈才, 춤과 노래를 연주하는 것)한다. 그리고 또 광화문 밖의 좌우에다 채붕을 맺는다. 어가가 광화문 밖의 시신 하마소에 이르러 잠시 멈추면, 시신이 모두 말에서 내려 나누어 서서 몸을 굽힌다. 지나가면 몸을 바로 한다. 어가가 근정문에 이르면, 악이 그친다.

오랜 근신 끝에 치르는 화려하고 경사스런 행렬이 종묘에서 광화문까지 이어

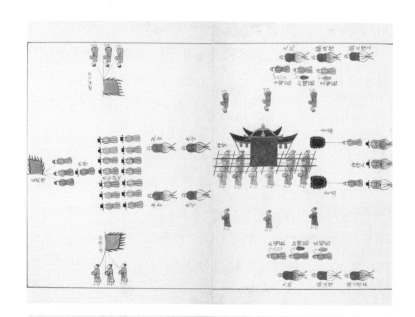

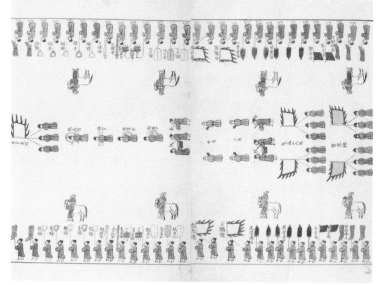

《효종부묘도감의궤》의 반차도에 표현된 부묘 행렬. 출처: 국립중앙박물관 외규장각의궤

광화문에서 치른 의례

지고 나례가 행해지고 광화문 앞은 도로 좌우에 채붕(綵棚)이 맺어지는 것이다.

부묘의식은 전에도 있었지만 절차가 정비되지 못했다. 제반 나라의 의례를 정비하던 세종조에 들어와 선왕의 부묘를 처음 치르게 된 것은 1424년(세종6) 태종의 신위를 종묘에 모시는 때였다. 행사에 맞추어 예조에서 상세하게 부묘의 절차와 7월 12일로 부묘 날짜를 정하고 모든 준비에 들어갔다. 부묘의식의 주체자는 국왕이므로 왕은 며칠 전부터 마음을 온전히 하고 음식도 절제하며 근신하고 있었다. 그런데 공교롭게도 부묘 시기에 맞추어 중국에서 사신이 온다는 전갈이 왔다. 이때 한확(韓確, 1400~1456)이라는 대신의 모친 김씨가 사망했는데 김씨의 딸 중 하나는 영락제의 후궁인 여비(麗妃)였다. 영락제는 후궁의 모친 사망을 무시하지 않고 사신을 보내 사제(賜祭) 즉 제사를 내려 주었는데 사제를 위해 사신이 조선에 온 것이었다. 조정에서는 부묘와 겹치는 것을 피하려고 사신의 서울 도착 미루기를 청했지만 사신은 돌아갈 기한이 있어서 어렵다는 답을 주었다. 세종으로서는 왕이 되어 처음 치르는 선왕의 부묘의식을 최대한 예의에 맞게 성대하게 하지 않으면 안 되었고 또 사신 접대도 소홀히 할 수 없는 상황에 처했다.

6월 29일, 사신이 서울에 도착하고 왕은 왕세자와 문무 신하를 거느리고 모화관에 나가 사신을 맞았다. 사신 접대와 부묘 준비에 분주하던 7월 초에 왕이 이질 증세를 나타내며 병에 걸렸다. 지나치게 긴장한 탓도 있었을 터이고 마침 한여름이었기 때문으로 보인다. 사신에게 연회도 베풀어야 하고 부묘 준비도 해야 하는 때에 이질까지 겹쳐서 자칫 차질이 빚어질까 우려되는 상황이었다. 왕은 부묘의에는 참석하고 사신 접대는 병을 핑계로 나가지 않기로 했다. 7월 5일의 실록에 이런 기사가 보인다.

대제학 변계량이 계하기를, 부묘하는 날에 채붕을 맺고 백 가지 놀이를 베푸는 것은 일국의 성대한 일로서, 사녀(士女)들이 모두 나와 구경하고, 백관이 헌수(獻壽)하며 음악을 아뢰는데, 사신이 혹 두목을 시켜 와 보게 하고 또 본국의 인심이 본래 비밀을 지키지 못하여, 사신이 이것을 반드시 알고 있을 것이니, 신은 생각하기를, 사신을 청하여 연회를 베푸는 것이 가할까 합니다. 그렇지 못하거든 가서 보지 못하는 이유를 진사(陳謝)하여야 손님과 주인의 예모에 당할까 하오며, 그렇지 않으면 왕인(王人)을 공경하는 바가 아닐까 합니다.

이런 이야기가 나오게 된 것은 부묘 후의 행사에는 왕이 참석을 하면서 사신 접대는 병을 핑계로 피한다는 오해가 생길 것을 우려한 듯하다. 다행히 사신이 여름철 이질은 늘 일어나는 일이므로 국왕이 부묘 행사에 전념하시고 자신은 괘념치 말라는 답을 해 일이 마무리되었다.

문종의 부묘를 치른 단종

1454년(단종2) 7월 16일, 문종이 승하하고 3년이 지나 문종의 신위를 종묘에 모시는 날이 왔다. 열둘에 왕위에 오른 단종은 열네 살이 되어 부묘의식에 참여했다. 문종과 현덕왕후 신위는 축시 5각전 즉 새벽 1시경에 종묘에 모셨다. 미리 종친과 문무백관이 정전 앞에 모여 있는 가운데 단종이 정전 앞에 나와 꿇어앉자 두 신위가 정전 제5실에 봉안되었다. 절차대로 절을 올려 부묘를 마쳤다. 재실에 들어가 잠시 휴식을 취한 단종은 다시 정전으로 나와서 제1실의 태조부터 정종, 태종, 세종, 문종의 신위에 나아가 향을 올리고 폐백을 드리고 절을 올렸다. 아헌과 종헌이 모든 의례를 마치고 왕이 재궁에 잠시 머무는 동안에 나머지 절차를 모두 끝마쳤다.

이윽고 종친과 문무관들이 종묘 앞 다리 밖 길 남쪽 좌우에 늘어서고 왕이 탄 가마가 앞으로 나아간다. 백관이 모두 꿇어앉았다가 가마가 지나가면 몸을 일으킨다. 이미 날은 밝아서 사람들이 연도에 나와 행렬을 바라보는 가운데 가마 앞뒤로 나팔부대가 요란하게 나팔을 울리고 잇달아서 산붕(山棚, 선반처럼 꾸민 화려한 치장물)이 앞에서 길을 인도한다. 잡희도 길을 가면서 열린다. 가마가 종루 아래에 이르자 성균관의 생원이 가요를 바친다.

엎드려 보건대, 주상 전하께서 빛나게도 큰 기업을 이어받으시고 효로써 다스림을 더욱 돈독히 하시어 이미 택우(宅憂)를 마치시고는 즉시 종묘에 제사를 행하시고 드디어 금월 16일에 공경히 문종 공순 대왕(文宗恭順大王)과 현덕왕후(顯德王后)의 신주를 받들어 태묘에 부묘하심에 있어 몸소 곤면(袞冕)을 입으시고 공손히 규폐(圭幣)를 드리셨습니다. 이로써 관헌(祼獻)의 예를 닦으시고 추모의 회포를 펴시니, 신인(神人)이 다 기꺼워하고, 모든 복이 아울러 이르렀습니다.[1]

가마가 혜정교에 이르자 담화지(擔花枝)라는 기생이 침향산붕(沈香山棚)을 만들고 노래를 바쳤다. 다시 가마가 육조대로를 들어서자 기로소의 전 상호군이 가요를 지어 바쳤다. 한양에 살던 일본인 예순네 명도 길에 나와 늘어서 있었다. 이윽고 가마가 광화문 밖에 이르렀다. 좌우의 채붕에서 온갖 희롱을 다 지었다. 왕이 경복궁 안으로 들어가면서 근정문 앞에서 큰 가마인 연(輦)에서 내려 작은 가마인 여(輿)로 갈아타고 문으로 들어가고 연은 그대로 근정문 밖에 두어 구경하는 사람들이 볼 수 있게 했다. 오시 즉 12시경이 되자

---

1 ─ 《단종실록》 권11, 단종2년 7월 16일(을축)

왕이 근정전에 나와서 백관의 하례를 받았으며 참석한 사람들에게 음식을 내려 주었다.

　이날의 행사는 성대하고도 화려한 모습이었고 왕의 덕을 칭송하는 노래가 도성 안에 울려 퍼졌다. 광화문에서는 채붕이 좌우에 늘어서서 온갖 유희가 다 펼쳐졌다. 그러나 단종은 이미 그 전년 가을에 믿고 의지하던 김종서(金宗瑞, 1383~1453), 황보인(皇甫仁, 1387~1453) 등이 삼촌 수양대군에 의해 살해당하고 허울뿐인 왕위에 있었다. 단종은 부모 행사를 치르고 만 1년이 지난 이듬해 1455년(단종3) 윤6월 11일에 왕위를 삼촌에게 물려주고 말았다.

칙서 맞이하기

빈번한 사신 왕래

조선은 건국 초기 요동반도를 차지하려는 정책을 펴다가 중국으로부터 강한 견제를 받았다. 한동안 중국과 긴장 관계가 있었지만 3대 태종이 즉위한 이후 명과의 관계 개선에 노력을 기울이고, 중국에서도 3대 영락제가 즉위해 주변 나라와 관계를 개선하는 우호적 정책을 펴면서 상황이 호전되었다. 그에 따라 두 나라 간에는 정기·부정기적으로 많은 사신 왕래가 있었고 이러한 왕래를 통해서 국제적인 관계 개선은 물론 물자의 교환을 통한 무역이 크게 신장될 수 있었다.

조선에서는 신년을 축하하는 정조사(正朝使), 황제나 황후의 생일을 축하하는 성절사(聖節使), 황태자의 생일을 축하하는 천추사(千秋使), 동지에 가는 동지사(冬至使) 등 정기적인 사신 외에 특별히 감사할 일이 있을 때 보내는 사은사(謝恩使)나 따로 의견을 전달할 일이 있을 때 가는 계품사(計稟使), 축하할

116

일이 있을 때 가는 진하사(進賀使) 등 수많은 성격의 사신을 중국에 보냈다. 중국에서는 황제의 조서나 칙서를 가져오거나 조선국왕의 즉위를 승인하거나 왕세자 책봉을 승인하고 시호나 고명을 내려주거나 제사를 지내 주는 사제 등과 같은 왕실 관련 행사에 사신을 보냈으며 그밖에도 관청의 문서를 보내거나 표류인의 처치에 관한 일이 있어서 오기도 했다. 보통 조선에서는 1년에 서너 차례 이상 사신을 보냈고 중국에서도 한두 차례 사신이 왔다.

사신이 중국을 방문하면 황제는 먼 길을 찾아온 사신을 위로하고 선물을 주었다. 이것은 조공국에 대한 황제의 위엄을 드러내는 일이었다. 조선의 사신들은 대규모 사절단을 꾸려서 무역 활동을 했다. 특히 국내에서 구하기 어려운 물품은 귀국 후 크게 환영을 받았다.

그러나 사신 왕래는 이런 부수적인 경제적인 이득에 만족할 만큼 평화롭고 여유로운 것은 아니었다. 조선에서는 황제의 조서나 칙서 또는 국왕 즉위를 승인하는 문서를 가지고 오는 사신은 각별히 우대했다. 특히 칙서를 가지고 오는 칙사는 대접이 남달랐다. 다른 경우에도 중국 사신이 국내에 와서 머무르는 동안은 조정이 크게 긴장하지 않을 수 없었다. 사신들이 본국에 돌아가 어떤 보고를 하는지에 따라서 조선에 예상 밖의 정치나 군사, 경제적 압박을 줄 수도 있었기 때문이었다. 자연히 이들에 대한 예우가 민감하게 작용할 수밖에 없었다.

세종은 즉위 후 명 사신을 맞이하는 제반 절차를 당·송의 예법에 맞추어 정비했으며 세심한 부분까지 자세한 규정을 두는 의례 정비를 거듭했다. 특히 조선 국왕과 명 사신의 지위 문제는 민감한 부분이었기 때문에 두 사람이 대면해서부터 서로 절을 나누고 다례를 하고 헤어지는 과정에 대한 상세한 규정을 마련했다. 이런 의례는 태종대에 어느 정도 갖추었지만 세종은 이를 한층 정교하게 다듬었다.

칙서 맞이하기

칙서를 맞는 절차

황제가 주변 조공국에 보내는 서신은 불특정다수에게 보내는 것을 조서(詔書)라 하고 특별히 받는 사람을 한정해서 보내는 글은 칙서(勅書)라고 했다. 조서보다는 칙서가 더 구체적이고 직접적인 만큼 칙서를 가지고 오는 사신인 칙사(勅使)는 한층 대접을 극진하게 하지 않으면 안 되었다. 극진한 대접을 일컬어 칙사 대접이라고 하는 말이 여기서 유래되었다.

황제의 조서나 칙서를 맞이하는 과정에서 광화문은 중요한 위치에 있었다. 조선의 국왕이 궁을 나서는 장소가 광화문이며 여기서부터 왕이 앞장서서 모화관까지 나가고 모화관에서 사신을 만나고 사신이 가지고 온 조서를 받들고 다시 궁으로 돌아올 때도 광화문이 중요한 지점이 되었다. 조서가 궁으로 들어올 때 왕세자와 문무백관은 서쪽 협문을 지나고 국왕은 동쪽 협문을 통과했다. 조서를 모신 용정은 중앙 출입문을 지나는데 사신은 용정을 따라 들어왔다. 용정이 중앙문을 통과하는 것은 중국 황제의 위상을 보여주는 상징적인 절차였다.

광화문은 1426년(세종8)에 비로소 이름을 붙였으며, 1431년(세종13)에 문을 다시 지었는데 그것은 중국 사신 영접이라는 의례와 무관하지 않았다고 할 수 있다. 조서나 칙서를 맞이할 때는 숭례문에서 광화문까지 가로변에 결채를 했다. 국왕과 사신 행렬은 모화관에서 숭례문을 통과해서 종루까지 가고 종루에서 서쪽으로 운종가를 가다가 황토현에서 북쪽으로 방향을 돌려 광화문까지 이르는 길이었다고 짐작된다. 목표 지점은 궁궐이었으며 이동의 핵심은 광화문이었다. 광화문 좌우의 육조대로는 화려한 결채로 치장되고 그 정점에 광화문이 서 있었다.

"칙서를 가져온 사신을 맞이하는 예법"은 1424년(세종6)에 새롭게 제정했다. 마침 중국에서 영락제가 승하하고 인종이 즉위하면서 칙서가 오게 되었고, 그 시점에 맞추어 절차를 마련했다. 이때 제정된 의례는 사소한 수정을 거쳐 《세종실록》〈오례〉에 수록되고 뒤에 《국조오례의》에 그대로 올랐다. 요지는 아래와 같다.

- 서대문 밖 모화관 모화루에 천막인 장전을 치고 칙서를 잠시 안치할 용정을 장전 중앙에 설치한다.
- 숭례문에서 성안의 가로와 광화문에 오색 비단과 꽃을 장식한 채붕을 맺어 가로변을 화려하게 치장하고 경복궁 근정전 중앙에는 칙서를 안치할 궐정을 마련한다.
- 칙서를 지닌 사신이 서울에 도착하면 왕이 궁에서 나와 모화루로 나가는데 우선 왕세자와 종친, 문무백관이 광화문 밖에서 대기하고 있다가 왕의 가마가 광화문을 나서면 모두 그 뒤를 말을 타고 따라 간다.
- 모화루에 도착하면 왕이 중국 사신과 절을 나눈다.
- 칙서를 용정에 모시고 나면 궁으로 향하게 되는데, 큰 북인 금고가 앞장서고 다음 여러 신하들이 말을 타고, 다음에 왕세자가 말을 타고 다음에 임금이 말을 타고 다음에 의장대에 이어 향을 모신 향정이 가고 그 뒤를 용정이 따르고 그 뒤에 사신이 용정을 따른다.
- 행렬이 숭례문을 지나 광화문을 거쳐 근정전에 이르게 되면 사신이 칙서를 근정전 중앙에 마련한 책상에 모신다.
- 모든 신하들이 칙서를 보고 절을 올리며 이윽고 사신이 용정에서 칙서를 꺼내어 임금에게 건네주면 임금이 이를 살펴본다.
- 모든 참석자가 칙서를 향해 다시 절을 올린다.
- 임금과 사신이 서로 마주보고 절을 나눈 후에 다례를 하면 행사를

칙서 맞이하기

마친다.

광화문을 지나는 사신 행렬

1424년(세종6) 7월 18일, 북경 자금성에서 명나라 세 번째 황제 태종이 숨을 거두었다. 태조 주원장의 넷째 아들로 태어나 2대 황제였던 조카 혜제(惠帝)를 몰아내고 스스로 황제의 자리에 올라 22년간 통치한 황제였다. 영락(永樂)이라는 연호를 사용해 영락제로 알려진 태종은 관제를 개혁해 황제의 통치권을 확립해 명의 기반을 다졌으며 특히 대외경략에서 두드러진 업적을 쌓았다. 남쪽의 성가신 존재였던 베트남에 80만 대군을 파견해 베트남을 직할령에 편입시키고 북쪽의 몽고 세력을 밀어내기 위해 50만 대군을 이끌고 스스로 전장에 나가서 달단부의 주력을 격파해 북쪽의 우환을 없앴다. 해양에도 관심을 기울여 정화(鄭和)가 이끄는 대함선단을 동남아와 인도양을 거쳐 아프리카 동해안까지 진출시켰으며 동남아 연안 여러 나라를 조공국에 편입시켰다. 중국의 정치적 영향권에서 벗어나 있던 일본도 조공국의 하나로 편입되었다. 이런 국제 정세 속에서 인접한 조선은 한층 긴밀한 외교관계를 유지하기 위해 노력하고 있었다. 이런 와중에 태종이 죽고 다음 황제인 인종(仁宗)이 즉위하는 상황이 전개되었다.

태종 황제의 사망과 새 황제의 즉위 소식은 한 달 열흘도 넘은 9월 1일이 되어서야 평안감사의 장계로 왕에게 전달되었다. 소식을 듣자마자 그날 조정은 관료들에게 소복차림에 검은 허리띠인 흑각대에 검은 색깔 모자인 오사모를 쓰도록 하고 곡을 하는 거애(擧哀)를 했다. 뒤를 이어 새 황제의 칙서를 가진 사신이 온다는 소식도 왔다.

1425년(세종7) 2월 초에 사신이 국경을 넘어 2월 10일 서울에 당도했다. 2월 11일 왕과 왕세자는 신하를 거느리고 모화관으로 나가 칙사를 맞았다.

이때 왕은 창덕궁에 있었기 때문에 숭례문에서부터 창덕궁 돈화문까지의 도로와 교량에 화려한 채붕을 엮었고 왕은 창덕궁에서 칙서를 받았다.

그런데 새로 즉위한 4대 인종 황제는 불과 1년이 안 되어 6월 2일에 세상을 뜨고 말았으며 제5대 선종(宣宗)이 즉위하게 되었다. 다시 모든 관료들이 소복을 입고 거애를 했다. 1425년(세종7) 윤7월 3일, 평안감사가 급보를 올려 중국에서 사신 네 명이 7월 28일 요동을 출발할 것이라고 알려 왔다. 지난번 태종이 죽고 인종이 즉위했을 때는 태종 사망이 7월이었고 칙서가 당도한 것은 이듬해 2월이었기 때문에 준비가 수월했고 태종 사망에 대한 거애는 간단히 치를 수 있었는데 이번에는 인종 사망 이후 19일 후인 6월 21일에 선덕제가 즉위를 하고 신황제의 즉위조서를 불과 한 달이 지나서 바로 가지고 온다는 것이었다. 조선 조정에서는 사망한 인종에 대한 흉례도 치르고 신황제의 조서도 맞이하는 두 가지 행사를 동시에 수행하지 않으면 안 되었다. 중국에서 사신 네 명이 오는 것도 두 사람은 죽은 황제의 유조(遺詔, 유언으로 남긴 조서)를 가지고 오고 다른 둘은 조서를 가지고 오는 것이었다. 이때 세종은 거처를 경복궁으로 옮겨 놓은 상태였으므로 모든 행사장은 경복궁이 되었다.

드디어 윤7월 19일 먼저 유조를 받든 사신 둘이 서울에 들어왔고 왕은 왕세자 이하 백관을 거느리고 모화루에 거둥해 흰옷을 입고 유조를 맞이해 광화문을 거쳐 경복궁에 와서 곡례를 했으며 삼일 후인 윤7월 22일에는 등극사신 두 사람을 모화루에서 맞이해 화려한 행렬을 펼쳐 숭례문에서 광화문을 거쳐 근정전으로 이동했다.

　　　　　　　　　　　　　　　　　　칙서 맞이하기

결채와 채붕

경사스런 날, 문 앞이나 건물 위, 누각 위 등에 붉은 색 비단을 엮어서 양끝을 기둥이나 처마에서 늘어뜨리고 곳곳에 꽃 모양으로 장식을 하는 결채(結綵)는 중국에서부터 시작되었다. 송나라에서는 상원일 전후에 성중에 등을 매달고 대내 정문에 결채를 하며 등불이 산사의 누각을 밝히도록 한다고 했다. 또 노대를 세우고 교방이 백희를 한다고 명시했다. 결채하는 풍습은 고려에 전해져서 개경의 결채도 화려한 치장으로 널리 알려졌다.《고려사》에 의하면 1170년(의종24) 왕이 영통사에서 화엄법회에 참석하고 궁궐로 돌아오는 길에 광화문 좌우 남무에 화려하게 결채를 하도록 했다는 기사를 필두로 빈번하게 가로변에 결채한 기사들이 보인다.

조선시대에 와서도 이러한 결채 풍습은 크게 달라지지 않아서 1401년(태종1) 중국 사신이 도성에 들어오자 가로에 결채를 했으며 이후에도 각종 행사에는 반드시 결채하는 것을 빠뜨리지 않았다. 특히《국조오례의》〈흉례〉 "부묘의"에서 부묘를 모두 마치고 왕의 행차가 궁으로 돌아올 때 "가로에 결채"를 하도록 명시했기 때문에 부묘 후 환궁 시의 결채는 빼놓지 않고 행했다. 대개 궁궐 앞 특히 광화문 앞 육조거리에 결채하는 경우가 많았지만 어떤 때는 흥인문에서 광화문까지 운종가 전체를 결채하기도 하고 숭례문에서 광화문까지 치장하는 경우도 있었다. 왕이 창덕궁에 머물 때는 종루에서 돈화문 앞길을 치장했다.

　　왕실 가족이 온천을 다녀올 때도 결채를 했다. 1440년(세종22) 4월 6일, 왕비가 온양 온천을 갔다가 돌아오게 되었다. 이때의 광경을《세종실록》은 이렇게 적었다.

> 왕비가 온천에서 돌아오니, 왕세자는 헌릉(獻陵) 동구에 나가 맞이하고, 숙의·소용과 왕세자빈은 삼전도(三田渡)에 나가 맞이하고, 각사의 관원 한 사람씩은 흥인문 밖에서 맞이하였다. 흥인문으로부터 광화문 동구 병문(屛門)까지 모두 결채하고, 공인(工人)이 풍악을 연주하면서 앞에서 인도하여 수진방에 이르니, 교방에서 가요를 드리어 아뢰는 기생이 침향산을 이끌어 행하므로, 왕비가 연을 멈추고 구경하였다.[2]

채붕

《국조오례의》〈흉례〉 "부묘의"에 환궁 시 결채와 함께 "궁궐 문 밖 좌우에 채붕을 세운다."고 명시했다. 채붕은 나무로 짠 거대한 단을 가리키며, 단 위에

---

2 —　《세종실록》권89, 세종22년 4월 6일(정축)

　　　　　　　　　　　　　　　　　　　　결채와 채붕

는 산 모양의 층단을 만들
어 각종 장식물이나 인형
을 올리고 기생이나 광대
들이 잡희를 곁들이는 놀
이를 한다. 채붕은 부모
때뿐 아니라 중국 사신이
도성에 오면 반드시 궁궐
문 앞에 마련해 왔다.
　　채붕 역시 중국에
서 비롯되었으며 우리나
라에서는 신라시대부터

《정리의궤》 낙성연도에 표현된 궁중 잔치의 꽃 치장 모습. 채붕의
실물은 확인하기 어렵지만 낙성연도의 꽃 치장에서 비슷한 분위기를
엿볼수 있다. 출처: 국립중앙도서관 한글 정본 《정리의궤》

나타나고 고려 때 성행했다고 한다.《성호사설》에는 채붕을 가리켜, "고려의
남은 풍속이다. 태조 원년(918) 겨울에 팔관회를 열 때 두 채붕을 만들었으니,
높이는 각각 다섯 길이 넘었으며 그 앞에서 온갖 놀이와 가무를 베풀었으니,
이전 신라의 행사였다고 한다."고 하고 또 고려 1245년(고려 고종32)에는 "최이
가 자기 집에 연회를 열고 재상들을 초청했는데, 채붕으로 산을 만들고 비단
장막을 둘렀으며, 채색 비단을 산더미 같이 쌓아놓고 기악과 온갖 놀이와 팔
방상(八坊廂)을 베풀었으니 공인만도 1,350명에 이르렀다."고 적었다. 팔방상이
란 나라에 태평성사가 있을 때 하는 오락이라고 부연 설명을 달았다.
　　고려 태조 원년에 궁궐에서 팔관회를 열 때에는 궁궐 구정(毬庭)에 윤
등(輪燈) 하나를 달고 향등(香燈)을 사방에 달며 또 두 개의 채붕을 각 다섯
장 이상의 높이로 매고 각종 잡기와 가무를 그 앞에서 놀렸다. 이때 백관들
은 도포를 입고 홀을 가지고 예식을 거행했는데 구경꾼이 거리에 쏟아져 나
왔다고 하며, 태조는 위봉루에 좌정하고 이것을 관람했다. 이후 역대 임금이

이를 전례로 삼았다고 한다.[3] 의종은 1170년(의종24) 봄, 영통사에 갔다가 돌아오면서 여러 종친에게 명령해 광화문(廣化門) 좌우편 행랑에 결채를 하고 장막을 치게 했다. 왕의 환궁에 맞추어 관현방(管絃房) 대악서(大樂署)에서는 채붕을 세우고 각종 희극을 늘여놓고 왕을 영접했는데 여기에는 주옥(珠玉), 금수(錦繡), 나기(羅綺), 산호(珊瑚), 대모(玳瑁) 등으로 꾸며 기묘하고 사치스럽기가 전고에 비할 바 없었다고 하며, 국자학관은 학생들을 인솔하고 나와서 노래를 불렀다. 왕이 가마를 멈추고 음악을 구경하다가 밤 삼경이 되어서야 대궐로 들어왔다고 했다.[4]

조선조에 들어오면서 결채와 채붕의 전통은 그대로 계승되었지만 규모는 한층 간소해지고 공연하는 내용도 유교적인 의례와 연관시켜 단순하게 치렀다. 고려에서 하던 결채백희 즉 각종 연희를 거행하던 것을 그만두고 주로 나례만을 행했다. 나례는 군사의 힘으로 역질을 쫓아내는 것이 주목적이었으므로 성격도 달라진 셈이다. 이런 변화가 있었지만 조선시대에 와서도 중국 사신을 영접하거나 부묘 후 국왕이 환궁하는 절차에 결채와 채붕이 빠지지는 않았다. 특히 중국 사신이 오면 따로 나례도감을 설치해서 나례를 중심으로 연희가 베풀어졌다.

산대와 잡희

채붕과 비슷한 것으로 산대가 있다. 채붕과 산대는 종종 같은 뜻으로 쓰인다. 그러나 사용 용례를 면밀히 보면 채붕은 산처럼 높은 대를 포함한 전체 시설

---

3 — 《고려사》〈권69: 지(志), 제23 예11〉, "중동팔관회의"

4 — 《고려사》, 〈권19: 세가(世家)〉, "의종3"

을 가리키는 것으로 읽을 수 있는 반면, 산대는 산처럼 꾸민 시설물만을 따로 지칭하는 것으로 구분할 수 있을 듯하다. 종종 산대는 예산대(曳山臺), 다정산대(茶亭山臺), 헌가산대(軒架山臺) 등이 기록에 나오는데, 산대에 바퀴를 달아 옮겨다닐 수 있도록 한 것을 예산대라 하고 다정산대는 중간 크기의 채붕에 작은 정자를 꾸민 것으로 추정되며 헌가산대는 산거 또는 윤거라고도 불려서 역시 이동할 수 있는 장식물로 이해된다.[5]

산대에서 중요한 부분은 산대를 꾸며놓고 그곳에서 온갖 잡희를 열었다는 점이다. 산대는 일종의 무대 장치로, 기암괴석을 형상화해 꾸미고 잡상(雜像)이라고 하는 각종 인형을 올려놓기도 하고 주변에서 광대들이 탈춤을 추거나 기녀들이 노래를 하고 춤을 춘 것으로 보인다. 중국에서는 이런 산대를 가리켜 오산(鰲山)이라고도 불렀다고 하는데, 자라를 뜻하는 '오(鰲)'자를 쓴 이유는 불분명하다. 《선조실록》에는 1572년(선조5) 11월 한양에 들어온 중국 사신이 이미 왕이 경복궁에 들어와 기다리고 있는데 광화문 밖에서 오산놀이 즉 산대놀이를 한참 동안이나 흥미 있게 구경했다고 적었다.

1426년(세종8)의 《세종실록》 기사에는 이때 와서 '산대'의 높이에 대한 일정한 규정을 정하도록 하는 기사가 보인다. 내용을 보면,

> 병조에서 계하기를, "산대의 높이는 상세한 규정이 없어서, 산대를 맺을 적마다 좌우편 쪽만 높게 하려 하였다가, 바람이 심하면 혹 기울어져 쓰러질 위험성이 있습니다. 지금부터는 산대의 기둥이 땅에서부터 60척 이상을 더 올리지 못하게 하고, 이를 일정한 규정으로 삼게 하소

---

5 — 사진실, 《공연문화의 전통》, 태학사, 2002; 김은영, 〈한국의 국왕 행차와 전통연희〉 고려대학교 박사학위 논문, 2011

조선초기 산대는 높이가 60척을 넘었다고 하지만 조선후기에 가서는 크게 축소되었다. 그림의 산대는 끌고 다니는 소규모의 예산대이다. 봉사도 제7도, 국립중앙도서관 소장

　　　서.” 하니, 그대로 따랐다.[6]

는 것이다. 위 기사에 의하면 채붕을 맺을 때 산대 자체의 높이는 60척을 넘지 못하게 하도록 했다는 것이다.

　　산대의 높이 규정을 정하던 1426년(세종8)에는 이에 앞서 관복의 색깔이나 치장물을 새롭게 정하고[7] 신발의 착용 법도까지 규정해 나라의 제반 문물제도를 하나씩 바로 잡아나가던 때였다. 이러한 때에 궁궐 앞에서 벌어지는 중요한 행사에 수반되는 산대의 높이를 규정함으로써 산대가 지나치게

---

6 —　《세종실록》 권31, 세종8년 2월 28일(임진)

7 —　《세종실록》 권31, 세종8년 2월 26일(경인)

　　　　　　　　　　　　　　　　　　　　결채와 채붕

과다해지는 것을 규제하려고 했음을 알 수 있다.

　산대의 크기는 이후에도 몇 차례 조정이 있었는데, 1452년(문종2)에는 큰 산대는 길이 75자에 너비 60자로, 작은 산대는 길이 60자에 너비 40자로 한다는 기사도 보인다.[8] 75자면 대략 22미터가 되고 60자가 18미터이므로 큰 산대는 가로 22미터, 세로 18미터에 높이도 18미터가 되는 큰 구조물이었음을 알 수 있다. 산대를 맬 때 쓰는 가장 긴 장대는 평상시에는 종루 아래층에 보관했다가 일이 있을 때 꺼내 썼다고 하는 것으로 미루어 산대는 몇 개의 긴 장대로 뼈대를 이루면서 층단을 만드는 구조였다고 추정된다.

　이런 산대를 만드는 데는 많은 인력이 필요하고 또 재목도 소요되었다. 산대 하나를 매는 데는 동서에 각각 1,800명(또는 1,500명)씩 인부가 동원되었다고 한다.[9] 산대를 매게 되면 지방에서 백성들을 불러내서 일을 시켰으며 산대를 매는 데 필요한 재목도 지방 각 고을에 나누어 부담시켰다. 지방에서 동원된 사람들은 먹을 것을 싸들고 여러 날을 서울에 머물며 산대 엮는 일에 동원되었기 때문에 큰 고통을 준 것으로 보인다.

　1536년(중종31) 윤12월 사헌부는 산대 조성의 힘겨움을 이렇게 왕에게 아뢰었다.

　산대를 꾸미는 모든 재목들을 각 고을에 분정하였으므로 원근에서 날라 오는 폐단이 전보다 훨씬 더합니다. 다른 긴요하지 않은 잡다한 잡물은 그만이겠으나, 진장목 회얼목 보주목으로 말하면 경기 및 충청 강원 세 도의 백성이 이 언

8 — 《문종실록》 권12, 문종2년 3월 8일(신축)

9 — 《중종실록》 권41, 중종16년 1월 13일(병인)

길에 어렵게 지고 끌어오는 괴로움을 이루 형언할 수 없습니다.[10]

산대가 백성들에게 큰 고통을 주었기 때문에 이를 축소하거나 폐지하려는 의견들이 나오기 시작했는데 공교롭게도 그것은 세종의 부묘 때부터였다. 1452년(문종2) 3월에 우참찬 허후(許詡, ?~1453)가 아뢰어,

> 부묘하고 환궁하실 때에 채붕을 맺고 잡희를 연주한 것은 고려 말기의 폐법을 그대로 시행하여 고치지 않았기 때문입니다. 비록 폐법이라 하지만 사실은 임금에게 속해 있으므로 신자가 혁파하기를 함부로 의논할 바는 아닙니다. 그러나 지금 국가에 사고가 많아서 백성이 어렵게 지내니, 이것이 비록 작은 일이지마는 경영하는 즈음에 어찌 그 폐단이 없겠습니까?[11]

완곡하지만 강한 의견이었다. 왕도 강하게 반대하지 못하고,

> 나도 또한 이를 알고 있지마는, 다만 조종께서 시행한 지가 이미 오래되었는데 나에게 이르러서 갑자기 고친다면, 이것은 그 실수를 세상에 드러내어 감히 스스로 잘난 체하는 것이다……. 다 고치는 것은 어려우니, 다만 다정(茶亭, 차 마시는 탁자 등을 설치하여 놓은 산대를 가리킴)의 작은 채붕을 설치하는 것이 옳겠다.[12]

---

10 — 《중종실록》 권83 중종31년 윤12월 2일(계축)

11 — 《문종실록》 권12, 문종2년 3월 8일(신축)

12 — 《문종실록》 권12, 문종2년 3월 8일(신축)

결채와 채붕

고 답했다. 적당히 평계를 대어 규모를 축소하는 선에서 의논을 정리했다.

결채와 채붕은 고려시대에 비하면 크게 축소되었고 잡다한 유희도 생략되었지만 유교적 질서를 강조하려던 조선시대의 분위기와는 상반되는 점이 적지 않았던 셈이다. 이것은 중국 사신 접대와 직접 관련이 있는 것이었기 때문에 쉽게 폐지할 수는 없었지만 그마저도 점차 그만두도록 하려는 것이 조선을 이끌어 가던 사대부 관료들의 입장이었다. 결국 결채와 채붕은 16세기로 넘어가면서 서서히 퇴색하게 된다. 그러나 세종의 시대까지는 아직 그 전통이 강하게 남았다. 중국 사신이 올 때는 물론 종묘에 선왕의 신주를 모신 후에 임금이 탄 가마가 궁으로 돌아오는 때에는 화려한 치장과 성대한 행렬, 광화문 앞의 요란스러운 잡희는 변함없이 치러졌다.

문무 과거 시험과 광화문

육조대로의 무과 시험

과거 시험은 나라의 기둥이 될 유능한 인재를 뽑는 행사였다. 따라서 시험 치르는 일 자체를 경사스러운 것으로 보았으며 특히 최종 합격자를 발표하는 의식은 임금이 직접 참가해 축하했다. 따라서 문·무과의 최종 시험을 치르는 의식과 최종 합격자 발표 의식인 방방(放榜)의식은 가례의 하나로 삼았다.

과거 시험은 1차 관문인 소과(생원, 진사과)를 통과하면 대과 시험을 치르게 되는데 대과는 초시, 복시, 그리고 최종 시험인 전시의 3단계를 거친다. 이 가운데 대궐에서 치르는 것이 최종 단계인 전시였다. 전시는 문과와 무과 시험을 같이 치렀으며 문과 전시는 대궐 마당에서 치렀다. 무과는 무예 시험이 있었기 때문에 넓은 터를 필요로 했다. 세종 때는 주로 모화관 주변에서 치르거나 간혹 경회루 주변 또는 광화문 앞 육조대로가 시험 장소가 되었다.

《국조오례의》"문과전시의"에는 문과 시험 절차를 이렇게 적었다. 우선 최종 시험인 대궐에서 치르는 전시가 있는 날, 응시자들은 첫 북소리가 울리면 푸른 상의에 두건을 쓰고 광화문 밖에 집합해 있다가 두 번째 북소리에 맞추어 대궐 마당에 들어가 자리를 잡는다. 세 번째 북소리와 함께 익선관에 곤룡포를 입은 임금이 가마를 타고 근정전에 납시면 시험 감독관이나 응시자 등 참가자 모두가 임금에게 사배를 올리고, 시험관이 임금으로부터 시험 문제가 적힌 교지를 받아 근정전 기단 앞에 문제를 게시한다. 다시 임금에게 절을 올리게 되고 임금이 사정전으로 돌아가면 비로소 앞으로 나아가 시험 문제를 받아 적고 각자 자기 자리에 앉아 답안을 작성하기 시작해서 날이 어두워지기 전에 답안을 제출한다.

무과 시험은 장소를 한정하지 않고 필요에 따라 정했는데 시험 날이 되면 임금이 직접 시험장에 나가기도 한다. 이때는 의정부와 육조 당상이 모두 따라 나섰다. 조선초기 무과의 시험 과목은 필기시험 외에 활쏘기와 말 타고 활쏘기, 말 타고 창 다루기와 격구 등이었다. 활쏘기는 먼 거리, 중간 거리, 근거리 세 종목이 있었다. 1442년(세종24) 8월에 있었던 무과 시험은 광화문 앞에서 거행되었다. 13일과 14일 이틀에 걸쳐 시험이 치러졌다. 첫째 날 임금은 근정전에 나와서 필기시험 문제를 내고 다시 광화문 밖에 마련한 천막에 나와서 무과 시험을 지켜보았으며 다음날에도 광화문 밖에 나갔다. 무과 시험을 치르기 위해서는 말을 탄 채로 활을 쏘거나 창을 휘두르는 기량을 선보여야 하기 때문에 상당한 공간이 필요하다. 광화문 앞에서 무과 시험을 치를 때는 육조대로의 넓은 공간이 이용되었다.

과거 시험의 합격자 발표

과거 시험의 하이라이트는 최종 합격자를 알리는 방방의식이다. 방방은 이름을 적은 방을 게시한다는 뜻인데 근정전 계단 위에 방을 걸었다. 방방의를 하게 되면 임금은 근정전에 나오고 종친과 문무백관이 궐 마당에 도열한 가운데 과거 합격자들이 임금으로부터 홍패를 받는 의식을 거행한다.

미리 통지 받은 합격자들은 아침 일찍 공복을 갖추어 입고 첫 번째 북소리에 맞추어 광화문 밖에 나와서 기다린다. 두 번째 북이 울리면 합격자들은 홍례문 밖까지 나아간다. 세 번째 북소리가 울리면 합격자들은 근정문 밖까지 와서 대기한다. 이윽고 임금이 가마를 타고 근정전에 나타난다. 향로에서는 향이 피어오르고 음악이 연주된다. 궐에 모인 종친과 문무백관, 과거 합격자 모두가 사배를 올린다. 근정전 안에는 합격자 명단이 적힌 방안이 놓여 있다. 승지가 임금의 명을 받아 방안을 받아들고 곁의 관리에게 전달하면 문과와 무과 방방관이 각각의 합격자 이름을 크게 부른다. 이 소리에 응해서 근정문 밖에 있던 합격자들이 차례로 문 안으로 들어간다. 다시 사배가 이루어지고 승지가 임금으로부터 홍패를 받아서 곁의 관리에게 전달하면 관리는 문과 홍패와 무과 홍패를 마당에 꿇어앉아 있는 합격자들에게 나누어 준다. 꽃과 술이 내려진다. 뒤이어 합격을 치하하는 낭랑한 소리가 치사관을 통해 울려 퍼진다. "하늘이 큰 운을 내려주는 때를 맞이하여 현인준사를 등용하게 되었습니다. 이에 경하하는 것이 당연하다 생각합니다."고 외친다. 다시 궐 안의 모든 사람이 임금에게 사배를 올리고 나면 행사가 끝나고 임금은 사정전으로 돌아가게 된다.

방방의식에서는 각각의 진행 절차에 따라 광화문과 홍례문, 근정문이 합격자들의 움직임의 절점이 되며 광화문은 그 출발점이 되었다.

광화문 육조거리의 체력 시험

종종 육조대로의 공간은 군사들의 체력 시험장으로도 활용되었다. 1445년(세종27) 6월, 광화문 앞에서는 갑사, 방패, 근장 등 각 군영에 근무하는 무관직 하급관리들의 체력 시험이 벌어졌다. 모두 360명이 참가했는데, 시험 종목은 250보(약 300미터) 달리기, 양 손에 모래주머니 50근(약 3킬로그램)을 쥐고 100보(약 120미터) 달리기였다. 달리기 거리가 300미터라면 광화문 앞에서 호조나 형조가 있는 곳까지는 되었을 것으로 짐작된다.

육조대로는 사방이 개방된 공간이었으므로 이런 시험이 있으면 주민들이 구경 나와서 상황을 지켜보았을 것이다. 실력이 뛰어난 사람은 박수를 받고 성적이 형편없는 군사는 웃음거리가 되었을 터였다.

담처럼 모인 구경꾼들

1440년(세종22) 4월 6일, 왕비가 온양에 온천을 하고 서울로 돌아오던 날, 흥인문에서 광화문까지 가로변은 오색 빛깔로 결채가 이루어지고 연도에는 풍악이 울려 퍼지고 기생들의 춤이 이어졌으며, "흥인문에서 광화문 밖까지 구경하는 사람들이 담과 같았다."고 실록에 적었다. 구경하는 사람들이 담과 같았다는 마지막 기사가 인상적이다.

　　조선초기 도성에서 행사가 있으면 많은 사람들이 길에 나와 구경한 것으로 보인다. 특히 광화문 앞 육조대로는 구경꾼들이 가장 많이 모여든 곳이었다. 황성 없이 궁성만 갖춘 경복궁에서 광화문 밖과 그 앞의 육조대로는 그대로 주민들에게 개방되어 있었다. 문 앞에서 벌어지던 왕의 행렬이나 중국 사신들의 출입, 그리고 이런 행사에 수반되어 이루어진 채붕이나 산대놀이 역시 한양 도성민에게 개방되었다. 광화문 앞이나 육조대로에서 연희가 벌어지면 도성의 주민들은 이를 구경하기 위해서 대로변에 모여들었다.

1431년(세종13) 12월의 실록에는 아래와 같은 기사가 보인다.

전지하기를, "금후로는 광화문(光化門)에 부녀자들의 출입을 금하고, 영제교(永濟橋) 뜰과 근정전(勤政殿)의 뜰에도 또한 들어오지 못하도록 하라." 하였다.[13]

부녀자들에 대해서 광화문 출입을 금하고 아울러 영제교와 근정전 뜰에도 들어가지 못하게 하라는 명령이다. 이 명령이 나오기 8개월 전인 4월에 광화문을 다시 세웠다. 따라서 문을 새로 세우고 나서 무언가 광화문 주변을 엄히 할 필요에 의해 위와 같은 명령이 있었다고 볼 수도 있을 것이다. 아울러 위 기사는 이런 임금의 금지 명령이 있기 전까지 부녀자들이 광화문에 출입하거나 그 안쪽 홍례문 안의 영제교 뜰이나 심지어 근정전 뜰에도 들어가는 일이 있었음을 시사해 준다.

세종 때, 광화문 안에는 신문고가 설치되어 있어서 억울한 사연이 있는 사람들이 와서 북을 쳤다고 한다. 북은 유생들도 치고 노비들도 와서 쳤다. 이런 정황이라면 광화문 주변은 적어도 주간에는 일반인들이 드나드는 것이 어느 정도 허용되고 있었던 것이 아닌가 추정케 한다.

광화문이나 홍례문 안까지 부녀자들이 출입하는 일이 있었다면 광화문 밖 육조대로는 도시민들에게는 거의 아무런 제약 없이 자유로이 활보하는 공간이었다고 추측된다. 마침 국왕이 부묘를 마치고 환궁하는 날이라면 연도는 채색 비단으로 치장되고 광화문 앞에 높이 세운 산대에서는 각종 진

---

13 — 《세종실록》 권54, 세종13년 12월 10일(신축)

기한 장식이 진열되고 산대 앞에서는 광대들의 흥미로운 놀이도 펼쳐졌을 것이다. 1440년(세종22) 온양 온천에서 왕비가 돌아오던 날, 흥인문에서 광화문까지 가로가 온통 채색 비단으로 치장되었고 기생들이 가요를 바치고 춤을 추며 길을 가고 이를 구경하려는 사람들이 담과 같았다는 실록의 기사는 자유롭고 구경거리 가득한 도성 한양의 분위기를 잘 전해 준다.

　연회뿐 아니고 광화문 앞에서 벌어진 무과의 과거 시험 역시 시민들에게 노출되었다. 활쏘기와 말 타고 창술 겨루는 기예는 도성민들이 지켜보는 가운데 치러진 것으로 보인다. 1445년(세종27)에는 왕세자가 광화문 앞에 천막을 치고 지켜보는 가운데 갑사 등 하급 군사들의 체력 시험이 벌어졌다. 평상시 체력 단련을 게을리 한 군사들에게는 힘겨운 시험이었을 테고 그 광경이 고스란히 주민들에게 노출된 셈이다.

　육조대로 외에 한양에는 도성민들이 모여들 만한 넓은 공간은 별로 없었던 것으로 보인다. 종루 주변이 그런대로 사람들이 북적이는 곳이었지만 시전들이 늘어서 있어서 넓은 공간이 확보되지는 못했다고 생각된다. 결국 광화문 앞 육조대로는 유일하게 도성민들이 모여서 산대놀이도 보고 한가롭게 담화도 나누는 여흥과 관광의 공간이었던 셈이다.

백성들의 상소 장소

오례에 해당하는 일은 아니지만 광화문에서 벌어진 색다른 풍경도 하나 언급하고 지나가기로 한다. 광화문은 임금이 거처하는 대궐의 정문인 만큼 문 자체는 임금을 상징하는 의미도 지녔다. 백성들의 입장에서 광화문은 쉽게 접근할 수 없는 지엄한 곳이었지만 간혹 임금에게 억울한 일을 꼭 아뢰고 싶을 때 광화문 앞에라도 가서 이를 알리고자 하는 시도를 했다.

　　　　　　　　　　　　　　담처럼 모인 구경꾼들

1443년(세종25)의 일이다. 경상도 고령 사는 석호(石浩)라는 사람이 중앙과 지방 관리들의 범법 사실을 적은 종이를 광화문 앞에서부터 펼쳐놓기 시작했는데 중추원 앞길까지 이어졌다고 했다. 중추원은 예조 남쪽에 있었고 중추원 남쪽 끝에 사직단으로 가는 골목이 있었다. 광화문에서 중추원까지 20세기 초 지도로 대략 살펴보면 200미터가 조금 안 되는 거리이다. 이 거리에 관리들의 비위 사실을 적은 종이를 펼쳐놓았다는 것이다. 석호는 군영에서 군사 실무를 담당하던 하급 관리인 진무(鎭撫) 벼슬을 한 사람으로, 몇 해 전에도 어가가 지날 때 광화문에 나와 상소문 적은 종이 60여 장을 땅에 펼쳐놓은 적이 있는 인물이었다. 승정원에서는 내용이 허황된 것이라고 하면서 석호를 붙잡아 벌 내릴 것을 청했으나 왕은 그가 미친 사람이니 벌을 줄 것까지 없고 고향으로 돌려보내고 도성에 출입하는 것만 금하도록 했으며 오히려 그가 고향에서 굶주리거나 추위에 떨지 않도록 하라는 당부를 했다.[14]

위 일은 《세종실록》에까지 기사가 실려서 지금까지 내용이 전하는 것이지만 기록에 전하지 않는 유사한 일이 적지 않게 일어났다고 짐작된다. 조선초기 궁궐 문에는 신문고가 있어서 백성들이 억울한 일을 하소연할 수 있도록 했다. 신문고 제도는 송나라의 등문고를 본떠 태종 때부터 개성의 궁궐에서 시작했으며 한양 환도 후에도 계속되었다. 그런데 백성들이 사사로운 일이나 다른 사람을 모함하려는 의도로 북을 치는 경우도 발생하고 그 때문에 관청의 일이 번잡해지자 신문고 울리는 일을 차츰 제한하고 함부로 북을 울리는 자에게 벌을 주는 쪽으로 변했다. 결국 신문고는 세조 연간에 오면 거의 유명무실해지다가 사라지게 된다.[15] 그러나 적어도 태종에서 세종 연간까

---

14 — 《세종실록》 권100, 세종25년 4월 27일(임자)

15 — 이후 신문고는 성종 때 다시 부활했고 영조와 정조 때도 재현되었지만 그 성과는 크지 않았던 것으로 보인다.

지 신문고는 백성들의 중요한 상소 수단이었다. 다만 신문고를 울리는 일은 대개 개인적인 억울한 사연을 아뢰는 것이었다. 이에 비해서 석호가 종이에 적은 내용은 개인적인 일이 아니고 중앙과 지방 관리의 비위를 지적한 것이었으며 이를 글월로 적은 점에서는 성격이 달랐다.

한양의 유일한 개방 공간

한양은 조선초기에도 인구가 10만 가까웠다고 추정된다. 17세기에는 20만을 넘었다. 여기에 필적할 도시는 어디에도 없었다. 한양은 국왕을 정점으로 한 나라의 최고위 관료들이 집결해 있었고 도성을 지키는 군사들이 머물고 모든 재화가 모여든 곳이었다. 한양에는 궁궐이 들어서고 나라 최고위 관청들이 도시 중심부를 차지하고 상점들이 교통의 요지에 늘어섰다. 한 가지 다른 나라 도시들과 차이를 보이는 것은 장대하고 화려한 종교시설이 없다는 점이었다. 불교 억압정책 때문에 금빛 찬란한 전각이나 높이 솟은 불탑 같은 화려한 종교시설을 한양에서는 좀처럼 볼 수 없었다. 그나마 조선초기에는 한두 군데 불교사원이 있어서 볼거리를 제공했지만 얼마 안가서 다 사라졌다. 유교는 제사라는 측면을 살펴보면 그 안에 종교적 속성이 강하게 있지만 불교처럼 외형적으로 장엄한 전각을 드러내는 법은 없었다.

　　이런 여건에서 한양에 지어진 눈에 띄는 시설을 꼽는다면 단연 궁궐과 성문이 있다. 불교사원으로는 조선초기 태조 때 지은 흥천사와 세조 때의 원각사가 있었지만 16세기경에는 모두 사라지고 말았다.

　　조선초기에 한정해서 본다면 한양을 장식하는 상징적인 건축물로 경복궁과 육조대로의 관청들, 그리고 도성에 마련된 사대문과 종루를 들 수 있으며 정릉동에 우뚝 서 있던 흥천사 사리각을 꼽을 수 있다. 이 가운데 광화문은 도성 한양에서 가장 상징적인 건물이다. 건물의 상징적인 측면에서 한양 내에서 광화문을 능가하는 건물은 없었던 것으로 보인다.

광화문은 500미터 넘는 육조대로의 긴 대로 북쪽 끝에 자리 잡았다. 대로 좌우는 장랑이 대칭을 이루면서 길고도 엄숙한 경관을 이루었다. 광화문 뒤에는 삼각형의 단순한 형태를 가진 백악이 배경을 이루었다. 조선초기 주변에 낮은 기와집이나 초가집들이 늘어서 있는 한양에서 좌우의 장랑이 길게 이어지는 육조대로는 그 자체 긴장감 가득한 장소였다고 생각된다. 광화문은 장랑이 길게 이어진 마지막 정점을 장식하는 건물이었다. 세 개 홍예문을 갖춘 석축 위에 중층의 우진각지붕으로 된 광화문이 우뚝하게 서 있었다.

이 시기 도성에 지어진 또 하나의 궁궐인 창덕궁의 정문 돈화문은 광화문과 유사한 기능을 가진 건물이었지만 건물 주변의 경관은 전혀 달랐다. 돈화문은 궁궐의 격을 낮추어 바깥담을 흙과 돌로 쌓은 궁장으로 둘렀으며 석축 홍예문 없이 목조의 중층 누각만을 두었다. 돈화문 앞길도 태종 때 장랑을 조성한 것으로 알려져 있지만 도로 폭이 중로 정도에 해당되어 25미터를 넘지 않는 규모였던 것으로 보인다. 따라서 돈화문과 그 앞의 도로가 주는 경관은 광화문에 비하면 소략한 것이었다.

종루는 도성 사람들이 가장 자주 접근하는 곳이었다. 1395년(태조4)에 처음 지었다고 하므로 한양으로 천도하던 그 해에 성내 동서 간선도로를 닦으면서 바로 건물을 세운 것으로 보인다. 태종 때 와서 성내 간선도로에 장랑을 세우면서 시전이 들어서서 쌀이나 채소, 옷감 등 일상 생활용품을 구하려는 사람들이 모여들었다. 종루 건물은 세종 때 와서 개축되었다. 정면 5칸, 측면 4칸에 중층 누각 형식이었으며 종과 북을 달아 시각을 알려 주었다. 도성의 한복판에 있는 번듯한 누각이었다. 《동국여지비고》에 의하면 누각 위에

서울역사박물관 마당에 전시되어 있는 조선 초기 종루의 초석들. 한 변의 길이가 2미터 가깝다.

는 종을 매달고 누각 아래로는 사람과 말이 지나다녔다는 설명이 있다.[16] 도성 안에서는 제법 돋보이는 규모가 큰 건물이었음을 알 수 있다. 지난 1972년 서울 지하철1호선 공사를 하던 도중에 종로네거리 지하 3미터 아래서 조선초기 종루에 사용한 주춧돌 일곱 개가 무더기로 발견되었다. 한 변 길이가 2미터 가까이 되는 대형 주춧돌이어서 종루 건물이 얼마나 장대했는지 짐작하게 한다. 주춧돌은 지금 서울역사박물관 앞마당에 전시되어 있다. 종루 주변은 비교적 넓은 공터가 마련되어 있어서 세종은 두 편으로 나누어 돌을 던

---

16 — 《동국여지비고》 권2, 〈궁실〉

담처럼 모인 구경꾼들

져 싸우는 석전놀이를 구경한 적이 있다.[17] 따라서 종루 주변은 큰 건물과 넓은 공터가 마련된 공간이었던 셈이다. 그러나 종루 가까이에 시전 상점들이 늘어서 있었기 때문에 광화문 주변과 견줄 정도는 아니었다.

　　홍천사는 태조의 명으로 지어졌으며 창건 당시 법당과 함께 5층 사리각이 지어졌다. 도성 내에 고층 건물이 거의 없었기 때문에 사리각은 특별히 그 모습이 돋보인 것으로 보인다. 1423년(세종5) 중국 사신이 홍천사에 와서 법당과 사리각에 절을 올리고 높은 곳에 올라가 경복궁을 바라보았다고 하며 1440년(세종22)에는 일본 승 지융(知融)이 홍천사에 와 사리각을 유람하고서 "사리전은 조선 제일가는 경치"라고 찬탄했다고 한다.[18]

　　광화문은 사리각처럼 높은 건물은 아니었지만 그 건물이 놓여 있는 위치가 갖는 특성 덕분에 도성 한양에서는 가장 중요하고도 의미 있는 건물로 자리 잡았다고 생각된다. 광화문과 육조대로는 도성의 주산인 백악의 남쪽 경복궁의 앞에 놓인 도성 최고 격식을 갖춘 곳이었으며 좌우 장랑이 도열한 500미터 긴 대로와 그 끝 지점에 우뚝 서 있는 건물의 형태는 도성 안에서 단연 압도적인 위용을 자랑하는 곳이었다.

17 — 《세종실록》 권12, 세종3년 5월 5일(병인)

18 — 《세종실록》 권89, 세종22년 5월 20일(신유)

4

창덕궁과
돈화문 앞길

이궁 창덕궁과 돈화문 앞 장랑

향교동 동편의 이궁

송도에서 왕위에 오른 태종은 송도 떠날 결심을 하고 천도 후보지로 한양과
무악 두 곳을 살폈다. 왕 자신은 무악을 더 낫게 여겼지만 반대 의견이 많았
기 때문에 종묘에서 점을 쳐 결국 한양으로 결정했다. 한양을 떠나면서 왕은
향교동(鄕校洞) 동쪽 편의 터를 살펴서 이궁(離宮)을 짓도록 명했다고 한다.[1] 이
궁은 만 1년 정도 걸려 1405년(태종5) 10월에 완성되었다. 건물이 완성되자 이
궁을 창덕궁(昌德宮)으로 이름 지었다.

창덕궁이 지어진 곳은 도성 정북방에 있는 응봉의 산자락이 남쪽으
로 완만하게 내려오는 언덕 아래이다. 바로 앞에 종묘의 뒤편 언덕이 가로막
고 있어서 궁궐을 지을 만한 넓고 평탄한 터는 아니다. 대지 형상은 동서방

---

1 — 《태종실록》 권8, 태종4년 10월6일(갑술)

144

향으로 좁은 평지가 펼쳐
지고 북쪽에서 작은 개울
물이 남쪽으로 흘러내리
는 곳이다. 일부러 경사지
고 굴곡이 있는 대지를 골
라 궁을 지은 셈인데, 당
초 터 고르는 일을 서운관
의 유한우(劉旱雨)를 포함
한 지사(地師)들이 했다. 주

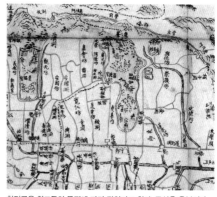

창덕궁은 향교동의 동편에 자리 잡았다고 한다. 주산은 응봉이다.
한경전도 부분. 국립중앙도서관 소장

변을 향교동이라고 부른 것은 이 근방에 고려 때 남경의 향교가 자리 잡고
있었기 때문으로 추정되는데, 지금도 창덕궁의 남서쪽에 교동이라는 지명이
남아 있고 교동초등학교도 있다.

　이곳은 지형으로 보아서는 큰 궁궐이 들어설 곳은 아니다. 왕이 남면
해 신하들이 근무하는 조정과 백성들이 사는 시가지를 내려다보는 것을 원
칙으로 삼는다면 이곳은 그런 여건이 전혀 갖추어지지 않은 곳이다. 따라서
이곳은 어디까지나 왕이 정궁을 떠나 잠시 편안하게 지내는 정도의 이궁이
나 별궁이 들어설 만한 곳에 지나지 않았다고 할 수 있다.

　고려시대 개경에는 송악산 아래 정궁 외에 수많은 이궁과 별궁들이 있
었다. 특히 원의 간섭기에 들어와서는 역대 임금들이나 원의 공주들이 도성
곳곳에 별궁을 지었다. 대표적인 곳으로 죽판궁이나 연경궁이 있고 그밖에도
이름만 잠시 등장하는 궁이 다수 있었다. 이성계가 즉위해 머물던 수창궁도
이런 별궁의 하나였다. 개경에서 성장해 관료생활을 한 태종으로서는 이런
송도의 이궁이나 별궁에 익숙해 있었다고 짐작되며 정궁인 경복궁은 공식 행
사장으로 삼고 자신은 지내기에 편안한 이궁을 지어 머물려고 한 것으로 짐

　　　　　　　　　　　　　　　이궁 창덕궁과 돈화문 앞 장랑

작된다. 더욱이 경복궁은 측근인 하륜이 "산이 갇히고 물이 마르니 왕이 사로 잡히고 족속이 멸할 것이므로 형세가 좋지 않다."고 말한 곳이었으므로 그곳을 꺼리는 마음이 앞섰다고 생각된다. 실제로 태종은 나라의 큰 행사가 있으면 어쩔 수 없이 경복궁에 가서 일을 치르고 일상의 거주는 이궁에서 했다.

창건 당시 창덕궁 규모

창건 당시 창덕궁의 규모를 적은 실록의 기사는 아래와 같다.

내전

정침청(正寢廳) 3칸에 동서 침전이 각 2칸. 동서 천랑이 각 2칸 남 천랑이 6칸이고 동서 소횡랑이 각 5칸으로 동서 행랑에 접했다. 북 행랑은 11칸이며 동서 행랑이 각 15칸이다. 동루가 3칸 상고가 3칸, 그 나머지 양전 수라간(水剌間), 사옹방(司饔房) 및 탕자세수간(湯子洗手間) 등 잡간각(雜間閣)을 모두 합하여 118칸이다.

편전 3칸

보평청 3칸

정전 3칸

월대는 동서 너비가 63척9촌, 남북 깊이가 33척이고 상층 계단 높이는 3척5촌, 중층 너비는 5척, 계단 높이는 4척1촌이다. 전정은 남북 너비 117척에 우수리가 있고 동서 너비는 156척에 우수리가 있다. 동변 상층 3칸, 중층 5칸, 행랑이 9칸, 서변 상층 3칸, 중층 4칸, 행랑 9칸

대문 3칸

좌우 행랑이 각 9칸이다. 승정원청 3칸, 동 행랑 10칸, 남 행랑 4칸, 북 행랑 4칸에 외행랑 5칸 외루가 3칸이다.

창덕궁은 정전과 편전, 보평청 외에 100여 칸의 내전으로 이루어진 최소한의 규모였으며 바깥에는 대문 3칸만을 두었다.

내전의 정침청은 가운데 3칸의 정청이 있고 동서로 각 2칸의 침전이 있다고 했다. 중앙에 3칸의 대청 같은 부분이 있고 좌우에 잠자는 실이 있었던 것으로 보이는데 동서 침전은 중앙 대청보다 규모가 작은 이방(耳房)과 같은 구조였다고 추정된다.[2] 내전 전체 규모가 118칸에 지나지 않았다고 했는데, 조선시대 사대부 집들도 99칸은 되었다고 하므로 궁궐 내전이라고 말하기 어려울 정도의 작은 규모였다.

내전과 별도로 각 3칸 규모인 편전과 보평청이 있다. 편전은 다른 기록에서는 조계청(朝啓廳)이라고도 적었다. 1461년(세조7)에 건물 이름이 정해졌는데 이때 조계청을 선정전(宣政殿)이라고 했다. 보평청이란 고려 말 공민왕 때처음 등장하는 건물 이름이며 왕이 나랏일을 보거나 신하들을 만나 바둑을 두기도 하고 휴식을 취하기도 한 건물이다.[3] 편전보다 격식을 낮추어 왕이 편안히 신하들을 만나보던 곳으로 추정된다. 창건 당시 경복궁에는 편전은 없고 보평청만 내전 안에 있다가 사정전으로 전각 아름이 지어지고 세종 때 경

---

2 ─ 정침청은 뒤에 대조전으로 이름 지었다. 대조전은 줄곧 중앙 3칸은 지붕이 높고 규모가 크고 좌우에는 지붕이 낮고 규모가 작은 건물이 대청으로 놓인 모습으로 20세기 초까지 유지되었는데, 건국 초기에는 이처럼 중앙부보다 규모가 작은 좌우 건물을 이방이라고 불렀다.

3 ─ 《고려사》〈권39: 세가〉, 공민왕5년 5월

이궁 창덕궁과 돈화문 앞 장랑

복궁을 수리하면서 내전 영역에서 벗어나서 신하들이 출입하는 영역으로 바뀌었는데 창덕궁에서는 편전과 보평청 둘을 둔 점이 차이가 있다.

정전도 정면 규모가 3칸에 지나지 않았다. 이런 크기로는 공식적인 조하의례를 치르기 어려웠다고 짐작되며 창건 당시 창덕궁은 왕이 잠시 머무는 이궁을 염두에 둔 궁궐임을 알 수 있다. 주 출입문은 3칸의 대문이다. 좌우에 행랑이 있고 승정원이 있다고 했다. 궁궐의 출입문은 가장 바깥에 정문을 두고 그 뒤에 대문을 놓고 다음에 정전으로 향하는 전문을 두는 것이 일반적인 관례였는데, 창건할 때 창덕궁에서는 아직 정문은 두지 않고 대문만 갖추었다. 대문의 이름은 진선문(進善門)이라고 했는데 이름을 지은 시기는 불분명하다.

돈화문과 장랑 건설

창덕궁이 지어지자 왕은 이곳에 들어가 지냈으며 경복궁에는 좀처럼 가지 않았다. 창덕궁에 들어간 이듬해 중국 사신이 황제의 칙서를 가지고 오자 칙서 받는 의례는 경복궁에서 치렀지만 사신에게 베푸는 연회는 창덕궁에서 벌였다. 창건 후 6년이 지난 1411년(태종11)의 실록에 아래와 같은 기사가 보인다.

> 누각과 침실을 창덕궁에 짓고, 또 진선문 밖에 돌다리(石橋)를 놓았는데, 공조판서 박자청(朴子青)을 시켜 그 역사를 감독하게 하였다.[4]

이듬해 1412년(태종12) 5월의 실록에는,

---

4 —　《태종실록》 권21 태종11년 3월 18일(무인)

도성 좌우의 행랑이 완성되었다. 궐문에서 정선방 동구까지 행랑이
472칸이고, 진선문 남쪽에 누문 5칸을 세워서 '돈화문(敦化門)'이라고
이름하였다.[5]

고 했다. 태종은 1412년(태종12)에 와서 도성 안에 장랑을 세웠는데, 정선방
동구 즉 지금 종로3가 네거리까지 창덕궁 사이에 장랑을 세우면서 동시에
창덕궁 진선문 남쪽에 정문인 돈화문을 지은 것이다. 이로써 창덕궁은 정문
과 대문을 온전하게 갖출 수 있게 되었다.

　　5칸 누문 형태의 돈화문이 갖추어지고 문 앞으로 좌우에 행랑이 늘어
선 길이 운종가까지 길게 이어지면서 돈화문 앞길은 도성 안에서도 궁궐 앞
가로의 면모를 갖추게 되었다. 그러나 이 길은 경복궁 광화문 앞의 육조대로
와는 가로의 형태는 물론 그 쓰임새도
현격한 차이를 지니고 있었다. 돈화문
앞길은 길이는 육조대로보다 약간 길었
지만 가로 폭은 처음부터 넓은 폭을 유
지하지 못했다고 생각된다. 또한 나라의
큰 행사가 있을 때에는 주로 경복궁에
서 행사를 치렀기 때문에 돈화문 앞길
에서 화려하게 가로를 치장하고 문 앞
에서 성대한 놀이를 벌이는 일도 거의
없었던 것으로 판단된다. 특히 태종의
뒤를 이어 세종이 즉위한 후에 왕은 얼

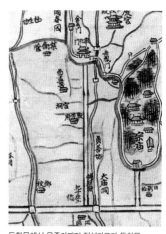

돈화문에서 운종가까지 직선가로가 돈화문
앞길이다. 육조대로에 비하면 길 폭도 좁고
주변에 두드러진 관청도 보이지 않는다.
한양도성도 부분, 호암미술관 소장

5 ─　《태종실록》 권23, 태종12년 5월 22일(을사)

　　　　　　　　　　　　이궁 창덕궁과 돈화문 앞 장랑

마 후 경복궁으로 거처를 옮겨서 지냈기 때문에 돈화문 앞길에 중국 사신이 찾아오거나 왕실의 화려한 행렬이 지나가는 일도 거의 없었다.

창덕궁의 궁장과 출입문

정문이 세워짐으로써 창덕궁은 비로소 궁궐의 면모를 두루 갖추었다. 정문이 세워졌다는 것은 정문 좌우로 담장이 둘러있다는 것을 의미한다고 볼 수 있다. 창덕궁은 창건 당시에는 작은 규모로 종묘 뒤 언덕들이 이어진 곳에 자리 잡았다. 이후 광연루가 지어지고 또 침실을 증축하는 등 건물 규모가 늘어났다. 궁궐 외곽을 둘러싸는 궁장이 언제 모두 갖추어졌는지 기록에는 명시되어 있지 않지만 적어도 정문인 돈화문이 지어지는 시점에 대체적인 윤곽은 정해졌다고 짐작된다.

창덕궁 궁장에는 당연히 돈화문 외에도 몇 개의 출입문이 마련되었을 터이지만 언제 다른 문들이 만들어졌는지는 잘 알 수 없다. 그런데, 돈화문이 만들어지고 60년도 더 지난 1475년(성종6)에 그 동안 이름이 없던 궁궐의 출입문에 처음으로 이름을 지었다는 기사가 실록에 보인다. 서거정(徐居正, 1420~1488)이 지어 올린 궁궐 문 이름 중에는 창덕궁의 내부 각 전각 출입문과 함께 궁장의 문도 언급되었는데, 창덕궁의 외동장문은 선인문(宣仁門), 외서장문은 진금문(鎭金門)이라고 해서 동쪽과 서쪽의 경계를 짓고 그 안쪽에 서장문은 요금문(曜金門), 남장문은 단봉문(丹鳳門)으로 하고, 후원의 북장문은 공진문(拱辰門), 동장문은 청양문(靑陽門)이라고 지었다고 했다.[6] 또 동행랑문은 금호문(金虎門)으로 지었다. 흥미로운 점은 지금 창경궁 출입문으로 알려

---

6 — 《성종실록》 권58권, 성종 6년 8월 23일(기해)

진 선인문이나 청양문이 모두 창덕궁의 외서장문이나 후원 동장문으로 언급
되고 있는 점인데, 문 이름을 지은 1475년(성종6)에는 미처 창경궁이 지어지기
전이므로 선인문이나 청양문은 이미 창덕궁의 동쪽 담장으로 창경궁이 지어
지기 전부터 존재하고 있었던 셈이다.

17세기 이후 창덕궁의 영역 확대

임진왜란 후의 창덕궁 복구

1592년(선조25)에 들어와 이웃 일본의 정세가 심상치 않았다. 오랜 내란 상태를 종식시키고 나라의 통치권을 장악한 도요토미 히데요시(豊臣秀吉)는 중국을 정벌한다는 망상에 사로잡혀 21만 대군을 동원해 조선 침공을 명했다. 4월 13일에 동래에 상륙한 왜군은 파죽지세로 밀고 올라가 4월 28일에는 충주까지 쳐들어왔다. 선조는 서둘러 광해군을 세자에 책봉하고 4월 30일에 북쪽으로 피신하지 않으면 안 되었다.

왜군이 한성에 들이닥친 것은 5월 2일이었다. 《선조수정실록》에는 이때 성 안의 세 궐이 모두 불에 타고 없어 왜군은 종묘에 진을 치고 있었는데, 밤에 이변이 일어나 병사들이 죽는 일이 벌어지자 종묘를 불사르고 진영을 남대문 근처로 옮겼다고 한다. 경복궁을 비롯한 도성의 세 궁궐이 모두 불에 타버린 것은 임진왜란의 와중에 벌어진 일이 분명하지만, 왜군이 도성에 당

152

도했을 때 궁궐이 남아 있었다는 기사도 있어서 방화의 장본인이 도성민이었는지 아니면 왜군이었는지에 대해서는 이론이 있다. 여기서 이 문제는 깊게 다루지 않기로 하고 이후의 일로 이야기를 넘기기로 한다.

의주에 피난했던 선조는 1년 반 정도를 북쪽에서 지내다가 왜군이 경상도 해안가로 퇴각한 후에 한양으로 돌아왔다. 임시로 정릉동의 월산대군 사저를 행궁으로 삼았다고 한다. 행궁에서 임시로 거처하던 왕은 도성 주민들의 일상이 어느 정도 안정을 되찾은 때를 기다려 종묘와 궁궐을 복구하기로 해 1606년(선조39) 여름에는 종묘궁궐영건도감을 설치하고 준비에 착수했다. 복구하는 궁궐은 경복궁이었다. 《선조실록》에는 공사를 담당한 궁궐영건도감의 관리들이 폐허가 된 경복궁에 가서 근정전에서 사정전, 강녕전까지의 상황을 살피고 박석의 설치 여부 등을 따지는 등 경복궁 옛 터를 살펴 건물 복구를 준비하는 과정을 전하고 있다. 그해 12월에는 공사를 위해서 수백 동의 면포를 거두어 자재를 확보하는 상황을 읽을 수 있다. 동시에 강원도에서는 필요한 재목을 벌채하는 작업에 들어가 착착 준비가 이루어졌다. 이때까지 분명히 복구되는 궁궐은 경복궁이었다. 그런데 해가 바뀌어 1607년(선조40) 2월에 들어서면서 《선조실록》에는 아래와 같은 기사가 보인다.

> 비망기로 정원에 전교하였다. 건국 초기에 한양을 도읍으로 정하고 경복궁을 지을 때에 반드시 여러 신하들이 논의한 것과 술사(術士)들이 지형을 살펴보고 한 말들이 있었을 것이다. 실록을 상고하여 빠짐없이 써서 들이라.[7]

---

7 — 《선조실록》 권208, 선조40년 2월 12일(을사)

　　　　　　　　　　　　　　　17세기 이후 창덕궁의 영역 확대

비망기란 간단한 메모를 가리키며, 승정원의 관리에게 건국 초기 경복궁 터에 대한 술사들의 논의를 들이라는 명을 내렸다는 것이다. 이후에 《선조실록》에는 경복궁을 복구한다는 기사가 일절 보이지 않는다. 그러다가 느닷없이 1609년(광해군1) 5월 2일에 와서 광해군이 창덕궁 보경당에 들었다가 다음 날 인정전에서 중국 사신을 만났다는 기사가 보인다. 광해군이 즉위한 데 대해 이를 승인하는 중국 황제의 조서가 온 것이다. 1607년(선조40) 2월에 경복궁 지형에 대한 술사들의 논의를 들이라고 하고 2년이 조금 지나서 왕이 창덕궁 인정전에서 중국 황제의 조서를 받았다는 것이다. 1606년(선조39)까지 강원도에서 목재를 벌채해서 진행하던 경복궁 복구가 갑작스럽게 중단되고 1607년(선조40) 이후 경복궁 대신에 창덕궁이 복구 대상으로 바뀐 것인데, 창덕궁이 복구 대상으로 변경된 배경에 대해서 실록에는 아무런 이유를 밝혀 놓지 않았다.

경복궁 중건이 중지된 이유를 분명하게 밝히기는 어렵지만 한 가지 단서를 찾는다면 위에 언급한 국초 도성 터의 길흉에 대한 기록을 들이라는 왕의 명령이다. 1장의 〈경복궁과 육조대로의 탄생〉에서도 언급했듯이 처음 경복궁 터를 잡을 때 하륜은 그 땅이 "산이 갇히고 물이 마르니 왕이 사로잡히고 족속이 멸할 것이므로 형세가 좋지 않습니다."고 했다고 했으며 세종 때는 풍수사가 북악이 남산을 마주보는 곳에 있지 않기 때문에 왕이 거처할 만한 곳이 아니라고 하면서 응봉 아래로 궁 옮기기를 청하기도 했다. 이런 주장들이 평상시에는 한갓 허황된 주장으로 치부될 수 있었지만 임진왜란을 겪고 난 뒤의 뒤숭숭한 사회 분위기에서는 색다른 의미로 대두될 수 있었다고 생각되며 그런 생각은 국왕이라고 예외가 아니었을 듯하다. 결국 터가 좋지 않다는 경복궁은 공사 준비 과정에서 포기되고 대신 창덕궁이 복구 대상으로 바뀐 것으로 이해할 수 있다.

이와 관련해서 《궁궐지》의 〈창덕궁조〉에도 "경복궁을 수리하려 하자 이국필(李國弼)이 경복궁은 불길하니 창덕궁을 중수해야 한다고 건의하여 조정은 그의 의견을 따랐다."는 내용이 보이고 같은 내용은 《연려실기술》에도 있다. 또 김령(金坽, 1577~1641)이 쓴 《계암일록》 1607년(선조40) 윤6월 29일자 일기에 "나라에서 먼저 경복궁을 지으려고 하여 터를 닦고 공사를 시작하였는데 전현감 이국필이 왕에게 글을 올려 이르기를 경복궁은 이달에 일을 이루기 어려우므로 먼저 창덕궁 세우기를 청하니 왕이 가하다고 말하여 드디어 창덕궁을 개영하였다."는 기사도 있다.

여러 기사를 살펴볼 때 처음 경복궁 중건을 시작했다가 1607년(선조40)에 들어와 경복궁 대신에 복구 대상을 창덕궁으로 변경했음을 알 수 있다. 창덕궁이 완성된 것은 1611년(광해3) 경이었다.

옛 모습으로 재건된 창덕궁

다시 지어진 창덕궁은 소실 이전과 크게 달라지지 않은 것으로 보인다. 창덕궁 복구를 두고 《광해군일기》에는 "옛 건물터를 따라서 영조하였다."고 적었다.[8] 정문인 돈화문이 궁장의 서남 모서리에 남향해 있고 대문인 진선문이 그 북동쪽에 금천교를 지난 곳에 동향해 서고 진선문을 들어서면 정전의 외행각 마당이 있고 직각 방향으로 중문인 인정문을 들어서서 정전인 인정전을 향하도록 했다.[9] 편전인 선정전은 인정전의 동편에 자리 잡고 그 동편에 희정당, 희정당 북쪽에 정침전인 대조전이 놓이는 모습 그대로였다.

---

8 —   《광해군일기》 권115, 광해군9년 5월 20일(계미)

9 —   인정문을 중문, 진선문을 대문으로 명시한 사례는 광해군 1년에 중국황제가 사신을 대신 보내 선조를 위한 제사를 치르도록 한 기록인 《영접도감사제청의궤》에서도 확인된다.

17세기 이후 창덕궁의 영역 확대

건물의 배치뿐 아니라 지어진 개별 전각들의 규모도 소실 전에서 거의 바뀌지 않았다. 돈화문은 창건 당시와 마찬가지로 정면 5칸의 문루 형태를 취하고 인정전은 정면 5칸 중층 전각이고 선정전은 단층의 3칸 건물이었다.[10] 대조전의 경우, 중앙 3칸은 지붕이 높고 좌우에 지붕이 한 단 낮은 익헌이 지어진 점도 소실 이전과 동일했다. 이런 건물 모습은 1830년 경에 그려진 〈동궐도〉에 잘 묘사되어 있다.

창덕궁 복구가 마무리되고 불과 12년이 지나서 1623년(인조1) 인조반정이 일어났다. 반정군이 왕을 색출하기 위해 횃불을 들고 다니다가 건물을 불태운 것으로 전한다. 정전을 제외한 전각 대부분이 불에 타고 말았다. 그 후약 25년 동안 방치되어 있다가 1647년(인조25)에 와서 화재 이전의 모습으로 복구되었다. 광해군이 애써지었던 인경궁의 전각들을 철거해서 그 자재를 재사용하는 방식으로 공사가 이루어졌다. 이때 복구된 창덕궁은 비록 목재는 인경궁에서 뜯어 와서 재사용했지만 건물 자체는 창덕궁 본래의 모습에 따라 지었다고 추정된다. 다만, 인경궁에서는 청기와를 덮은 건물이 여럿 있었기 때문에 이전에 없던 청기와 건물이 나타난 점은 색다른 변화였다. 편전인 선정전이나 침전 안의 누각인 징광루가 이때 청기와 건물로 지어졌다. 이런 변화는 있었지만 전체적인 배치 방식이나 건물의 규모에서 크게 달라진 점은 없었다고 짐작된다.

---

10 — 유일한 변화라면 인정문을 들 수 있다. 1580년에 그려진 〈은대계회도〉의하면 인정문은 중층 지붕으로 되어 있고 문 좌우에 각루 같은 건물이 대칭으로 선 모습으로 묘사되어 있다. 이 그림은 작자 미상의 개인 소장품인데, 임진왜란 소실 이전의 창덕궁 모습을 그린 몇 안되는 자료이다.

효종의 만수전 건립과 경추문 신설

창덕궁을 다시 수리하고 2년 후에 인조는 승하하고 효종이 뒤를 이었다. 효종이 즉위했을 때 왕실의 어른은 인조계비 장렬왕후였다. 효종은 장렬왕후를 위해 새 대비전 지을 터를 물색하다가 과거 흠경각이 있던 터를 골랐다. 흠경각 터는 인정전의 서북쪽이다. 신하들이 흠경각이 있던 자리에 대비전 짓는 것을 반대하고 또 본래 대비전은 정전의 동편에 두어야 한다는 점을 지적했지만 왕의 의지를 굽히지 못했다. 만수전은 1657년(효종8) 완성되었다. 인정전 서쪽의 넓은 대지에 수백 칸에 이르는 장대한 전각과 아름다운 연못과 각종 꽃나무가 가득했다. 이 건물을 짓는 과정에서 외부에서 전각이 들여다보일 것을 우려해 담장을 높게 쌓아 가리도록 하고, 또 창덕궁 서쪽의 궁장을 기존보다 바깥으로 더 내밀었다. 이를 위해 기존 담장에 근접해 있던 민가들을 여럿 철거해서 이주시켰다.

　　서쪽 궁장을 확장한 경위를 《창덕궁만수전도감의궤》에서 살펴보자. 만수전의 여러 전각들을 짓고 나서 서쪽 궁장을 쌓으려다보니, 안에서 보면 담장이 누각 처마에 바짝 붙게 되고 바깥에서는 인가에 근접하게 되어 크고 작은 말소리가 서로 들리는 지경에 이르게 되었다. 결국 문제 해결을 위해서 서쪽 궁장을 바깥으로 내밀지 않을 수 없었는데 마침, 본래 창덕궁의 금호문 북쪽에서 요금문 사이 금천의 서쪽 땅은 개인의 땅이 아니고 자문감에 속한 땅이었다고 한다. 처음 창덕궁을 지을 때 이 땅은 궁장 바깥에 놓여 비어 있었기 때문에 사람들이 천막을 치고 살다가 점차 집들을 짓고 눌러 살고 있지만 그 사람들도 그 땅이 나라 것임을 알고 있어서 감히 다른 말을 할 처지가 못 되었다. 다만 때가 동절기이므로 집을 철거하는 것은 내년 봄을 기다려 시행하려고 한다는 뜻을 왕에게 아뢰어 왕의 승인을 받는 대목이 보인다. 이듬해인 1657년(효종8) 3월에는 서쪽 궁장에 새로 경추문(景秋門)이 이루어졌다는 기록도 있다.[11] 경추문은 금호문 바로 북쪽 궁장에 서 있다. 이 일대는 지금도 민가들이 궁장에 지나치게 바짝 붙어 있어서 여러 가지 경관 문제를 야기하고 있는데, 그 연원이 참으로 오래다.

숙종의 대보단 설치

대보단은 명나라 황제를 위해 제사를 지내던 단이다. 1704년(숙종30)에 마침 명나라가 멸망하고 1주갑 즉 60주년이 되는 해를 맞아서 임진왜란 때 우리를 도운 명나라를 추모하는 뜻으로 단을 설치했다. 처음에는 사당을 설치하는 방안을 두고 논의가 있었지만 명나라가 망하고 60년이나 지난 시점에서 굳이 명의 황제를 추모하는 사당을 조선에 설치해야 하는지에 대해 모두가 긍정적인 입장은 아니었다. 결국 상대적으로 시설이 간단한 단을 세우기로 뜻을 모으고 그 터를 고르다가 북영이 있는 자리를 택했는데, 이곳은 창덕궁 후원의 서북쪽 모서리와 인접한 곳이었다. 자연히 왕의 이동을 고려해 후원의 궁장을 바깥으로 확장해 단을 감싸는 방식으로 시설이 마련되었다.

처음에는 명나라 신종황제를 추모하는 단만 마련되었지만 영조대에

동궐도에 표현된 대보단. 중국 황제를 위해 마련한 대보단은 왕이 직접 제사를 올린 시설이었다. 남쪽 공북문을 나서면 비좁은 길이 이어졌다. 동궐도 부분, 고려대학교 박물관 소장

---

11 — 《승정원일기》 효종8년 3월 25일(무진)

와서 대상이 확장되어 명의 태조와 마지막 황제인 의종까지 제사를 모시기로 하고 전체 시설을 확장해 따로 바깥으로 난 출입문을 내고 재실을 마련하는 등 시설의 확장이 따랐다.

영조는 대보단을 크게 고치면서 남문을 새로 내고 그 이름을 공북문(拱北門)으로 지었다. 대보단의 담장은 창덕궁 후원 담장에서 서쪽으로 돌출해 있었는데, 이 돌출한 담장의 남문을 따로 냈기 때문에 공북문은 창덕궁 서쪽의 개울물을 따라 올라가는 길에 직접 면하게 되었다. 대보단이 증축된 이후에 영조나 정조는 직접 대보단에 나가 제사를 지내거나 전알례(展謁禮, 제수를 올리지 않고 왕이 절만 올리고 시설을 살피는 간략한 의례)를 거행했는데, 보통은 창덕궁 후원을 통해 대보단에 나갔지만 이따금 후원을 통하지 않고 바깥에서 공북문을 통해 직접 대보단으로 가기도 했다. 공북문 바깥은 길이 좁고 민가가 밀집해 있었지만 왕의 행렬 덕분에 주변이 정돈되고 길 폭을 유지할 수 있었다. 현재 대보단은 사라지고 없고, 그 남쪽으로 신선원전이 들어서 있다. 지금도 신선원전 외삼문 바깥은 물길을 따라 좁은 골목길이 민가 사이에 나 있어서 과거 공북문 앞길의 분위기를 간직하고 있다.

비좁은 돈화문 앞길

돈화문의 건축 형태

돈화문이 지어진 1412년(태종12)의 실록에는 누문 5칸을 세웠다고 하고《신증동국여지승람》에 "창덕궁의 남문은 돈화문(敦化門)이라 하며 겹처마인데 곧 정문이다. 문루에 큰 북을 달아, 매일 정오 및 인정(人定) 때에는 종이 울리고, 파루(破漏) 때에는 북을 친다."고 했다. 이 기사들로 미루어 창건 당시 돈화문이 중층의 누각 형태이고 겹처마를 한 5칸 규모 문이었음을 알 수 있다. 당시 건물은 임진왜란 때 불에 타 없어지고 1609년(광해군1) 경에 다시 지은 것이 오늘에 전하고 있다고 판단된다. 다만, 공포 부분은 이 문을 대대적으로 수리한 1744년(영조20)의 모습을 반영한다.

　이 문에는 광화문 같은 석축은 없다. 창덕궁의 울타리는 경복궁 같은 궁성이 아니고 일반 담장인 궁장으로 되어 있었기 때문에 성문처럼 석축을 쌓지 않고 지상에 바로 목조 누문을 세웠다. 건물 규모는 정면 5칸에 측면 2

20세기 초 돈화문 전경. 출처: 《조선고적도보》

칸으로 해서 정면 3칸인 광화문보다 정면이 더 넓다. 석축이 없는 문이기 때문에 외관이 초라해질 것을 우려해서 정면의 칸 수를 키운 것으로 추측된다. 궁궐 정문은 가운데 어간을 임금을 위해 마련하고 일반 관리들의 용도로 동서 협문을 연다. 따라서 규모는 3칸이면 충분하다. 돈화문에서는 문을 낼 필요가 없는 양 끝의 협간은 벽을 쳐서 막았다. 결국 이 문은 규모는 5칸이지만 실제 문을 낸 것은 3칸에 지나지 않는다.

문 앞에 남쪽으로 긴 월대를 두었다. 경복궁 광화문 월대처럼 단을 높이고 월대 측면에 난간을 두지는 않고 장대석을 2단 정도 쌓아 지면과 구분한 정도이다. 크기도 월등히 작아서 폭 25미터에 길이는 18미터에 지나지 않았다. 이 월대는 20세기 초에 와서 흙에 묻혀 버렸다가 1990년대 와서 다시 흙을 파내서 원래 모습으로 복원해 놓았지만 이미 그 사이에 주변 도로가 아스팔트를 여러 번 덧바르면서 높아지는 바람에 남쪽 끝은 벽이 생겨 버렸다.

비좁은 돈화문 앞길

돈화문은 상층에 종을 걸고 북을 설치해서 인정과 파루에 도성민들에게 성문을 열고 닫는 시각을 알 수 있도록 했다. 건물이 5칸인 덕분에 상층에는 제법 넓은 공간이 마련되었는데 종을 걸거나 북을 올려놓고 군사들이 종과 북을 치기 수월했다고 생각된다. 또 영조를 비롯한 몇몇 임금이 이 문 상층 누각까지 올라와서 행사를 치르기도 했다.

동궐도의 돈화문 부분 그림에는 지붕이 팔작지붕으로 되어 있지만 실제 건물은 우진각지붕이다. 왜 이런 차이가 발생했는지는 아직 미지수이다.

　　문의 지붕은 전통적으로 궁궐 정문에서 채택하는 우진각지붕 형태이다. 〈동궐도〉에는 지붕이 팔작지붕으로 그려져 있다. 〈동궐도〉는 1830년경에 제작된 창덕궁과 창경궁의 전모를 묘사한 큰 그림으로, 건물 세부는 물론 주변의 계단이나 우물, 담장에 이르기까지 비교적 정확하게 궁궐을 묘사한 것으로 높은 평가를 받고 있다. 그런데 〈동궐도〉의 돈화문 지붕이 팔작지붕이어서 의아하다. 이 그림이 정확하다면 1830년 당시에 돈화문 지붕이 팔작지붕이었다가 후대에 언제인가 지금처럼 우진각지붕으로 바뀌었다고 볼 수 있겠는데, 그런 내용은 전혀 기록에 안 보인다. 또 일반적인 궁궐 정문의 지붕 형식으로 보아도 다른 모든 궁궐 정문이 우진각지붕을 하고 있는데 돈화문만 팔작지붕일 가능성도 거의 없다. 결국 결론은 〈동궐도〉의 그림이 잘못 그려졌다고 할 수밖에 없는데, 아직도 왜 이런 오류가 〈동궐도〉에 생겼는지 명확한 답이 없다.

　　〈동궐도〉의 돈화문 그림에서 또 하나 눈에 띄는 부분은 월대 앞에 마련된 두 개의 붉은 색을 칠한 나무틀이다. 홍마목(紅馬木)이라는 이 나무틀 앞에 이르면 대소 신료들은 반드시 말에서 내려야 했다. 궁궐의 경계 표시와 같은 시설이었다. 간혹 대군들이 홍마목 안쪽까지 말을 타고 들어오는 일이 있어서 사헌부의 지적을 받는 일이 있었으며 영조 때는 익명으로 대신을 비방하는 글을 적은 종이를 홍마목에 매다는 일도 있었다.[12]

돈화문에서 파자교까지

18세기 한양을 그린 지도들을 보면 돈화문 앞에서 남쪽으로 곧바른 길이 뻗어서 이 길이 운종가에서 흥인지문을 잇는 동서 간선도로와 만나는 모습을 볼 수 있다. 1412년(태종12) 태종은 도성 안에 행랑을 건설하면서 돈화문 앞에서 남쪽으로 뻗은 길 좌우에 행랑이 늘어선 가로를 만들었다. 태종이 만든 돈화문 앞길은 이후에 어떻게 유지, 관리가 되었을지 잘 알 수는 없지만 가로의 윤곽이 크게 달라지지 않고 18세기까지 이어왔다고 추측된다.

1750년대에 그려진 것으로 추정되는 〈도성대지도〉에 표현된 돈화문 앞길을 보면, 돈화문 남쪽으로 일직선의 도로가 굵은 붉은 선으로 표시되어 종루와 흥인지문을 잇는 동서대로와 만나는 모습을 확인할 수 있다. 그림에서 눈에 띄는 큰 시설물로 동서대로와 만나는 지점 바로 북쪽에 있는 파자교(把子橋)라는 다리이다. 파자교는 돈화문 앞길의 거의 남쪽 끝 지점에 설치되어 있고 다리 상판이 셋으로 나뉘어져 있는 모습으로 묘사되어 있다. 〈도성대지도〉에는 성 안에 수십 곳의 다리들이 상세하게 묘사되어 있는데 파자교처럼 상판을 셋으로 구분해서 그려 놓은 다리는 달리 보이지 않는다. 그만큼 파자교가 도성 안의 다리들 중에 각별한 지위를 차지하는 것을 보여 주는 셈인데, 아마도 세 상판 중에 가운데 것은 왕이 지나는 길을 일부러 표시하려

---

12 — 《영조실록》권54, 영조17년 10월 20일(신해)

비좁은 돈화문 앞길

고 한 것이 아닐까 생각된다.

또 하나 〈도성대지도〉의 돈
화문 앞길에서 눈길을 끄는 부분
은 길 양 옆으로 돈화문 길과 나란
히 뻗은 샛길의 존재와 샛길 바깥
쪽의 물길이다. 샛길이나 물길 모두
창덕궁 쪽에서 동서 대로를 향해
남쪽으로 뻗었다. 좌우 샛길은 파
자교에 와서 끊긴다. 또 샛길 바깥

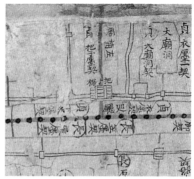

도성대지도의 파자교 모습. 파자교는 상판이 셋으로 나누어진
대규모 돌다리였다. 이런 규모의 돌다리는 한양에서도
드물었다. 도성대지도 부분, 서울역사박물관 소장

쪽 물길은 파자교 부근에서 직각 방향으로 꺾여서 파자교 다리를 지나 동쪽
으로 흘러가서 이교(二橋)에 가서 남쪽으로 꺾여서 청계천과 합류한다. 샛길
의 형상이나 그 바깥쪽의 물길을 보면 자연적으로 길이나 물길이 생겼다고
는 보기 어렵고 의도적으로 길을 내고 물길을 잡은 것으로 보인다. 즉 돈화
문 앞길과 그 주변 샛길 및 물길은 처음부터 명확한 도시계획에 따라 만들어
진 결과로 판단되는 것이다.

서울의 가장 오래된 지적원도는 1912년에 측량하고 1914년에 발간된
〈경성부지적원도〉이다. 이 도면에는 돈화문 앞의 길과 길 좌우 필지들이 정확
한 측량에 의해 그려져 있어서 20세기 초 한양의 도로와 필지 상황을 파악하
는 데 중요한 정보를 준다. 이 지적원도에 의하면, 돈화문 앞에서 현재 종로3
가 네거리가 있는 지점까지의 길이는 약 850미터가 되고 돈화문 앞길의 도로
폭은 넓은 곳은 돈화문 바로 앞부분이 34미터 정도, 좁은 곳은 가로 중간 부
분이 22미터 정도가 된다. 또 가로 뒤편의 샛길들도 거의 일정한 간격을 두고
가로 양쪽에 중심 가로를 따라 남쪽으로 뻗어 있는 모습이 보인다. 다만, 물
길의 경우는 가로 동편은 비교적 〈도성대지도〉와 유사한 양상이지만 서쪽은

중간에 물길이 사라진 모습을 볼 수 있다. 현재 이 가로는 길이는 850미터 정도로 이전과 달라지지 않았고 가로 폭도 22미터 정도에 지나지 않아서 20세기 초와 거의 달라지지 않았다. 오히려 〈경성부지적원도〉에서는 돈화문 앞에서 90미터 정도까지는 폭이 34미터가 되었던 것이 일률적으로 22미터로 줄어들었다.

돈화문 앞길의 지적도. 돈화문 앞길 뒤편 양쪽으로 작은 물길이 지나가는 모습을 확인할 수 있다.
경성부지적원도에서 경기대 이상구 교수 재작성

도시에서 시간이 지나면서 없던 길도 생기고 또 있던 길이 사라지기도 하고 물길도 큰 홍수가 지나면서 바뀌기도 하는 것이어서 쉽게 단정할 수 없는 일이기는 하지만, 돈화문 앞길에서 보이는 도시계획적인 가로와 물길은 적어도 창덕궁에 돈화문이 세워지고 돈화문에서 동서 간 선도로로 가로가 연결되는 시기부터 존재했을 가능성을 생각할 수 있을 듯하다. 다만 태종이 설치했던 행랑은 18세기 지도에서는 흔적을 찾을 수 없고, 가로변 시설들도 많은 변화를 겪었다고 짐작된다.

돈화문 앞길의 관청

태종은 재위 중 줄곧 창덕궁에 머물렀다. 의정부를 비롯한 육조의 관청은 광화문 앞 육조대로에 배치되어 있었다. 돈화문이 세워지고 문 앞으로 행랑이 지어진 1412년(태종12) 5월의 《태종실록》에 아래와 같은 기사가 보인다.

비좁은 돈화문 앞길

의정부에서 창덕궁 문 밖의 행랑은 각사(各司)에 나누어 주어 조방(朝房)을 만들 것을 청하였다.

왕이 창덕궁에 있으므로 육조대로의 각 관청 관리들이 그때마다 창덕궁과 관청을 오고가기에 불편이 따랐기 때문에 기왕에 만든 돈화문 앞에 조방 즉 출장소를 설치하도록 한 것이다. 또 1415년(태종15) 4월의 기사에는 병조가 자제시위법(子弟侍衛法)이라 해 양반 자제들에게 도성을 지키는 제도를 만들면서 이들이 입직하는 장소를 돈화문 앞 각사 조방 아래 행랑으로 정해 줄 것을 청하는 기사도 있다. 돈화문 앞 행랑은 육조대로 같은 고정 관청이 들어서지는 못했지만 각 관청의 출장소 또는 각종 관청의 보조 공간으로 활용되었다고 짐작된다. 그런데 이 해 9월에 돈화문 앞 서쪽 경상도 군영에 불이 나서 행랑 27칸을 태우고 불길이 장차 돈화문에 미치려 한 것을 가까스로 막았다는 실록의 기사가 보인다. 이때 화염이 바람을 따라 동쪽 행랑으로 넘어서 호군방(護軍房)을 연소시켰다고 한다.[13] 이에 방화 조치로 행랑 10칸마다 화방장을 쌓도록 했다고 한다. 호군방은 장군 이상급 군사들이 모여서 회의하던 곳을 가리키는데, 서쪽 행랑 불길이 길 건너 동쪽으로 연소되었다고 하니 제법 불길이 셌던 듯하고, 그에 따라 화방장이라는 시설이 생겼다고 한다.

이후 1464년(세조10)에는 조세(租稅)를 보관하는 나라의 창고인 대창(大倉)이 부족해 창덕궁 좌우 행랑 227칸을 수리하고 각 관사의 조방도 3~4칸을 비워 창고로 삼았다는 기사가 보인다.[14] 그러나 성종 때 들어와 한강변 용산에 대규모 대창이 세워지면서 돈화문로 행랑의 대창은 더 이상 쓸모가 없

---

13 — 《태종실록》 권30, 태종15년 9월 19일(계축)

14 — 《세조실록》 권33, 세조10년 7월 1일(임자)

어졌다. 이후 돈화문로는 이렇다 할 용도 없이 비어 있었던 것으로 보인다. 이런 모습을 성종 때 문신 양성지(梁誠之, 1415~1482)의 문집 《눌재집》에는 "돈화문은 시좌궁의 정문인데, 문 앞 좌우 행랑은 사람과 물건이 뒤섞여 있고 닭과 개가 어슬렁거리고 있다."고 표현할 지경이 되었다.[15] 돈화문 앞길에 다시금 관청들이 들어선 것은 임진왜란 이후 경복궁이 복구되지 못하고 창덕궁이 왕이 상시 머무는 법궁이 되고 나서이다. 이때 가장 중심 역할을 한 관청이 돈화문 앞 서쪽에 있던 비변사(備邊司) 청사였다.

비변사는 16세기 초기에 와서 국경에서 벌어지는 군사적인 문제들을 협의 처리하기 위해 설치한 임시 협의기구였다. 1555년(명종9)에 변경의 문제가 더 커지면서 비변사를 상설기구로 삼았다. 임진왜란이 일어나자 군사적인 대처가 더욱 중요한 사안이 되면서 비변사는 국정을 다루는 가장 중요한 기관으로 떠올랐고 의정부를 능가하는 역할을 했다. 돈화문 앞에 비변사 청사가 들어선 것은 이러한 상황 변화를 보여 주는 사례였다. 이후 비변사 청사는 고종 때 와서 의정부와 삼군부가 다시 제 역할을 회복할 때까지 거의 270년 동안 조선의 가장 중요한 국정 수행기관이 되었다.

비변사 청사 외에 돈화문 앞길에 들어선 관청 중 두드러진 곳은 없었다. 〈도성대지도〉를 비롯한 18, 19세기 지도에 표시되어 있는 돈화문 앞길의 관청을 찾아보면 가로 동편에는 길에서 조금 들어간 곳에 승문원(承文院)과 교서관(敎書館)이 표기되어 있고 파자교 거의 다 가서 좌포청이 있으며, 가로 서편에는 비변사 남쪽으로 통례원(通禮院), 돈녕부(敦寧府) 정도가 눈에 띈다. 따라서 돈화문 앞길은 비록 17세기 이후 역대 국왕들이 창덕궁에 머물고 있었지만 나라의 고위 관청이 이 가로변에 들어서는 일은 없었다고 할 수 있다.

---

15 — 《눌재집》 권4, 〈주의〉

비좁은 돈화문 앞길

20세기 초 돈화문로. 일본 관광엽서 사진. 오른쪽 아래 '서대문'표기는 오류이다. 출처: 서울시 2016년 사진 전시 자료,
"돈화문로, 왕의 길에서 오늘의 서울을 보다"

더욱이 태종 때 만들었던 행랑은 잦은 화재와 이후의 관리 소홀 등으로 17세
기에는 거의 자취를 감추었다고 판단되며 가로변은 초가와 기와집이 혼재해
있는 모습이었던 것으로 보인다. 이 점은 비록 광화문이 사라지고 없는 상태
이기는 했지만 육조의 관청이 제 위치를 견지하고 있었던 육조대로와는 크
게 대조되는 모습이었다고 할 수 있다.

1785년(정조9) 2월, 정조는 돈화문 앞길의 상황을 이렇게 언급한 적이
있다.

이번 칙사가 왔을 때, 초가집들을 수리할 것을 말했다. 대궐 밖 길 좌
우가 모두 초가집들이기 때문에 모양을 이루지 못하였다. 경복궁앞길
은 즉 육조와 백사가 좌우에 늘어서 있는데다 규모가 반듯반듯하다.
경희궁 앞길의 경우에도 역시 이와 같지 않아서 대궐 밖에 초가들이

168

있을 따름이다.[16]

이런 돈화문 앞길의 상황은 이후에도 크게 개선되지 못해 20세기 초 사진에
도 초가가 군데군데 늘어선 가로 모습이 보인다.

---

16 ―   《승정원일기》 정조9년 2월 8일(무자). 雖以今番勅行時, 修理草家事言之, 闕外路傍左右,
全是草家故, 不成貌樣° 景福宮前路, 則六曹·百司之左右布列者, 規模井井, 而至於慶熙宮
前路, 亦不如此, 闕外之只有草舍矣"

소략해진 돈화문 앞 의례

채붕 설치를 중지시킨 광해군

임금의 거처가 창덕궁이 되면서 나라의 중요한 의례와 행사들이 모두 창덕궁에서 치러지게 되었다. 창덕궁은 당초 이궁으로 조성되었기 때문에 정전의 규모가 작을 뿐 아니라 모든 공간들이 세종 때 정해 놓은 국가적 의례를 치르기에 부족한 곳이었다. 때문에 국가의 의례들은 창덕궁의 여건에 맞추어 축소하거나 변경할 수밖에 없었다. 그런 점은 돈화문 밖에서 거행되는 행사도 마찬가지였다.

　본래 광화문 밖에서는 중국 사신이 오면 성대하게 채붕을 맺어 산대를 꾸미고 나례를 했으며 무과 시험도 치렀다. 그런데 창덕궁 앞은 그런 행사를 치르기에 충분한 공간이 없었다.

　1620년(광해12) 9월, 중국에서 신종의 뒤를 이어 광종이 등극하면서 이를 알리는 등극 조사가 조선에 오게 되었다. 돈화문 앞 공간이 좁아서 종전

처럼 채붕을 꾸미는 일이 수월치 않았다. 예조에서 왕에게 상황의 어려움을
아뢰었다.

> 보통 때는 경복궁 문밖이 널찍하여 양쪽에다 산대를 배치하고도 여유
> 가 있었으나, 지금은 돈화문 밖 좌우 두 쪽이 다 좁아서 오른쪽은 비
> 변사를 헐어내야 비로소 틀을 설치할 수가 있을 것이고, 왼쪽은 금천
> 교 수문 아래가 되어서 설치하기가 어려울 것이니, 이도 염려스럽습니
> 다.[17]

장소 문제뿐 아니라 시설을 꾸미는 자재 확보도 어려웠는데, 산대는 좌우에
각각 춘산(春山), 하산(夏山), 추산(秋山), 설산(雪山)을 꾸미는데 여기 소요되는
목재는 길이 90자 되는 상죽이 스물네 개, 80자 되는 차죽이 마흔여덟 개나
필요한데 이를 확보하기도 용이하지 않다는 보고였다. 결국 왕도 그 상황을
이해하고 "궐문 밖의 땅도 좁고 하니 미안하기는 해도 지금으로서는 아뢴 대
로 하겠다."고 해 채붕 설치를 그만두도록 했다.

　본래 사신이 오면 궁궐 문 앞에는 문 좌우에 나무로 큰 틀을 산처럼
꾸미고 그 위에 각종 장식물과 잡상 등을 만들고 화려한 채색으로 치장했으
며, 이것을 채붕이라고 했다. 산대는 채붕의 여러 장식물의 하나였다. 또 산대
는 헌가산대, 예산대 등 종류도 여러 가지가 있었다. 헌가산대가 어떤 것을
말하는지 확실하게 알 수는 없지만 헌가가 큰 악기를 설치하는 나무틀을 지
칭하는 것으로 미루어 이와 유사한 높은 대를 말하는 것이 아닐까 짐작된다.
예산대는 밑에 바퀴가 달려서 이동하면서 나례를 공연하는데 설치한 산대로

---

17 ―　《광해군일기(중초본)》 권156, 광해12년 9월 3일(정축)

　　　　　　　　　　　　　　　소략해진 돈화문 앞 의례

추정된다.

물론 채붕을 맺고 산대놀이를 하는 오랜 전통이 이때의 조처로 사라진 것은 아니었다. 특히 중국에서 사신이 오면 궁궐 앞이 아니더라도 지방이나 모화관 근처 등에서 산대를 설치해서 놀이를 보여 주는 일은 그치지 않고 지속되었다. 1628년(인조6) 2월, 명 사신이 한양에 왔을 때에 행사를 맡은 관리가 이르기를, "번거롭고 하찮은 절문으로는 윤거 잡상(輪車雜像)이나 결채 등의 일보다 더한 것이 없는데 이 일은 100년 동안 해 내려온 구규(舊規)인데다가 중국의 번왕(藩王)들이 조서를 맞을 때에는 반드시 채붕을 사용하고 있으니 이제 갑자기 폐할 수는 없습니다."고 해 이를 시행했고 숙종 때는 지방 도시에서 중국 사신을 위해 지나치게 화려한 채붕을 설치한 관원을 처벌한 사례도 보인다. 다만 규모는 크게 축소되었고 놀이의 종류나 형태도 16세기 이전 궁궐 앞에서 하던 것과는 크게 축소된 모습이었다.[18]

궁궐 문 앞에서 채붕을 꾸미던 전통이 사라진 것은 종묘에 신주를 모시고 왕이 궁궐로 돌아올 때 채붕을 꾸미지 않은 것이 결정적이었다. 부묘의에서 환궁 때 궁궐 문 앞에서 채붕을 하는 것은 《국조오례의》에 규정해 놓은 절차였다. 따라서 모든 의례를 《국조오례의》에 준해서 수행해 오던 왕실에서 이를 시행하지 않는 일은 큰 결단이 필요한 조처였다. 1634년(인조12), 선조비 인목대비의 3년상을 마치고 신주를 선조 신실에 모시고 나서 오례의에 명시한대로 채붕을 할 것인지를 논의하는 과정에서 이미 선조(광해군)에서 하지 않았다는 점을 들어 그만둘 것을 건의해 그대로 따르기로 했다. 이후에는 경종이나 숙종 때에도 선왕의 부묘를 할 때 전례를 따른다는 명분으로 채붕은 하지 않았으며 자연스럽게 채붕은 사라졌다.

18· 사진실, 〈"봉사도'에 나타난 산대나례의 공연양상〉, 《아시아문화연구》, 2000

사라지는 결채

《국조오례의》에서는 부묘 후 임금이 궁궐로 돌아올 때는 의금부, 군기시가 악귀를 쫓는 의식인 나례를 행하고 기로 유생 및 장악원에서는 가요를 올리고 가로에는 결채하고 대궐 문 밖 좌우에 채붕을 맺는다고 명시해 놓았다. 이런 행사는 적어도 선조 이전까지 왕이 경복궁에 머물고 있을 때는 대체로 준수되었으며 광화문 앞 육조대로가 그 행사장이었다. 그러나 17세기에 들어와 왕이 창덕궁에 거처하게 되면서 돈화문 앞에서는 장소가 비좁은 탓도 있고 나라 살림살이도 힘든 여러 여건 탓에 채붕은 거의 사라지게 되었다. 이와 동시에 돈화문 앞 가로에서는 가로변을 치장하던 결채도 점차 사라지게 되었다.

광해군을 왕위에서 쫓아내고 즉위한 인조는 즉위하고 보름 정도 지난 1623년(인조1) 4월 2일에 자신이 왕위에 오른 일을 역대 임금에게 고하기 위해 종묘 친제를 거행했다. 이때 예조에서 왕이 종묘에 친제하고 돌아오는 길에 가로의 결채하는 것은 그만두고 성균관 유생들과 기로소 노인들이 왕을 칭송하는 노래를 지어 올리는 헌축례(獻軸禮)만 하면 어떨지 물었다. 왕은 두 가지 행사 모두 그만두라고 했다. 이때는 아직 인조의 즉위에 대해 민심이 충분히 수습되지도 않았고 그런 행사들이 결국은 주민들의 부담으로 돌아가는 것을 꺼린 결정이었던 것으로 보인다.

1632년(인조10), 선조 계비 인목왕후가 승하하고 3년이 지나 종묘의 선조 신실에 왕후 신주를 봉안하게 되었을 때도 채붕은 물론 결채도 시행하지 않았다.[19]

이후로 가로변 결채는 효종이나 숙종의 부묘 때에도 시행하지 않았다.

---

19 — 《승정원일기》 인조13년 1월 30일(신사)

소략해진 돈화문 앞 의례

1760년(영조35) 5월 영조는 숙종비 인원왕후의 신주를 종묘에 모시는 행사가 있을 때 이르기를, "우리나라의 결채와 가요는 성조(숙종)께서 없애고 앞뒤의 고취는 성고(현종)께서 벌여만 놓고 연주하지 말도록 하였으니 감히 지나칠 수 없는 것이다."고 언급해 저간의 사정을 명시했다. 뒤에 정조는, "우리 왕조는 임진년(왜란을 가리킴) 이전에는 도성 안에서 어가가 거둥할 때라도 여악이 앞에서 인도하고 길가에 채붕을 설치하였으니, 위의의 번화함과 물색의 아름다움은 《국조오례의》나 《악학궤범》 같은 책을 보면 알 수 있다. 그런데 임진년 이후로 버려둔 채 행하지 않았으니 어찌 예법이 옛날보다 나아졌기 때문에 그런 것이겠는가. 곧 사력이 미치지 못한 소치이다."고 언급했다.

1790년(정조14) 진하사로 북경을 다녀온 서호수(徐浩修, 1736~1799)가 왕에게 중국의 만수절 결채가 굉장하고 화려했음을 아뢰자 정조가 이르기를, "나라를 다스리는 요체는 절검 두 글자에서 벗어나지 않는다. …… 수만의 자금을 허비하여 오직 하루의 볼거리를 만들었으니 경계해야 할 것이지 부러워해서는 안 되는 것이다."라고 했다고 한다.[20]

산대나 결채 같은 풍습이 사라진 것은 17세기 이후 나라 경제가 어려운 탓이 크다. 거기에 더해서 돈화문로가 비좁아 효과적으로 가로를 치장하기 어려운 점도 한몫을 한 셈이다.

인조 국장의 발인 행렬

1649년(효종즉위) 9월 11일, 조선 제12대 왕 인조의 시신을 모신 재궁이 돈화문을 나섰다. 창덕궁이 재건되고 첫 번째 거행되는 국왕 재궁의 발인이었다.

---

20 — 《홍재전서》, 〈권167: 일득록 7〉, "정사2"

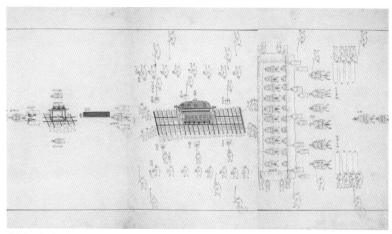

《(인조)국장도감의궤》 중 발인하는 인조 재궁 모습

인조는 5월 8일, 창덕궁 대조전에서 승하했다. 편전인 선정전을 빈전으로 삼아 5개월 동안 빈소를 모시고 있었다. 그 사이 멀리 도성 북쪽 파주에 능을 조성하고 이제 발인의 날을 맞았다. 발인 행렬은 돈화문로를 지나 운종가를 거쳐 숭례문을 나가 북쪽으로 방향을 틀었다. 인조의 뒤를 이어 즉위한 효종은 장지까지 따라갈 뜻을 내세웠지만 대신들의 만류로 서대문밖 모화관까지 가서 사배를 올리고 궁으로 돌아왔다. 이날의 발인 행렬 모습은《(인조)국장도감의궤》에 화려한 채색 그림의 〈반차도〉로 전하고 있다. 〈반차도〉를 보면, 앞뒤로 호위하는 군사들이 각종 깃발을 높이 들고 청색, 홍색의 갖가지 장식물이 길게 열을 지어 따르고 그 뒤로 고명(誥命, 수명을 다한 것을 고하는 것), 시책(諡冊, 생전의 행적을 적은 글), 시보(諡寶, 능에 묻을 보물), 존호책(尊號冊, 존호를 적은 글)을 모신 작은 가마가 가고 혼백(魂魄)을 모실 가마와 향을 모신 가마가 가고 의복이나 각종 기물을 담은 작은 가마가 따르고 그 뒤에 이윽고 붉은 천에 크게 네모난 깃발로 치장된 명정이 앞장을 서고 재궁을 모신 대여(大轝)가 나아

175 소략해진 돈화문 앞 의례

간다. 두 개의 긴 나무틀이 앞뒤 방향으로 가고, 가로 방향으로 열아홉 개의 장대를 걸어서 가로 여덟 명, 세로 열아홉 명 도합 백오십이 명이 장대를 어깨에 짊어지고, 또 앞에서 당기고 뒤에서 잡는 십여 명 사람들이 흔들림 없이 재궁을 모시고 가는 모습이 묘사되어 있다. 그 뒤로는 궁인과 내시, 승지, 사관들이 따르고 행사를 총괄하는 총호사를 비롯한 관리들이 열을 지어 따라가는 모습이다.

9월 11일 돈화문을 나선 행렬은 무려 열흘이나 걸려서 9월 20일, 파주 산릉에 도착해 안장되었다. 도중에 재궁을 받친 긴 장대 하나가 부러지는 사고도 발생했지만 간신히 수습해 무사히 하관을 마치고, 신주를 모신 가마가 궁으로 돌아왔다. 신주는 앞으로 25개월 동안 혼전인 창경궁 문정전에 모시고 있다가 3년상을 마치게 되면 신주를 종묘에 모시는 부묘 절차를 거행하게 되어 있다. 하관 다음날인 9월 21일은 반우(返虞) 즉 인조의 신주를 궁으로 모시고 돌아오는 절차가 거행되었다. 새벽 4시경 대군이하 문무백관이 뒤를 따르는 가운데 가마가 출발해 6시경에는 광탄을 거쳐 오후 3시경에 모화관에 이르렀다. 효종은 시각에 맞추어 모화관에 나가 있다가 영거를 맞이해 사배례를 올렸으며 저녁나절 신주는 홍화문을 들어가 혼전인 문정전에 안치되었다. 발인 때 무려 열흘이 걸린 걸음이 반우 때는 단 하루 일정으로 행사를 마쳤다.

발인 때 돈화문을 나갔던 행렬이 돌아올 때는 창경궁 홍화문으로 들어왔는데, 빈전이 창덕궁 선정전이었고 혼전이 창경궁 문정전이었기 때문이었다. 동일한 의례 절차가 인조의 뒤를 이어 효종·현종 때 반복되었으며 경종 때도 재현되었다. 숙종과 영조는 경희궁에서 승하했기 때문에 그 경로는 달랐다.

국왕 재궁의 발인은 수많은 군사들과 승지와 상궁·내시와 문무 관료

들이 열을 지어가는 장대한 행렬은 분명했지만 가로변을 화려하게 치장하거
나 흥겨운 놀이가 따르는 행사는 아니었다. 침울하고 무거운 분위기 속에서
모두가 입을 다물고 묵묵히 걸음을 옮기는 행렬이었다.

파자교까지 늘어선 무과 합격자

대궐 문밖에서 말달리며 활을 쏘거나 무술의 기예를 뽐내던 무과 시험도 치
러지지 못했다. 돈화문 앞이 너무 좁아서 말을 부리며 기예를 드러낼 형편이
못되었기 때문이다. 이후 거의 대부분의 무과 시험은 창경궁 안 춘당대에서
치르거나 모화관 뜰에서 치렀다. 대신 문무 과거 시험을 마치고 궁궐 문밖에
방을 거는 일은 돈화문 앞에서도 계속되었다. 다만 문 앞이 비좁고 돈화문로
도 넓지 못해 상황이 궁색했다. 1620년(광해군12) 10월에 돈화문 밖에 방을 붙
였다. 당시 상황을《광해군일기》에서 본다.

> 그때 무과 응시자의 수가 너무 많아 대궐 뜰에서는 다 수용할 수가 없
> 었기 때문에 대궐 아래 큰 길거리에서 치루었는데, 꽃을 내려주는 과
> 정에서 서로 다투어 빼앗느라 상투가 풀어지고 옷이 찢기고 하는 통
> 에 홍패를 받지 못한 자가 매우 많았다고 한다.[21]

1676년(숙종2) 3월 21일, 왕이 즉위해 처음 시행하는 식년 과거 시험이 있었는
데, 이날 합격자는 문과는 아홉 명에 불과했지만 무과는 무려 14,207명이나
되었다. 왕이 돈화문 문루에 올라앉고 합격자들에게 홍패를 나누어 주는 행

---

21 ― 《광해군일기》권157, 광해군12년 10월 28일(신미)

　　　　　　　　　　　　　　소략해진 돈화문 앞 의례

사가 시작되었다. 문과 합격자와 함께 무과 합격자 중에 갑과 한 명과 을과 1,016명이 홍패를 받았고 나머지는 그 뒤에 늘어섰는데 행렬이 파자교까지 이어졌다. 홍패를 모두 나누어 주고 나니 시각이 오시(낮 12시경)나 되었다고 한다. 이날 합격자 중에는 이름을 사칭해서 거짓으로 합격증서를 받는 자들도 나오는 등 혼란이 심했다. 또 아들 여섯이 모두 합격한 사례도 있고 할아버지와 아들과 손자가 같이 등과하기도 했다. 본래 무과의 합격 정원은 조선 초기에 스물여덟 명을 넘지 않도록 규정해 놓았지만 이런 규정은 거의 지켜지지 않고 인원을 초과해서 합격하기 일쑤였다. 17세기 이후에는 이런 풍조가 더 퍼져서 광해군 때는 3,000명 이상, 인조 때도 5,000명을 넘었으며 숙종 대에 와서 가장 늘어나 10,000명을 초과하곤 했다. 무과 급제자가 이렇게 많은 것은 응시 자격을 확대해 서자들은 물론 천인들도 면천만 되면 응시할 수 있도록 했기 때문이다.

돈화문 앞에서 치른 헌부례

1728년(영조4) 3월 25일, 영조는 돈화문 문루에 올라가 반란군 수괴의 머리를 받는 행사를 치렀다. 문루에 오르기 위해서는 급경사에 한번 직각으로 방향을 튼 가파른 계단을 올라야 했는데, 서른다섯이 된 영조는 가벼운 몸가짐으로 문루에 올라 미리 마련해 놓은 자리에 앉았다. 문루 위에는 영의정을 비롯한 승지들이 늘어서고 문루 아래는 훈련도감의 군사들이 진을 이루고 있었다. 이윽고 대포가 포를 발하자 군교가 큰 북을 힘차게 울리고 청주에서 참수되어 올라온 박종원(朴宗元)의 머리를 왕에게 바치는 헌부례(獻俘禮)가 거행되었다. 의례를 마치자 박종원을 비롯한 다른 죄인들의 머리를 모두 장대에 꿰어 높이 매달았다. 아울러 생포한 박종원의 아들은 장막을 친 곳에서 참수하고 역시 머리를 장대에 달았다.

이보다 열흘 전인 3월 15일에 청주에서 이인좌(李麟佐, ?~1728)가 이끄는 무리들이 청주성을 쳐들어가 성을 점령했다. 이인좌는 소론 계열에 속한 사람으로, 영조가 즉위하면서 소론이 정계에서 밀려나자 이에 불만을 품고 난을 일으켰다. 영조가 즉위하고 얼마 후 소론 일파들은 경종의 죽음에 의문을 품고 영조의 즉위를 인정하지 않으려는 마음을 품고 소현세자의 증손인 밀풍군 이탄(密豊君 李坦, 1698~1729)을 왕으로 옹립하기로 뜻을 모았다. 그러나 일이 사전에 발각되면서 계획이 좌절되었고 청주에 기반을 두었던 이인좌는 일당을 규합해 난을 일으킨 것이다. 박종원은 청주 절도사의 막료인 우후로 있었는데, 청주가 함락되면서 반란군에 합류해 이인좌와 함께 진천, 안성으로 북상하다가 관군에게 패배해 목이 잘렸다. 이인좌의 난은 불과 6일 만에 진압되었지만 종친인 밀성군 이침(密城君 李琛, 1430~1479)이 개입되고 또 영남·호남지방에 호응하는 세력이 많아서 난의 후유증이 오래 남은 사건이었다. 주범인 이인좌는 생포되어 서울에 압송되어 사건의 전모를 토로하고 3월 27일에 군기시 앞에서 참수되었는데 박종원의 헌부례는 이보다 이틀 앞서 돈화문에서 거행된 것이다.

헌부례는 본래 전쟁이나 반란이 있을 때 이를 진압한 후에 적의 포로들을 종묘나 여타 사당에 고하는 의식이며 조선시대에는 거의 치러지지 않았다. 이인좌의 난을 진압하고 나서 왕이 돈화문에서 헌부례를 치른 것은 영조의 즉위를 부정하려는 움직임을 사전에 차단하려는 의도가 있었다고 볼 수 있다. 문무백관이 도열한 자리에서 반란군의 머리를 받는 행사를 치름으로써 자신의 위상을 확고하게 하려는 의도가 있었다. 돈화문에서 모처럼 헌부례를 거행한 영조는 돈화문 앞길에 구경하는 사람이 하나도 보이지 않는 점을 의아하게 여겨 왜 주변이 조용한지를 물었다. 곁에 있던 훈련대장이 행

179

사장을 엄숙하게 유지하기 위해 돈화문 앞길은 군사들이 진을 치고 주민들이 함부로 접근하지 못하도록 했기 때문이라고 답했다. 대신에 지금 진 밖에서 종루 주변까지는 백성들이 길에 가득하다고 아뢰었다. 영조로서는 기왕의 헌부례 행사를 성대하게 하여 백성들에게 난을 진압한 것을 확실하게 각인 시키고 싶은 마음이 있었던 듯하다.

노비문서 소각

1801년(순조1) 1월 28일, 돈화문 앞에서 역사적인 일이 벌어졌다. 내수사에 속한 노비들과 각 관청에 속한 노비들 도합 66,067명의 노비 명단이 적힌 문서들이 돈화문 밖 공터에서 불태워졌다. 이날 왕이 하교를 내렸다.

> "선조(先朝; 정조)께서 내노비(內奴婢)와 시노비(寺奴婢)를 일찍이 혁파하고자 하셨으니, 내가 마땅히 이 뜻을 계술(繼述)하여 지금부터 일체 혁파하려 한다. 그리고 그 급대(給代)는 장용영(壯勇營)으로 하여금 거행하게 하겠다." 하고, (중략) 승지에게 명하여 내사(內司)와 각 궁방(宮房) 및 각 관사(官司)의 노비안(奴婢案)을 돈화문(敦化門) 밖에서 불태우고 아뢰도록 하였다.[22]

선왕 정조가 시행하려다가 이루지 못한 노비 혁파를 이제 실천한다는 명이었다. 당시 내수사의 노비는 전국의 내수사 소유 토지에 매여 있었고, 또 육상궁·선희궁(宣禧宮) 등 중앙의 궁가에 소속된 각도의 노비는 도합 36,974구

---

22 — 《순조실록》 권2, 순조1년 1월 28일(을사)

였다. 노비안의 책 수는 160권이었다. 종묘서·사직서·경모궁을 비롯한 중앙 관서에 예속된 노비는 시노비라 불렸는데 그 수도 29,093구였다. 내노비 명단이 적힌 문서 160권과 시노비 문서 1,209권이 돈화문 밖에 쌓여 불에 타올랐다.

당대의 문장가 윤행임(尹行恁, 1762~1801)이 왕의 명을 받고 노비 문서를 불태운 데 대한 왕의 뜻을 적었다.

삼가 생각하건대, 우리 숙종 대왕께서는 많은 사람들을 위해 조정에 하문하신 다음 노공(奴貢)의 반과 비공(婢貢)의 3분의 1을 견감하셨고, 우리 영종 대왕께서는 여러 사람의 괴로움을 안타깝게 여겨 비공을 면제하고 또 노공의 반을 견감하셨다. 그러나 내사(內司)에서 추쇄(推刷)하는 폐단은 여전하여 그 살갗을 찔러대어 정성을 실토(實吐)하게 하고, 그 젖을 어루만져 잉태함을 증험했으니 여리(閭里)가 소란스러워서 닭과 개 같은 짐승들도 편안할 수가 없었다. 이에 허다한 사람들이 그 살 곳을 정하지 못하여 지아비는 그 아내와 이별해야 하고, 그 어미는 자식과 이별해야만 하니 가슴을 두드리고 피눈물을 흘리며 서로 돌아보고 허둥지둥 어찌할 바를 모른 채 차마 이별하지 못하였다. 가끔 불문에 몸을 투탁하여 스스로 대륜(大倫)을 끊어 버리고, 여자는 흰머리를 땋아 늘인 채 저자에서 떠돌며 걸식하는 자도 있었다. 그런데 관리는 날마다 그 집 앞에 가서 전화(錢貨)를 독촉하여 치고 때리며 호랑이같이 꾸짖는데, 함부로 점고(點考)하면 한 마리의 소값을 써야 하고, 인족(隣族)에게 침징(侵徵)하면 1백의 가호(家戶)가 재산을 빼앗기게 되니, 길을 가던 나그네들도 한심하게 여겨 눈물을 흘리며 민망해 하였다. "아! 저 호소할 곳 없는 곤궁한 백성들은 유독 무슨 죄란 말인가?

소략해진 돈화문 앞 의례

우리 선조(先朝)에 이르러 덕음(德音)을 반포하여 추쇄(推刷)를 혁파하는 명을 내리던 날 늙은이와 어린이 할 것 없이 모두 기뻐하여 춤추었으니, 크고 두터운 은택이 궁벽진 해변에까지 미친 때문이었다. (중략) 오늘날 백성들이 노비의 명칭 때문에 억울함을 품어 위로 하늘의 화기(和氣)를 범한 까닭에 풍우(風雨)가 적기를 잃고 화맥(禾麥)이 영글지 않고 있으니, 내가 이러한 재해를 근심하여 마음이 화평하지 못하다. 내 마음이 화평해지는 것은 노비를 혁파하는 데 있다."고 하셨으니, 이는 조정의 신하들이 받들어 듣고시 칭송한 것이었다. 이제 내가 왕위를 물려받아 예를 행함에 있어서 사모하고 부르짖으며, 이어받은 큰 책임을 생각하고 큰 기업을 태산 반석과 같이 공고히 이루는 것이 곧 그 뜻과 그 사업을 이어받는 것이라고 할 것이니, 그 뜻과 사업을 이어받는 것으로는 노비의 제도보다 앞서는 것이 없을 것이다. 또 더욱이 왕자(王者)가 백성에게 임하여 귀천(貴賤)이 없고 내외(內外)가 없이 고루 균등하게 적자(赤子)로 여겨야 하는데, '노(奴)'라고 하고 '비(婢)'라고 하여 구분하는 것이 어찌 똑같이 사랑하는 동포로 여기는 뜻이겠는가? 내노비(內奴婢) 36,974구와 시노비(寺奴婢) 29,093구를 모두 양민으로 삼도록 허락하고, 인하여 승정원으로 하여금 노비안(奴婢案)을 거두어 돈화문(敦化門) 밖에서 불태우게 하라. 그리고 그 경비(經費)에 쓰이는 노비의 공물은 장용영(壯勇營)에 명하여 대급(代給)하게 하여 이를 정식(定式)으로 삼도록 하라. 아! 내가 어찌 감히 은혜를 베푼다고 할 수 있겠는가? 특별히 선조께서 미처 마치지 못하신 뜻과 사업을 보충하여 밝힐 따름이다.[23]

---

23 — 《순조실록》 권2, 순조1년 1월 28일(을사)

비록 노비문서 소각은 관청에 속한 공노비에 한정되기는 했지만, 조선 사회가 풀어야 할 해묵은 숙제 하나를 손댄 의미 있는 일이었다. 그 일이 돈화문 앞에서 거행되었다는 점은 왕의 행적을 백성들에게 널리 알리려고 한 왕실의 속마음을 드러낸 일이기도 했다. 공노비를 혁파한 빈자리 일손은 장용영에서 징수한 세금으로 인력을 고용하는 방식으로 대신 하도록 했다.

이 문서 소각 조처에도 불구하고 순조 이후 19세기에도 여전히 각 군문이나 지방 관가 등에는 많은 노비들이 있어서 힘겨운 노역에 시달렸다. 결국 모든 노비들의 혁파는 그로부터 거의 100년이 지난 1894년의 갑오개혁으로 이루어지지만, 이날의 조처는 조선의 사회 변화를 보여 주는 하나의 사건임에는 틀림이 없다고 하겠으며 그 현장이 돈화문 앞이었다.

소략해진 돈화문 앞 의례

잦은 어가 행렬

궁궐 밖을 나가는 영조와 정조

국왕이 궁궐을 나서는 일은 일반인이 집을 나서는 것과는 차원을 달리했다. 국왕의 행차에는 수행하는 수많은 인원이 따랐다. 잠시도 국왕의 곁을 떠날 수 없는 승지들을 비롯해서 지근거리에서 왕을 모시는 관리들과 왕을 지키는 무사들, 호위하는 군사들, 시중을 드는 상궁에 이르기까지 그 수는 아무리 가벼운 행차라 해도 400~500명을 훌쩍 넘기기 일쑤였다. 이런 행차에는 당연히 적지 않은 경비도 지출되었다. 따라서 신하들의 입장에서는 가급적 왕이 궁궐을 나서는 일을 억제하려고 했다. 반면에 국왕은 모처럼 바깥을 나가 백성들의 사는 모습도 직접 살펴보고 바깥세상의 물정도 눈으로 익히기를 바랐고 무엇보다 답답한 궁궐을 벗어나고픈 욕구도 있어서 기회 있는 대로 바깥나들이를 바라는 측면이 있었다. 조선초기에는 왕들이 강무(講武)라 해 닷새나 열흘 정도 교외에 나가 사냥도 하고 군사 훈련도 행하면서 도성을 떠나 있곤 했지만 16세기 이후에 강무 행사는 거의 사라졌다.

국왕의 출궁은 대개 뚜렷한 목적이 있었다. 가장 일반적인 것은 종묘나 사직단, 선농단의 제사와 같은 의례에 참여하는 것이었다. 또 중국에서 황제 칙서를 가지고 사신이 오면 모화관까지 왕이 직접 나가서 사신을 맞이해 함께 궁궐로 들어오는 것이 관례였다. 그러나 실제로 국왕이 종묘나 사직단에 직접 제사지내는 일은 드물었다. 17세기 이후 사직단 친제는 거의 시행되지 않았으며 선농단에서 직접 농사 시범을 보이는 행사도 광해군 때 한 차례 거행한 이후 거의 100년 동안 치러지지 않았다. 종묘 제례만 시행되었는데 선조들에게 알려야 할 나라의 큰 일이 있거나 부묘 행사가 있을 때 왕이 거둥을 했다.

국왕이 궁궐 밖을 나가지 않게 된 것은 인조 이후에 와서 한층 두드러졌다. 이따금 왕이 선왕의 능에 전배를 하려고 하면 대신들이 만류했다. 실제로 왕이 왕릉을 찾아 나서게 되면 연도의 백성들은 온갖 시달림을 당했다. 다리가 변변하게 갖추어지지 않았기 때문에 내를 건너기 위해서는 임시로 다리를 만들거나 나룻배를 띄워야 하는데 그런 일의 부담은 온전히 연도의 백성들 몫이었다. 왕실 가족이 온천에 다녀오는 일도 간단한 일이 아니었기 때문에 온천 나들이도 쉽게 나서지 못했다.

국왕이 궁궐 안에만 머물며 신하들이 전하는 보고에만 의존하다보면 현실의 어려움이나 문제점을 피부로 느끼지 못하게 되는 것은 당연한 일이다. 특히 17세기 후반, 효종·현종 재위 중에는 기상 이변이 많아서 기근이 여러 해 찾아오고 전염병이 돌기도 해 백성들의 삶이 말할 수 없이 어려웠는데, 이런 현실이 궁중에까지 전달되지 못한 측면이 많았다.

영조는 왕위에 오르기 전에 사가에 나가서 생활하면서 적어도 도성 사람들의 생활상을 직접 체험할 기회를 가졌다. 왕위에 오른 영조는 기회 있는 대로 궁궐 밖을 나가고 또 백성들과 직접 대화를 나누려고 애를 썼다. 어떤 때는 백성들을 궁궐로 불러서 세상살이의 어려움을 직접 듣고자했다. 이런 자리에 나온 백성들이 왕 앞에서 바른 말을 했다가 나중에 관리들에게 보복을 당할 것이 두려워 사실을 바르게 말하지 못한다는 점도 영조는 잘 알고 있었던 듯하지만 그런 기회를 갖고자 노력했다. 영조는 적극 궁궐 밖을 나가 세상을 직접 눈으로 확인하려는 의지를 보인 국왕이었으며 이런 왕의 자세는 정조로 이어졌다.

영조의 육상궁 거둥

육상궁은 영조의 생모 숙빈 최씨의 사당이다. 영조는 즉위하자마자 생모의 사당을 짓도록 명했고 즉위 이듬해인 1725년(영조1)에 건물이 완성되었다. 위치는 경복궁의 서북쪽이었다. 처음 사당 명칭은 숙빈묘(淑嬪廟)라고 했다가 1744년(영조20)에 육상묘(毓祥廟)로 고쳤고 다시 1753년(영조29)에는 육상궁으로 격을 높였다. 숙빈 최씨는 낮은 신분으로 궁궐에 있다가 숙종의 후궁이 되었다가 영조가 왕위에 오르기 전에 세상을 떴다. 영조가 생모에 대해 가졌던 사모의 정은 각별한 것이어서, 왕위에 있는 내내 생모를 그리워하는 마음을 자주 피력했다.

육상궁이 지어지자 영조는 빈번하게 직접 사당에 들러 절을 올리고 사당을 살폈다. 종묘에 가거나 영희전에 전알하게 되면 반드시 육상궁에도 들렀으며 3월 8일 육상궁의 기일이나 자신의 생일 등 특별한 날에는 다른 곳에 거둥하지 않더라도 일부러 육상궁을 찾았다. 1754년(영조30)에는 한 해 동안 도합 여섯 차례나 육상궁을 찾았다. 1월 1일이 되자 태묘(太廟)와 영희전(永禧殿)을 갔다가 육상궁에 전배했고 다시 1월 21일에는 육상궁만 찾았고

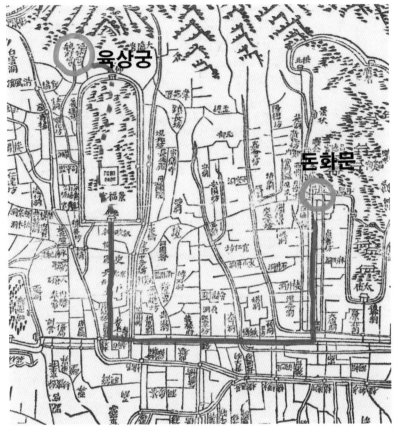

돈화문에서 육상궁으로 향하는 거둥길. 영조는 생모 숙빈 최씨 사당인 육상궁에 제사 지내러 가면서 도성 간선도로를 따라가며 백성들을 만나보고 경복궁 터를 지나갔다. 수선전도에 영조의 거둥길을 표시했다.

잦은 어가 행렬

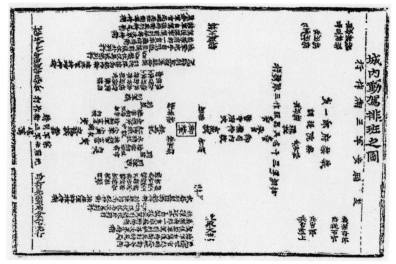

국왕의 도성 내 행차가 잦아지면서 국왕 거동의 절차와 시위 군사의 배치를 새로 정해 《국조속오례의》에
성내동가배반지도를 수록했다.

4월 8일 태묘와 영녕전을 봉심(奉審)하면서 육상궁을 가고 윤4월 8일도 육상
궁을 찾았다. 9월 13일 자신의 생일을 맞아 육상궁에 들렀으며 11월 6일에
도 육상궁을 찾았다. 다른 해에도 영조는 적어도 세 차례 또는 네 차례 이상
육상궁 전배를 했다.

영조가 창덕궁에 머물고 있으면서 육상궁 전배를 하게 되면, 우선 돈
화문을 나가서 돈화문 앞길을 남쪽으로 내려가 파자교까지 가서 운종가를
거쳐 종루를 지나 경복궁 동구에서 육조대로를 북상해서 경복궁 서쪽 창의
궁 앞으로 해서 육상궁으로 갔다. 간혹 육상궁 전배를 마치고 돌아오는 길에
는 비어 있는 경복궁 터에 들어가 궁터를 살피고 육조대로에서 백성들을 만
나보기도 했다. 간혹 육상궁 전배 때 왕세자를 대동하기도 하지만 왕세자를
궁에 두고 오는 경우가 많았는데 이럴 때 왕세자는 파자교까지 왕을 따라 나

갔다가 그곳에서 전송을 하고 또 왕이 궁궐로 돌아올 때는 파자교에 나가서 영접을 했다.

영조의 궐 밖 거둥에 대해 신하들은 만류로 일관했다. 그러나 영조는 이런 신하들의 만류를 억누르고 적극 궁궐 밖을 나갔다. 생모의 사당에 자식이 찾아가는 일은 효를 숭상하는 조선에서는 권장할 일이었으므로 육상궁 전배를 두고 이론이 있을 수 없었다. 여기에는 직접 백성들의 삶을 관찰하려는 영조의 정치적 의지가 가세해 육상궁 전배는 재위 기간 내내 이루어졌다.

1744년(영조20)에 조선초기에 편찬된《국조오례의》내용 중 시대에 맞지 않거나 기재가 누락된 부분을 수정한《국조속오례의》가 편찬되었다. 그 가운데 국왕이 거둥할 때 앞뒤에서 호위하고 수행하는 관원의 배치를 그림으로 명시한〈성내동가배반지도〉와〈성외동가배반지도〉가 들어 있다. 이는 영조대에 들어와 국왕의 거둥이 잦아지고 그에 따라 국왕을 수행하는 인원에 대한 일정한 규정을 마련할 필요를 반영한 것으로 볼 수 있다. 육상궁 전배처럼 왕이 도성 안에만 이동하는 경우가 성내동가(城內動駕)에 해당하며 이때는 호위하는 인원이 상대적으로 적었다. 그에 반해 도성 밖을 나가는 성외동가(城外動駕)의 경우에는 앞뒤로 호위하는 군사들의 수가 크게 늘어나고 수행하는 관원이나 나인들도 늘어나게 마련이었다.

해마다 현륭원을 찾은 정조

정조는 즉위하고 얼마 지나지 않아 선왕 영조의 무덤인 원릉(元陵)과 부친 사도세자의 무덤인 영우원(永祐園)에 직접 전배를 했다. 원릉은 동쪽 교외 태조 능인 건원릉 곁에 있었고 영우원은 지금 청량리 밖 배봉산 기슭에 있었다. 다시 즉위 4년째 되던 1779년(정조3)에는 멀리 여주의 영릉(寧陵)까지 전배를 다녀왔다. 영릉은 효종의 무덤이다. 영릉까지의 일정은 8일간의 긴 여행이었으며 왕은 첫날은 남한산성 행궁에서 하루를 묵고 이튿날 이천, 다음날은 여주로 가 영릉을 찾고 다시 이천을 거쳐 남한산성에서 3일을 묵고 궁으로 돌아왔다. 효종은 집권 세력인 서인들이 떠받들던 왕이었으므로 역대 임금들에게 영릉 전배는 하나의 숙제와 같은 일이었지만 길이 멀어 좀처럼 실행에 옮기지 못했다. 또 왕이 너무 어리거나 나이를 먹어도 이런 장기 여행은 어려웠다. 스물다섯 살에 즉위한 정조는 20대의 한창 나이여서 어려움 없이 여주 거둥을 했다. 이천과 여주에서는 백성들의 어려움을 듣고 세금을 면해 주는 조처를 취했으며 남한산성에서는 광주부 주민을 대상으로 특별 과거 시험을 치렀다. 다시 2년 후인 1781년(정조5)에는 원릉에 가서 작헌례를 하면서 이웃한 건원릉(태조), 목릉(선조), 휘릉, 숭릉, 혜릉에도 들러 절을 올렸다. 이때 왕을 수행하도록 한 관원 중 불참한 사람들이 있자 왕은 가차 없이 벌을 내렸는데 마침 우의정도 불참을 하자 그도 파직 처분했다.

왕이 도성을 벗어나 왕릉에 직접 나가는 일은 자주 있는 일이 아니었다. 도로가 잘 갖추어지지 않은 당시에는 거가가 움직이기 위해서는 미리 도로도 고쳐야 하고 또 다리가 없는 곳에는 임시로 다리를 가설하는 작업도 해야 하며 많은 인원이 이동하면서 생기는 농작물의 훼손을 비롯한 피해가 불가피했다. 그럼에도 불구하고 정조가 즉위 후 적극적으로 선왕의 왕릉에 직접 전배를 한 것은 국왕의 존재를 내외에 드러내려는 의도와 함께 직접 백성들의 목소리를 들으려는 정치적 의지가 깔려 있었다고 볼 수 있다. 영릉 전배를 위해 남한산성과 이천, 여주를 간 왕은 세금 감면이나 과거 시험 등으로 백성들의 당면한 애로를 들어 주었다.

정조의 성외동가는 1789년(정조13) 부친 사도세자 무덤을 당시 최고의 길지로 알려진 수원 화성 아래로 이전하면서 거의 정례화되었다. 정조는 수원에 사도세자 무덤을 옮기면서 명칭을 현륭원(顯隆園)으로 고치고 기존 수원 읍을 북쪽으로 이전시켜 신도시를 건설하고 도읍 중앙에 왕이 머물 행궁까지 마련했다. 이후 왕은 한 해도 거르지 않고 현륭원 전배를 1년에 두 차례 정도 치렀다. 특히 1795년(정조19) 모친 혜경궁의 회갑을 맞아서는 회갑연을 일부러 수원에 내려가 치렀다. 이때의 행사는 을묘년 원행이라고 이름 지어 행사 전체를 의궤로 간행하고 여덟 폭 그림으로 그려 병풍으로 제작하는 등 각별한 정성을 기울였다.

어가 행렬을 구경하는 사람들

관광(觀光)이라는 말은 조선시대에는 과거 시험을 치르는 것을 뜻했다. 시골에 살던 유생들이 과거 시험을 치르기 위해 한양에 오는 일은 일생의 기억할 만한 큰일이었고 그것은 많은 색다른 볼거리와 경험을 얻는 기회이기도 했다. 관광은 단순하게 흥미를 끌 만한 구경을 하는 것을 가리키기도 했다. 특히 도성 안에서 큰 행사가 있으면 이를 구경하려는 관광인이 구름처럼 몰려든다는 기록들이 사료에 자주 보인다.

조선시대 도성 안에서 관광을 할 만한 일로는 칙서를 지닌 중국 사신이 궁궐을 찾는 일이 가장 컸다고 할 만하고 왕의 어가 행렬이 다음 볼거리 정도가 되었다. 대개 칙사가 궁궐을 들어갈 때는 도로 연변에 포장을 쳐서 사람들이 함부로 접근하지 못하도록 했다. 조선전기에는 도로변에 결채를 하고 잡희를 벌여서 약간 개방된 분위기가 있었던 듯하지만 17세기 이후 칙사 행렬은 군사들이 사람들의 접근을 엄격하게 제한했다. 왕의 어가 행렬 역시 통상적으로는 포장을 쳐서 사람들의 접근을 막았다. 임금이 탄 가마가 궁궐 밖을 나가게 되면 억울한 사연을 지닌 사람들이 격쟁(擊錚)을 하게 마련이었

잦은 어가 행렬

으며 이를 막으려는 군사들과 어떻게든 왕 앞에서 자신의 억울함을 토로하려는 백성들 간에 실랑이가 벌어지곤 했다. 그러나 원칙적으로 격쟁은 금지된 행위였고 또 함부로 왕이 탄 가마에 접근하는 것 자체가 통제되었다.

돈화문 앞에서 파자교까지는 왕을 모신 행렬이 가장 빈번하게 움직인 곳이었고 그만큼 구경하는 사람들의 시선을 끌기도 했다. 이 가로 중에 돈화문 앞은 통제가 엄격해 구경꾼이 함부로 끼어들기 어려웠지만 남쪽 끝의 파자교 주변은 비교적 여건이 좋았다. 이곳은 포장은 낮은데 지형이 높은데다 파자교 돌다리에 오르면 내려다보기에 알맞았다. 이따금 정조는 왕이 탄 가마가 지나갈 때 백성들의 접근을 막지 말도록 명하기도 했는데 이런 때는 어김없이 격쟁하는 사람들이 나타나서 가마를 가로막기도 하고 이를 많은 도성민들이 지켜보며 구경하기도 했다.

《일성록》 1792년(정조16) 3월 20일의 기사이다. 왕이 육상궁에 전배하러 길을 나섰는데, 특별히 새로 문과와 무과 급제한 사람들을 대동했다. 왕이 돈화문을 나서자 파자교 앞길에 급제자들이 동서로 나누어 맞이했다. 그 중에는 뒤에 정조의 큰 신임을 받은 남공철(南公轍, 1760~1840)도 포함되어 있었다. 행렬에는 창우와 악공이 앞장을 서서 춤과 노래를 선보였다. 마침 봄철이라 날씨가 화창하며 과거 급제자들이 거리를 가득 메우니 주위에서 구경하는 남녀들이 담장처럼 빽빽하게 둘러쌌다고 한다. 왕이 특명을 내려 파수보는 군사들과 길을 가로막은 포장을 없애도록 해 남녀노소들이 마음대로 구경하게 했다. 왕이 문득 길가를 바라보니 시전의 누각 위에 발을 드리운 곳이 많아서 부녀들이 구경하는 곳임을 알고 남공철 등에게 "너희들의 노모들도 모두 관광하지 않겠는가?"고 묻자 그렇다고 답했다. 아들이 급제해 왕을 수행하는 모습을 보려는 부모의 마음을 읽은 왕은 급제한 사람들을 모두 집으로 돌려보내어 집에서 잔치를 열도록 허락했다고 하며, 왕은 이윽고 육상궁에 들어가 의례를 치렀다고 한다.

이 날의 행사를 읊은 "급제자 발표 날의 성대한 행사(唱榜日志盛舉)"라는 제목의 시가가 정조 때 문신 윤기(尹愭, 1741~1826)의 《무명자집》에 실려 있다. 일부를 옮긴다.

작년 8월 인정전에서(去年八月仁政殿)

친시에 장원했고(臨軒親策擢第一)

금년 3월 인정전에서(今年三月仁政殿)

전시와 급제 발표 엿새 걸러 있었네(殿試唱榜間六日)

(중략)

이윽고 임금께서 육상궁에 납실 제(是日駕幸毓祥宮)

호위대가 빽빽하고 풍악이 성대했네(羽林摩戛樂鏐輵)

급제자들 앞장서서 행진하라 명하시니(乃命新恩作前隊)

두 줄로 늘어서서 천천히 걸어갔네(分列左右驅無疾)

(중략)

온 도성 사녀들이 길가에서 구경할 제(傾城士女夾路觀)

한껏 보려고 가까이 다가서도 금치 않았네(縱目挨陣無呵叱)

그림 같은 산천에 고운 해 더디 가니(山川如畵麗景遲)

태평한 기상이 만물을 감쌌어라(太平氣象圅萬物)

급제자들이 앞장서고 임금의 어가가 지나가는 행렬을 도성 사녀들이 길가에서 구경하던 모습이 생생하게 묘사되어 있다.

잦은 어가 행렬

1802년(순조2) 10월 16일, 왕이 탄 가마가 돈화문을 나가서 돈화문로를 지나 동구에서 왼쪽으로 방향을 틀어 종묘 앞을 거쳐 어의동 별궁(현 종로 5가 네거리 부근에 있던 왕실 별궁)에 이르렀다. 가마에서 내린 왕은 별궁에 들어가 대기하고 있던 신부와 절을 나누는 전안례(奠雁禮, 나무로 새긴 기러기를 상에 올려놓고 신랑 신부가 절을 나누는 의례)를 하고 나서 함께 별궁을 나와 다시 종묘 앞을 거쳐 돈화문 로를 지나 창덕궁으로 함께 들어갔다. 이윽고 대조전에서 신랑과 신부가 처음 술잔을 나누는 동뢰연(同牢宴)을 베풀어 부부가 되는 의식을 치렀다.

신랑이 신부가 사는 곳에 찾아가 신부를 맞이해 함께 집으로 돌아오는 절차를 친영(親迎)이라고 불렀다. 본래 조선의 예속으로는 남자가 장가가면 처가에서 사는 관습을 지켜 왔다. 그러나 중국의 예법은 친영을 원칙으로 했으며 조선시대에 들어와 유교의례를 수용하는 과정에서 친영을 수용하는 문제가 대두되었다. 초기에는 왕실에서만 부분적으로 친영을 행했지만 중종대에 들어와 민간에도 보급을 독려해 서서히 확산되었다. 왕실의 경우, 왕자들이 처가에 가서 친영을 하는 데는 어려움이 없었지만 국왕이 신랑인 경우 친영을 위해 신하의 집을 찾아가는 것이 의례상 주저되는 점이 있었다. 이 문제를 해결하는 방안으로 신부의 집 대신에 관소(館所) 즉 빈 궁가(宮家)를 이용하는 대안이 마련되었다. 중종은 계비 문정왕후를 맞이할 때 처음으로 태평관에 나아가 친영을 시행한 왕으로 전해진다. 태평관은 명나라 사신을 접대하던 숙소였는데, 친영을 위한 장소로 쓰였다.

17세기 이후 친영은 사회전반으로 확산되었다. 역대 국왕들도 왕자시절 관소에 나가서 신부을 맞이했다. 현존하는 조선시대 의궤 중에는 여러 편의 왕실가례를 다룬 책들이 전하며 이런 책에는 친영을 하고 궁으로 돌아오는 행렬을 그린 〈반차도〉가 아름다운 채색으로 삽입되어 있다. 〈반차도〉 그림

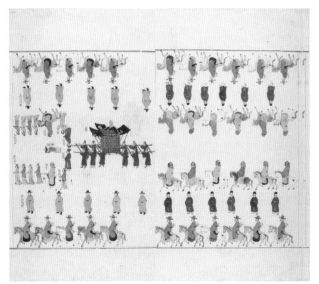

《(순조·순원왕후)가례도감의궤》 반차도 중 순조를 모신 어가 모습. 출처: 국립중앙박물관 외규장각의궤

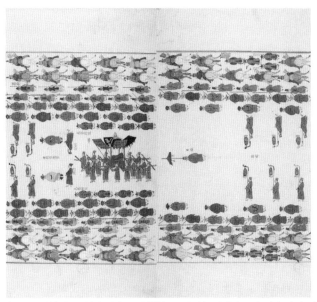

《(순조·순원왕후) 가례도감의궤》 반차도 중 순원왕후를 모신 어가 모습. 출처: 국립중앙박물관 외규장각의궤

잦은 어가 행렬

들을 보면 친영을 하고 궁으로 돌아오는 행렬은 18세기에 들어오면서 점차 화려함을 더하는 양상을 엿볼 수 있다.

1681년(숙종9) 숙종이 계비 인현왕후를 맞이할 때는 효종이 살던 집인 어의궁을 관소로 삼았으며 왕비가 탄 가마 행렬이 어의궁을 나와서 종묘 앞 길을 지나 돈화문로를 거쳐 창덕궁으로 들어가는 과정이 〈반차도〉에 묘사되어 있다. 그런데 인현왕후 가례의 〈반차도〉는 행렬의 참여자도 많지 않고 깃발이나 장식물도 소수에 그쳤다. 특히 입궁하는 과정에는 왕이 탄 가마는 그려 있지 않고 왕비의 연만 묘사되어 있다. 가례 〈반차도〉가 비약적으로 화려한 모습으로 달라지는 것이 1759년(영조35) 영조와 계비 정순왕후 가례의 〈반차도〉이다. 예순여섯의 신랑과 열다섯 신부의 혼례로 널리 알려진 이 혼례 〈반차도〉에서는 행렬의 참여자가 이전의 두 배에 달해 1,000명을 훌쩍 넘었다. 색다른 점은 왕이 탄 가마가 앞에 가고 그 뒤에 왕비의 가마가 따르는 점이다. 대체로 조선후기에 오면서 왕실의 의례들은 간소화해 가는 경향을 보였지만 가례는 예외로 더욱 화려하게 꾸며졌다. 이날의 행렬은 예외적으로 창경궁 홍화문에서 출발해 어의궁으로 갔다가 다시 홍화문으로 들어갔다. 당시 영조가 창경궁에 거처하고 있었기 때문이었다.

1802년 순조와 순원왕후 가례의 〈반차도〉는 영조 이후 화려함을 더한 입궁의례 모습을 한층 장려하게 꾸민 모습을 잘 보여 준다. 어의궁에서 출발한 가마는 종묘 앞을 거쳐 돈화문로를 지나 창덕궁으로 들어가게 되는데, 행렬에 나서는 사람들이 화려한 의상은 물론 울긋불긋한 깃발과 고명, 책비, 등을 안치한 요여(작은 가마)에서부터 왕의 가마와 왕비의 가마를 사이에 두고 수많은 군사들과 승지, 내시와 상궁들이 길게 줄지어 가마를 따라가는 모습이 인상적이다. 모처럼 돈화문로가 요란한 풍악과 깃발로 꾸며지고 이를 구경하려는 주민들이 길 가득 모여든 하루였다.

5

창경궁과 홍화문
앞길

대비를 위한 창경궁 건립

수강궁에서 창경궁으로

창경궁(昌慶宮)은 1484년(성종15)에 정희·인수·안순왕후 세 대비를 위해 수강궁 (壽康宮) 터에 지은 궁궐로 전한다. 창경궁을 이해하기 위해서는 이들 세 대비 는 누구이며, 수강궁은 어떤 궁이었는지 살펴볼 필요가 있다.

조선 제9대 왕 성종은 즉위할 때 아홉 살이었다. 세조의 뒤를 이어 예 종이 왕위에 올랐지만 불과 1년 만에 예종이 갑자기 승하했다. 열아홉 살에 왕위에 오른 예종은 특별히 건강에 이상은 없었는데 즉위 이듬해 11월 중순 경 갑자기 병세를 보이더니 며칠 만에 숨을 거두었다. 당시 왕실의 최고 어른 은 세조비인 정희왕후였다. 뒤를 이을 왕을 선정하는 권한이 정희왕후에게 주어졌으며 후임 왕이 누가 될지 기다리는 대신들에게 왕후는 "원자(元子)가 바야흐로 어리고, 또 월산군(月山君)은 어려서부터 병에 걸렸으며, 잘산군(乽山 君)이 비록 어리기는 하나 세조께서 일찍이 그 도량을 칭찬하여 태조에 비하는 데에 이르렀다."고 하며 자산군(者山君)[1]을 지목했다. 정희왕후에게는 두 아들이 있었는데 첫아들 의경세자가 일찍 죽고 예종은 둘째 아들이었다. 의경세자에게 월산군과 자산군 두 아들이 있었으며 예종이 죽자 둘째에게 왕위가 돌아간 것이다.

새 왕이 나이 불과 아홉 살이었으므로 정희왕후의 수렴청정이 시작되었다. 새 왕이 의경세자의 아들이었으므로 의경세자는 덕종으로 추존했다. 아울러 생존해 있던 덕종비는 인수대비로 휘호가 정해졌다. 승하한 예종의 부인 안순왕후 역시 대비가 되었다. 왕실에 갑자기 세 대비가 함께 거처하지 않으면 안 되는 상황이 빚어졌다.

성종은 경복궁에서 즉위했다. 그러나 즉위 한 달 만에 거처를 창덕궁으로 옮겼다. 수렴청정을 하던 정희왕후의 결정인 셈인데, 성종과 대왕대비 정희왕후와 인수대비만 창덕궁으로 가고 인혜대비(안순왕후)는 경복궁에 남고 한명회의 딸인 나이 어린 중전은 친가로 갔다. 이후 세 대비와 중전은 창덕궁으로 모두 옮겨가기는 했지만 거처하기에 공간이 부족한 문제가 있었던 것으로 보인다. 1479년(성종10) 5월, 대왕대비와 인수대비가 수강궁으로 거처를 옮겼다는 기사가 《성종실록》에 보인다. 이후 수강궁의 건물 수리 기사가 자주 나타나더니 1482년(성종13)에는 본격적으로 수강궁을 개축하기 위한 공사를 크게 벌였다는 기록이 빈번하게 나오다가 이듬해 1483년(성종14) 3월 3일에는 김종직이 창경궁 상량문을 지어 올렸다는 기사가 등장한다. 이 해에는 여전히 수강궁을 개축한다는 기사와 창경궁의 공사 기록이 중복해서 보인다. 1484년(성종15) 9월 27일의 실록에 창경궁이 낙성되었다는 기사가 있다. 이

---

1 — 성종은 1461년(세조7) 자산군(者山君)에 봉해졌다가 1468년 잘산군(乽山君)으로 개봉(改封)되었다.

대비를 위한 창경궁 건립

후로 수강궁은 따로 언급이 거의 보이지 않게 된다. 이상의 정황으로 미루어 처음에는 대왕대비 정희왕후를 비롯한 세 대비를 위해 수강궁을 개축하다가 건물을 크게 확장하면서 새로 지은 곳을 창경궁으로 부르다가 공사가 완성되자 수강궁과 창경궁을 창경궁으로 통합해서 부르게 된 것으로 추측된다. 두 궁은 거의 같은 영역을 차지하고 있었다고 판단된다.[2]

수강궁은 어떤 곳이었을까? 태종은 재위 18년째 되던 1418년에 왕위를 3남에게 물려주었다. 태종의 뒤를 이은 세종은 태종을 위해 창덕궁 동편에 작은 궁을 지었는데 이곳이 수강궁(壽康宮)이었다. 세종 즉위가 8월이었고 태종이 수강궁에 들어간 것이 11월이라고 하므로 불과 3개월 만에 지은 셈이었다. 수강궁의 위치에 대해서는 종묘를 감싼 언덕이 수강궁의 오른팔인 백호가 되는 동시에 창덕궁에는 왼팔격인 청룡이 된다는 지적이 있듯이[3] 종묘와 언덕을 사이에 두고 창덕궁과 수강궁이 좌우에 인접해 있었다. 태종은 상왕으로 있으면서 줄곧 수강궁에만 머물지는 않았지만 이곳을 정식 처소로 삼고 지냈다. 이후 수강궁은 단종이 잠시 거처로 삼기도 하고 세조가 말년에 이곳에서 지내다가 승하했다. 세조의 뒤를 이은 예종은 수강궁 중문에서 즉위식을 거행하고 수강궁에서 왕위에 올랐다. 이처럼 수강궁은 태종이 상왕으로 물러나면서 거처하기 시작해 15세기 중엽에는 정치적으로도 비중 있게 쓰였다. 창경궁이 지어지기 이전까지 한양의 궁궐은 통상 3궐이라고 해서 경복궁과 창덕궁, 수강궁을 일컫던 시기도 있었다.

---

2 — 18세기에 정조가 창덕궁에 동궁전으로 새로 중희당을 짓고 나서 옛 동궁전이 있던 부근에 자신의 서재로 수강재를 지었다. 이때 수강재를 지은 곳은 옛날 수강궁이 있던 곳이라는 언급이 보인다(《정조실록》권20 정조9년 8월 27일). 그러나 수강궁은 단지 수강재가 있던 주변을 훨씬 넘어선 넓은 영역이었다고 추측되며 뒤에 창경궁의 중심 영역까지도 본래 수강궁의 궁역이었을 가능성이 크다.

3 — 《세종실록》세종23년 5월 19일

정희왕후가 수렴청정을 그만둔 해는 성종 재위 7년째인 1476년이었다. 이후 정희왕후는 창덕궁에 머물고 있었는데, 1479년(성종10)에 와서 왕후가 "대전이 낮고 습하여 더럽혀진다. …… 내가 장차 수강궁으로 이어(移御)하겠으니, 대전(大殿)에 청하여 상전(上殿)으로 이어하도록 하라."고 했다. 여기서 말하는 대전은 왕이 거처하는 전각을 지칭하고 상전은 대왕대비 처소를 가리키는 것으로 보인다. 이때 성종의 첫 부인 공혜왕후는 이미 세상을 뜨고 계비로 윤씨를 맞이한 때였으며 대왕대비로서는 왕과 왕비에게 정침을 내주고 자신은 수강궁으로 처소를 옮긴 것으로 판단된다. 따라서 처음 수강궁을 개축한 것은 대왕대비 처소를 더 확장하기 위한 것이었다고 볼 수 있다. 공사가 진행되면서 나머지 두 대비를 위한 전각들도 갖추어지면서 공사를 더 확장하고 궁궐의 명칭도 새롭게 창경궁으로 해 도성 안에 또 하나의 궁궐이 탄생하게 된 것으로 풀이해 볼 수 있다.

창경궁 홍화문의 등장

1484년(성종15) 9월에 창경궁이 낙성되었지만, 정작 이 궁궐을 짓게 된 장본인이던 정희왕후는 그 전해 4월에 온양에 온천을 하러 갔다가 숨을 거두었다. 대왕대비 승하로 창경궁은 거주할 주인을 잃은 셈이지만 공사는 계속 이어져서 이듬해에 낙성을 보았다. 낙성 후 겨울을 넘기고 1485년(성종16) 5월에 두 대비 즉 인수대비와 인혜대비가 창경궁으로 거처를 옮겼다. 이때 《성종실록》에는 왕이 홍화문(弘化門) 안에서 이들을 영접했다고 적었다. 홍화문의 명칭이 여기서 처음 등장한다.

창경궁은 처음부터 아무것도 없는 빈터에 궁궐을 새로 짓는 것이 아니고 기존에 수강궁이 있던 곳을 확장하면서 궁궐 명칭을 새롭게 지은 것이

대비를 위한 창경궁 건립

20세기 초 홍화문 전경. 국립중앙박물관 유리건판 사진

었다. 따라서 이 궁궐의 경우 어느 부분까지 수강궁 영역에 속했고 어느 부분을 창경궁으로 새롭게 조성했는지를 살필 필요가 있지만 명확하게 구분해서 파악하기는 어렵다. 아마도 창경궁으로 궁궐을 새롭게 조성하면서 정전이나 편전 및 대비전 등을 새로 짓지 않았을까 추정된다. 그러나 궁 출입문의 경우에는 상황이 조금 달라서, 기존에 수강궁 또는 창덕궁의 출입문으로 이용하던 것을 대부분 창경궁 궁장 문으로 활용했다. 선의문은 그 대표 사례이며, 홍화문 역시 기존 수강궁의 대문을 고쳐 지은 것이 아닌가 추측된다. 이 문제에 접근하기 위해서는 조금 시간을 거슬러 올라갈 필요가 있다.

1405년(태종5)에 창덕궁이 처음 지어지고 나서 창덕궁의 영역은 점차 확장되었다. 특히 태종이 상왕으로 있으면서 창덕궁 동편에 수강궁을 짓고 거처하면서 두 궁이 차지하는 영역은 한층 확대되었다. 여기에 더해서 세조 때 왕은 후원을 크게 넓혔다. 1461년(세조7) 11월에 왕은 창덕궁의 영역을 크게 넓히도록 지시한 적이 있으며 다시 1463년(세조9)에는 왕이 정희왕후와 함께 창덕궁으로 가서 궁장을 넓게 쌓도록 했다. 이때 확장된 부분은 궁의 동북쪽과 북쪽이었는데 동북쪽 인가를 철거하고 또 북쪽 고개 밑의 인가 쉰여덟 채를 철거해 주위 4,000자를 늘렸으며 동쪽도 주산의 내맥에 해당하는 곳을 400자를 물렸다고 했다. 동북쪽과 북쪽이라고 했으므로 이 부분은 주로 후원의 영역을 확장한 것으로 보이며, 동쪽 400자는 현재의 창경궁 북쪽 담장으로 추측된다. 이후에 왕은 창덕궁 후원에 사슴을 기르거나 말을 방목했다는 기사도 있어서 이때 후원과 동쪽 영역의 확장이 이루어졌음을 알 수 있다.

이때까지 창덕궁 담장의 많은 문들에 이름이 없었다. 1475년(성종6) 8월, 서거정은 대궐의 문 중에 이름 없는 곳에 두 개의 이름을 지어 올려 임금이 하나를 골랐다는 기사가 실록에 보인다. 창덕궁에서 스물아홉 곳, 경복궁에서 여덟 곳의 문 이름이 새롭게 지어졌다. 새로 이름 지은 문 중에는 창덕궁의 외곽이나 후원 지역의 문 외에 수강궁 영역에 속한 것도 들어 있었다. 창덕궁 주변 문으로는 단봉문(남장문), 요금문(서장문)이 보이고 또 장춘문(長春門: 신대문), 청양문(동장문)이 눈에 띈다. 외곽의 출입문으로는 선인문(외동장문)이 있고, 후원 외북장문으로 광지문(廣智門)이 있다.

여러 문 가운데 가장 흥미를 끄는 문으로 신대문으로 지칭한 장춘문이 있다. 대문이라고 지칭했으므로 이 문은 진선문과 마찬가지로 궁의 대내 출입문을 가리킨다. 그런데 1473년(성종4) 5월 5일 실록에 "수강궁 장춘문루에 나아가 무신의 말 타고 활 쏘는 것을 보았다."는 기사가 있다. 여기 보이는 장춘문루는 신대문으로 지칭한 장춘문과 동일한 문으로 판단되며,[4] 문루라고 했으므로 돈화문처럼 중층의 누각을 갖추었음을 알 수 있다.《세종실록》

대비를 위한 창경궁 건립

에는 태종이 수강궁을 짓도록 하면서 경기도의 선군을 동원해 "수강궁 문루"를 세우도록 했다는 기사가 있다.[5] 이 문루는 바로 장춘문루를 지칭하는 것으로 보인다. 문을 신대문이라고 한 것은 기존의 대문인 진선문과 구분하려는 뜻이라고 생각된다. 장춘문루가 수강궁의 문이라면 진선문과는 반대쪽에 마련되어야 할 것이며 그 위치는 창덕궁 동편 궁장으로 판단된다.

세조 때 창덕궁의 영역을 확장하는 과정에서 동북쪽과 북쪽 그리고 동쪽 담장을 확장했다고 했으며 1475년(성종6)에 지은 문 이름 중에는 선의문이 포함되어 있다. 이 문은 나중에 창경궁의 홍화문 남쪽 문으로 쓰였으며 창경궁 동쪽 궁장에 세워져 있었다. 장춘문루가 과연 어디에 세워져 있었는지 잘 알 수는 없지만, 이 문을 대문으로 지칭하고 또 중층의 문루를 두었다는 점을 고려한다면 그 위치는 동쪽 궁장에 면한 곳으로 볼 수 있다. 그럴 경우 문이 서 있는 위치로 가장 타당한 곳이라면 홍화문이 있는 위치 정도가 상정될 수 있다. 조금 무리한 추정을 보탠다면, 홍화문은 기존 장춘문루 자리에 있던 문의 이름을 고친 것으로 볼 수 있다.

통상적인 격식과 다른 창경궁의 전각 구성

정희왕후 승하 후 신주를 종묘의 세조 신실에 부묘하고 난 1485년(성종16) 윤4월에 왕은 창경궁 정전인 명정전(明政殿) 뜰에서 잔치를 열었다. 이때 성종은

---

4 — 1473년(성종4) 기사에 장춘문루가 등장하는데 2년 후인 1475년(성종6)에 와서 새로 문이름을 장춘문이라고 했다는 기사 사이에는 시간상의 오류가 보인다. 그러나 실록의 기사는 종종 후대에 실록을 편찬하면서 그 시기에는 미처 마련되지 않은 문이나 건물 이름을 편찬 과정에서 미리 사용하는 용례를 자주 보게 되므로 이 경우에도 성종 4년 기사는 후대에 마련된 문 이름을 실록 편찬 시에 앞당겨서 사용한 것으로 보인다.

5 — 《세종실록》 권3, 세종1년 4월 29일

창덕궁을 거처로 삼고 있었으며 창경궁에는 덕종비 소혜왕후와 예종 계비 안순왕후가 머물고 있었다. 명정전은 큰 전각은 아니었지만 왕실의 잔치를 행하는 데 적합한 규모와 분위기를 갖추었던 듯하다.

　창경궁에는 정전인 명정전과 편전인 문정전(文政殿) 외에 다섯 개의 전각이 있었다. 인양전(仁陽殿), 수녕전(壽寧殿), 경춘전(景春殿), 환경전(歡慶殿), 통명전(通明殿)이다. 궁궐 내 건물은 위계에 따라 전, 당, 각, 헌, 실 등으로 구분하며 이 가운데 '전'이 가장 격식이 높다. '전'으로 불리는 건물은 정전이나 편전, 침전에 한정하는 것이 일반적이다. 따라서 경복궁 같은 곳에서도 침전의 '전'은 강녕전이나 교태전에 한정되어 있었다.[6] 그에 비해 창경궁은 정전과 편전 외에도 다섯 곳의 '전'이 마련되어 있었다. 이 다섯 전각의 용도를 명확하게 구분하기는 쉽지 않지만 세 대비를 비롯해서 왕의 거처 등을 염두에 두고 여러 전을 마련해 놓았다고 짐작할 수 있다. 이 다섯 곳의 전각들은 각각 형편에 따라 어떤 건물은 남향을 하고 어떤 건물은 동향을 했다. 창경궁은 처음 건물을 세울 때부터 정문과 정전이 모두 동향해 있었으며 그 뒤에 자리 잡은 침전들이 적절하게 동향과 남향을 반복하면서 짜임새 있는 공간을 이루었다.

　이런 짜임새와 달리 정전과 정문 사이 구성은 통상적인 격식에서 벗어나 있다. 보통 궁궐에서 정전에 이르는 과정은 가장 바깥에 정문을 두고 그 안에 대문을 마련하고 다시 정전에 들어서는 전문 또는 중문을 두는 것이 일반적이다. 경복궁이라면 광화문·홍례문·근정문이 되고 창덕궁에서는 돈화문·진선문·인정문이 그에 해당된다. 그런데 창경궁에서는 정전인 명정전 앞

---

6 ―　고종 때 중건하면서 경복궁에는 자경전, 수정전, 흥복전 등이 등장하지만 적어도 조선 전기에는 전으로 불리는 전각은 한정되어 있었다.

　　　　　　　　　　　　대비를 위한 창경궁 건립

에 전문인 명정문이 있고 그 앞에 바로 궁궐 정문인 홍화문이 놓일 뿐이다. 대문에 해당하는 출입문이 하나 빠져 있는데 왜 이런 구성을 하게 되었는지는 명확하지 않다. 지형 조건상 정전과 정문 사이에 두 개 문을 둘 공간적 여유가 없었기 때문이 아닐까 생각되지만 단정하기는 이르다. 오히려 이 궁궐이 당초 수강궁으로 쓰이면서 이미 장춘문루같은 대문이 자리 잡고 있었기 때문에 기존의 건물이나 문의 구성을 그대로 수용하면서 새 궁궐을 지은 결과로 풀이해 볼 수도 있을 것이다.

17세기 이후의 창경궁

광해군의 창경궁 복구

창경궁 역시 임진왜란으로 전소되었다. 선조 말년에 시작되어 1611년(광해군3) 경에 창덕궁 복구가 완성되고 왕이 창덕궁으로 이어한 것은 1613년(광해군5) 3 월이었다. 이후에 착수한 것이 이웃한 창경궁의 복구였다. 공사는 1615년(광해군7) 봄부터 본격적으로 시작되었다. 공사가 한창 진행되던 그 해 여름에 공사를 맡은 선수도감이 왕에게 아래와 같은 글을 올린다.

지금 창경궁을, 동향으로 세워졌던 정전의 옛터대로 하지 않고 남향으로 하는 새로운 제도로 고쳐서 창건하려고 하고 있습니다. 그러면서 심지어는 금내(禁內)로 도랑을 통하게 할 양으로 흙을 파내고서 구불구불 물길을 터 검을 현(玄) 자 모양으로 만들려고 하고 있습니다. 이것은 마치 여염의 민가에서 지세가 낮은 곳에다가 물을 끌어대고 돌계

단을 쌓아 정원의 완상거리로 삼는 것과 비슷한 바, 아마도 왕궁의 아름다운 제도가 아닌 듯합니다. 더구나 함춘원(含春苑)의 남쪽 기슭을 장차 지맥을 가로질러 끊으려고 하는데, 신들은 실로 풍수설에 대해서는 전혀 모르지만, 눈으로 보고 평상시에 염려하던 것을 가지고 말해 보겠습니다.[7]

당시 창경궁 공사는 김일룡(金馹龍)이라는 풍수가가 왕의 뜻을 헤아려 일을 마음대로 벌이고 있던 때였으며 공사를 책임 맡은 선수도감이 그의 잘못을 지적한 글이었다. 창경궁이 본래 동향해 있는데 이를 남향으로 고치려 하고 물길을 현(玄)자 모양으로 구불구불 돌리는 일을 지적하고, 또 지맥 끊는 일의 부당함을 옛 고전의 여러 사례를 들면서 아뢰었다. 아울러 좌향을 예전대로 하기를 청했다. 왕은 "알았다."고 답했다고 한다.

위 기사를 보면, 광해군은 창경궁의 좌향이 동향인 점을 못마땅하게 여겨 이를 남향으로 고치려고 시도했지만 일의 범위가 주변의 물길 전체를 손대지 않으면 안 되었기 때문에 결국 포기한 것이 아닌가 짐작된다. 다시 왕은 편전인 문정전의 기둥이 네모기둥인 점도 불만스럽게 여겨 원기둥으로 고치려 했지만, 이미 건물이 거의 다 완성된 시점이어서 단순히 기둥만 교체할 수 없는 상황이었기 때문에 그것도 그만두었다. 또, 정전인 명정전이 내부 폭이 지나치게 좁았기 때문에 건물 폭을 바깥쪽으로 확대하려고 했지만 그럴 경우 이미 만들어 놓은 월대까지 새로 쌓아야 하고 전면의 마당이 좁아지는 문제가 따랐기 때문에 이것도 포기했다. 대신 정전의 뒤쪽으로 기둥 한 칸을 덧달고 처마를 덧대서 사람들이 다닐 수 있는 공간을 확보하는 데 그쳤다.

---

7 — 《광해군일기》 92권, 광해7년 7월 11일(병진)

이런 우여곡절 끝에 창경궁의 복구공사가 마무리된 시점은 1616년(광해군8) 가을경이었다. 그러나 이것으로 왕의 건축 공역은 끝난 것이 아니고 오히려 새로운 시작이 되었다. 이듬해 1617년(광해군9)부터 왕은 술사들을 동원해서 인왕산 아래 인경궁이라는 새로운 궁을 짓고 또 도성 서쪽 인왕산 남쪽 경사진 기슭에 경덕궁이라는 별궁을 짓기 시작했다. 아직 임진왜란에 따른 후유증이 완전히 극복되지 않은 시점에서 창덕궁, 창경궁을 짓고 또 새로 궁궐 둘을 동시에 짓는 데 따른 백성들의 곤경과 나라 살림의 피폐는 결국 1623년(광해군15) 인조반정으로 광해군이 왕위에서 쫓겨나는 사태로 비화하고 말았다.

동궁을 포함한 창경궁의 영역

창덕궁과 창경궁은 서로 이웃해 있었고 전각들을 함께 사용했다. 창덕궁은 영역이 넓지 않고 건물도 많지 않기 때문에 창덕궁의 부족한 공간을 창경궁에서 해결하는 방식으로 두 궁궐을 운용했다. 17세기 이후 창덕궁과 창경궁이 모두 복구되면서 이런 양상은 한층 두드러지게 되었는데, 이 시기 두 궁궐 공간 이용의 절충지역 같은 곳이 동궁 영역이었다. 동궁은 17, 18세기 내내 창경궁에 속해 있으면서 두 궁궐의 보조적인 용처로 적극 활용되었다.

19세기 초에 편찬된 《궁궐지》에는 창덕궁의 동쪽 출입문을 건양문(建陽門)으로 명시하고 있다. 건양문은 성정각의 동쪽에 있었던 문인데, 지금은 남아 있지 않다. 대략 그 위치를 추정하면 성정각(誠正閣) 앞에서 낙선재(樂善齋)로 넘어가는 경사지 시작 지점 정도가 된다. 결국 18세기 이전 창덕궁의 동쪽 경계는 이 지점까지였던 셈이다. 한편 《궁궐지》의 〈창경궁조〉에는 정전인 명정전, 편전인 문정전을 설명하고 나서 함인정(涵仁亭) 등을 기술한 뒤에

17세기 이후의 창경궁

저승전(儲承殿), 시민당(時敏堂), 취선당(就善堂) 등 동궁 전각들을 적고 나서 내전에 속하는 통명전이나 경춘전, 환경전을 언급하고 있어서 동궁전을 창경궁의 영역으로 명시하고 있다. 이들 동궁전은 바로 건양문의 동편에 해당하고 있어서,《궁궐지》의 편찬자가 명확하게 창덕궁을 건양문에서 서쪽지역으로 삼고 그 동쪽부터는 창경궁으로 파악하고 있었음을 알 수 있다.

동궁전은 주인이 없는 경우가 많았다. 동궁전의 주인은 왕세자인데, 17세기 이후 왕실에는 세자가 책봉되어 성년을 맞이해 동궁에 거처하는 경우가 드물었다. 인조 때 소현세자가 청나라에서 돌아와 잠시 머물렀지만 곧 승하했고 효종·현종 때는 성년이 된 동궁이 존재하지 않았으며 숙종 때 겨우 왕세자가 책봉되었지만 왕이 주로 경덕궁에서 지냈기 때문에 이곳은 비어 있었다. 영조 때 와서야 사도세자가 성년을 맞아 창경궁의 동궁을 거처로 삼았다. 비어 있는 동안 동궁전은 주로 후궁이 머물거나 간혹 대비가 이곳을 이용하기도 했다. 숙종 때 희빈장씨는 취선당을 거처로 삼았고 경종비 선의왕후는 영조 즉위 후 역시 취선당에 머물렀다.

창경궁에 속해 있던 동궁전에 변화가 나타난 것은 정조 때이다. 동궁전의 정전인 저승전은 1764년(영조40)에 화재로 소실되고 나서 복구되지 못했다. 다시 1780년(정조4)년에 동궁의 집무소인 시민당마저 불에 탔다. 정조는 아직 왕자를 얻지도 못한 때였다. 화재 2년 후 드디어 고대하던 왕자(문효세자)가 태어났다. 왕자는 이듬해에 세자로 책봉되었다. 장차 세자가 성장하면 거처할 동궁전이 필요했지만, 정조는 저승전이나 시민당의 복구를 명하지 않았다. 대신 1784년(정조8) 성정각 바로 동편에 새로 중희당(重熙堂)이라는 전각을 크게 지어 동궁전으로 삼았다. 그에 따라 기존의 동궁은 빈터로 남게 되었다. 정조는 일부를 취해 자신의 서재로 수강재를 지었다. 이제 오랫동안 동궁전으로 쓰던 곳은 왕의 서재 영역이 되고 동궁전은 성정각의 동편으로 바뀌게 되었다. 자연히 그 동안 창경궁에 속해 있던 동궁전은 창덕궁의 영역 안에 포함되게 되었다.

빈전·혼전으로 활용

17세기 이후 창경궁은 대비나 후궁의 거처로도 쓰였지만 더 중요한 역할로는 왕실에 흉사가 났을 때 빈전이나 혼전으로 쓰인 점이다. 왕이 승하하면 시신을 안치하는 빈전은 창덕궁의 선정전을 이용했지만 왕비나 대비, 왕세자 승하 때 빈전은 창경궁의 문정전을 비롯한 여러 건물을 이용했다. 또 약 25개월 정도 운용되는 혼전의 경우에는 국왕을 비롯해서 왕비나 대비도 문정전을 주로 이용했다. 왕세자와 왕세자빈의 경우에는 동궁전을 활용했다. 17세기 이후 왕실에서는 지속적으로 이런 상례가 이어졌기 때문에 문정전은 거의 비어 있는 기간 없이 혼전으로 사용될 지경이었다.

혼전의 운용에는 약간 복잡한 문제가 있었다. 왕의 혼전은 25개월 정도 신주를 모셨다가 이후 종묘에 부묘하면 되었지만 왕비가 먼저 세상을 뜨게 되면 그 혼전은 기간을 기약할 수 없기 때문이었다. 왕비의 혼전은 25개월이라는 시한 없이 남편인 국왕이 승하하고 3년 상을 치르고 나서야 비로소 함께 종묘에 부묘할 수 있었기 때문에 국왕 승하 시까지 언제까지고 혼전을 유지하지 않으면 안 되었다. 예를 들어 숙종의 첫 부인인 인경왕후가 1680년(숙종6)에 승하해 혼전은 경덕궁의 계상당(啓祥堂)으로 정해졌다. 이후 계상당은 숙종의 신주가 종묘에 부묘될 때까지 무려 42년 동안 계상당에 모셔졌다. 숙종의 계비 인현왕후는 1701년(숙종27) 승하하고 창경궁 문정전을 혼전으로 삼았다. 1720년(숙종46) 숙종이 승하하자 문정전은 숙종의 혼전으로 전용되었고 20년 동안 문정전에 있던 인현왕후 신주는 창경궁 시민당으로

17세기 이후의 창경궁

옮겨서 숙종 신주가 부묘될 때까지 25개월 동안 모셨다. 드디어 1722년(경종2) 숙종 신주를 종묘에 부묘하게 되면서 경덕궁의 계상당에 있던 인경왕후 신주와 창경궁 시민당에 있던 인현왕후 신주도 함께 종묘에 모셔졌다. 다른 왕들의 경우에도 사정은 마찬가지였다. 일찍 세상을 뜬 왕후의 신주는 남편이 승하할 때까지 몇 년이고 혼전에 봉안되었는데, 이때 주로 활용된 전각이 창경궁의 편전이나 동궁전 또는 경덕궁의 전각들이었다.

경모궁 개건

정조 연간에 와서 창경궁 주변에 변화가 나타났다. 창경궁 정문 건너편 함춘원 언덕 위에는 영조 때 건립한 사도세자의 사당인 수은묘(垂恩廟)가 있었는데, 정조는 즉위하면서 수은묘를 다시 짓고 사당 명칭을 격상시켜 경모궁(景慕宮)이라고 고쳤다. 정조는 한 해에도 몇 차례씩 창경궁 문을 나와 인접한 경모궁을 찾아 전배를 했는데, 그 빈도수는 이전의 다른 왕실 사당과는 비교할 수 없을 정도로 빈번했다. 왕은 태묘나 영희전 등을 가게 되면 돌아오는 길에 반드시 경모궁을 들렀을 뿐 아니라 수시로 경모궁을 찾았다. 경모궁에 대한 의례는 거의 종묘에 준할 정도여서 새해 곡식을 수확하면 종묘와 함께 경모궁에도 바치는 것을 정례화했다. 정조는 경모궁 거둥을 편하게 하기 위해 홍화문 북쪽에 월근문이라는 출입문을 새로 냈다. 이것은 17세기 이후 창경궁 동쪽 궁장에 처음 나타난 변화였다.

　　본래 사도세자 사당은 사도묘(思悼廟)라는 이름으로 북부 순화방 즉 경복궁 서쪽에 세웠다. 사도묘가 지어진 것은 사도세자가 죽고 3년상을 마친 후인 1764년(영조40)년 5월이었다. 그런데 건물이 다 지어지고 불과 1개월을 조금 넘긴 시점에서 영조는 사당을 창덕궁 동쪽으로 이건하라는 명을 내

렸다. 왕명에 따라 지사가 찾아
낸 사당 터는 함춘원 언덕 위의
채마밭으로 쓰던 곳이었다. 지어
놓은 건물은 헐어 내고 재목을
그대로 옮기기 시작한 것이 6월
21일이었고, 기둥이나 대들보를
다시 조립하고 기와를 얹고 벽
등을 새로 하고 단청 칠을 다시
해서 사당이 완성된 것은 7월 6
일이었다. 거의 보름만에 이루어
진 신속한 작업이었는데, 정당과
이안청, 삼문과 담장이 이루어졌
으며 향대청이나 재실 등은 차차
로 마무리했다고 한다.[8] 새로 옮
긴 사당은 창경궁을 내려다 볼
수 있는 높은 언덕 위에 자리 잡

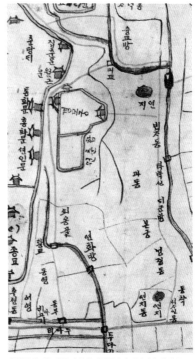

홍화문 앞길은 운종가에서 혜화문까지 이어진다. 홍화문
맞은편의 경모궁 주변은 길이 정비되지 않은 한산한
곳이었지만 경모궁 설치 이후 길과 다리가 정비되었다.
한양도성도 부분, 호암미술관 소장

았다. 아울러 명칭을 사도묘에서 수은묘로 고쳤다.

정조가 경모궁 개건을 명한 것은 왕위에 오르고 불과 며칠 지나지 않
은 때였다. 1776년 3월 10일에 즉위식을 거행한 정조는 그로부터 불과 이틀
이 지난 3월 12일에 기존 수은묘를 개건할 것을 명하고 그 일을 전담할 도감
을 설치했다. 출발은 수은묘의 개건이었지만, 묘를 궁으로 격상시키고 건물
규모도 크게 확장하는 것이었다고 짐작된다. 그만큼 정조로서는 부친의 사

---

8 ─ 《승정원일기》 영조40년 7월 6일

17세기 이후의 창경궁

당을 온전하게 모시고 싶은 열망을 지니고 있었다. 사도세자가 부친 영조의 명에 의해 뒤주에 갇혀 죽임을 당한 후에 사도세자의 아들인 정조는 왕실의 족보상 사도세자의 형으로 어려서 죽은 효장세자의 아들로 입적되었다. 정조는 즉위식을 거행하던 날 자신이 사도세자의 아들임을 천명했는데, 그것은 억울하게 희생된 부친에 대한 신원을 의미하는 것이었다고 말할 수 있다.

월근문은 경모궁을 세우고 3년째 된 1779년(정조3) 10월에 만들었다. 이 문을 만들면서 정조는 이렇게 말했다.

> 문이 완성된 뒤에는 의위(儀衛) 없이 다만 승지·사관과 입직한 총부(摠府)·기성(騎省)의 당상·낭청을 수가(隨駕)시키고 이 문을 거쳐서 혹 한 달에 한 번 배례하거나 한 달에 걸러 배례하여 어린아이가 어버이를 그리워하는 것 같은 내 슬픔을 펼 것이다.[9]

요는 새로 낸 문을 통해서 따로 군사들의 호위를 펼치지 않고 단지 승지나 사관, 낭청과 경호 부대의 책임자만 데리고 자주 경모궁에 가서 배례를 하겠다는 것이다. 월근문을 나서면 길 하나 사이로 경모궁의 뒷문에 닿을 수 있었다. 그러나 이리로 가면 결국 경모궁의 뒤로 해서 사당을 가야 하기 때문에 거리는 단축되지만 격식이 모자랐다. 정조는 이따금 월근문을 나서서 관현이라고 불렀던 지금 원남동 고개를 지나 경모궁의 정문을 통해 사당에 나가는 길도 이용하곤 했다. 경모궁이 지어지고 정조가 자주 내왕을 하면서 이 주변은 갑자기 사람의 통행이 많아지고 활기를 띠게 되었다.

경모궁 설치와 함께 경모궁 앞을 흐르는 내에 세 개의 다리를 마련했

---

9 — 《정조실록》 권8, 정조3년 10월 10일(경신)

다. 성균관에서 흘러내린 물은 경모궁 앞을 지나 청계천으로 흘러나가는데 그 동안 이 일대는 다리가 변변하게 마련되지 않았다. 다리는 가장 상류에 관기교(觀旗橋), 중간에 광례교(廣禮橋)가 생기고 경모궁 앞으로 응란교(凝鸞橋), 장경교(長慶橋), 조양교(朝陽橋)가 각각 1782년(정조6)에서 1783년(정조7) 사이에 이루어졌다.

경모궁이 지어지기 전까지 이 일대는 채소밭이 있어서 도성의 영세민들이 푸성귀를 심는 등 도심지답지 않은 한산한 곳이었다. 정조는 주변이 한산한 모습을 불만스럽게 여겨 경모궁 주변에 호조나 병조, 선혜청의 직방 즉 출장소를 설치하게 하고 또 주민들이 경모궁 주변에 와서 거주할 수 있는 조처를 마련했다. 경모궁 동편의 돌다리 주변에 담배나 나물, 미투리 등을 파는 점포와 어물전이나 푸줏간 등을 설치하도록 했는데 이런 조처에 응해 백성들 107호가 모여들었다. 특히 장경교 주변에 신발가게인 승혜점, 푸성귀를 파는 초물점, 생선을 취급하는 생선전이 들어서고 응란교 주변에 현방이 세워지는 등 이전에 없던 점포들이 속속 들어섰다.

홍화문 앞길

창경궁에는 정문인 홍화문을 비롯해서 남쪽 선의문, 북쪽으로 통화문(通化門)
과 월근문이 있다. 월근문에서 궁장을 따라 북쪽으로 가면 집춘문(集春門)이
있다. 집춘문은 왕이 문묘로 전배 갈 때 이용하던 문이다.

홍화문은 1616년(광해군8)에 지어진 건물이 지금까지 잘 남아 있다. 덕
분에 문화재로 인정되어 보물로 지정되어 있다. 이 건물은 창경궁을 상징하
는 정문인데, 문이 동향한 점이 가장 큰 특징이다. 창경궁 전체가 동향을 하
고 있기 때문에 정문 역시 동쪽을 향했다.

건물은 지붕을 중층으로 한 누각식이다. 정면 3칸으로, 정면 5칸인 돈
화문에 비하면 규모가 작다. 중국 사신이 드나들던 돈화문은 일부러 규모를
크게 해서 외관을 돋보이게 했지만 홍화문은 출입문의 용도에 맞추었을 뿐
과장을 하지 않았다.

홍화문은 경복궁의 광화문이나 창덕궁 돈화문과 다른 점이 있다. 다른 두 곳의 정문은 문 앞으로 직선대로가 열려 있는데 반해서 홍화문의 경우에는 길이 문 옆으로 나 있다. 모름지기 궁궐의 정문 앞길은 문을 두고 정면 앞으로 가로가 길게 뻗어서 가로 좌우에 관청이 도열하는 모습이 바른 것이라고 할 수 있으며, 비록 가로 좌우에 관청이 배치되지 못하더라도 가로만은 앞으로 뻗어 있는 것이 일반적이다. 그래야 멀리서도 긴 가로 끝에 우뚝하게 선 궁궐 정문 모습이 위용을 드러낼 수 있다. 홍화문은 지리적으로 그런 여건이 못 되었다. 문 앞은 함춘원의 언덕이 가로막고 있었기 때문이다. 부득이 홍화문 앞길은 좌우 양 옆으로 뻗을 수밖에 없었다.

또 한 가지 홍화문에서 눈에 띄는 것은 문 앞에 놓이는 월대가 짧고 단출한 점이다. 월대는 임금이 궁을 나설 때나 돌아올 때 문무백관이 대기하고 있다가 왕이 지나가면 절을 올리는 곳이고 또 외국 사신이 오면 문 앞에서 잡희를 벌여 사신을 접대하는 장소로도 쓰였다. 이런 행사에 대비해 마련하는 것이 월대인데 홍화문은 월대가 극히 짧게 마련되어 있어서 거의 유명무실할 정도이다. 홍화문 월대는 지금은 땅에 묻혀서 보이지도 않고 또 오래된 옛날 사진에도 월대 모습이 촬영된 것이 없다. 다만 〈동궐도〉에는 가로 너비가 건물보다 약간 넓고 길이는 아주 짧은 월대가 그려져 있어서 홍화문에도 월대가 전혀 없었던 것은 아니라는 사실을 전할 뿐이다. 짧은 월대 좌우 멀찍이 떨어진 곳에는 홍마목이 각각 그려져 있다. 홍마목은 말을 묶어 두는 용도도 있지만 일종의 경계표지와 같은 것이어서 여기서부터는 말에서 내려서 걸어오라는 표지 역할을 하는 것이다. 다른 궁에서는 홍마목을 월대 남쪽 끝에 놓았는데 홍화문에서는 좌우에 놓았다. 역시 홍화문 앞 가로가 좌우로 뻗은 탓이다.

홍화문 좌우에는 십자각이 있다. 경복궁의 광화문 좌우 양끝에 동서 십자각이 있듯이 여기에도 남북 십자각이 있다. 경복궁 십자각은 우뚝하게 높은 대 위에 누각을 올린 당당한 각루의 모습이고 군사들이 그 위에 올라가 주변을 감시할 수 있도록 만들었지만 홍화문 십자각은 단지 지붕 형태만 十자 모양을 냈을 뿐이고 사람이 오를 수 있는 시설은 아니다. 그야말로 이름만 있고 실체는 없는 것인데, 궁궐의 형식을 억지로 취한 결과다.

홍화문의 남과 북에 각각 선의문과 통화문이 있다. 선의문은 장희빈이 숙종의 명으로 사약을 먹고 죽은 뒤 그 시신이 나간 곳으로 유명하며 또 소현세자의 시신 역시 이 문으로 나갔다. 때문에 선의문은 그런 비극의 주인공들의 시신 출구로만 이해되기 쉽지만 사실 이 문은 창경궁 쪽에서 궁궐로 출근하는 관리들의 주 출입문이었다. 창덕궁 쪽 금호문과 같은 구실을 하는 출입문인데, 금호문으로 들어가면 창덕궁 서쪽의 궐내각사로 가는 것이고, 도총부를 비롯해서 주자소나 또 창덕궁의 선정전 앞 관청으로 가는 관리들은 대개 선인문으로 들어갔다. 통화문은 주로 상궁이나 나인들이 이용한 것으로 알려져 있다.

통화문 북쪽에 궁장이 동쪽으로 살짝 꺾이는 지점에 있는 월근문은 정조가 경모궁으로 가기 위해서 새로 낸 문이다. 문 가운데 잘 알려지지 않았지만 특별히 중요한 의미를 지닌 곳이 가장 북쪽에 있는 집춘문이다. 왕이 공자 신위를 모신 문묘에 제사 지내러 갈 때 이 문을 이용했다. 또 나이 어린 왕세자가 문묘에서 입학례를 거행하고 돌아올 때도 이 문을 통했다. 춘당대에 과거 시험이 있으면 응시자들이 집춘문으로 들어왔고 성균관 유생들도 궁궐에 들어갈 때는 이 문으로 갔다. 그런 특별한 용도를 가진 문이지만, 문묘 전배나 과거 시험이 사라지면서 이 문은 거의 사람들의 관심에서 멀어졌다. 지금도 문은 잘 남아 있지만 찾는 이가 거의 없다. 더 아쉬운 점은 이 문을 나서면 바로 문묘와 연결되어 있었는데 그 길이 주택지 안에 파묻혀서 길이 있는지조차 잘 알 수 없게 되어 버린 점이다.

홍화문 앞길의 상황

지금 종로4가 네거리에서 북쪽으로 한 블록 더 가면 원남동사거리가 된다. 원남동사거리 북쪽 도로명이 창경궁로다. 이 길을 들어서면 오른편에 서울대학 병원이 나타나고 왼편에 창경궁의 긴 돌담이 이어진다. 길을 더 올라가면 창경궁 돌담이 끝나는 지점에 월근문이라는 작은 기와집 문이 있고 거기서 더 나아가면 왼편이 성균관대학교로 가는 길 입구가 되고 앞으로 더 가면 혜화동로터리이다. 로터리 동북 방향으로 곧장 가면 약간 고갯길이 된다. 이 고갯마루에 혜화문(惠化門)이 있었다. 근래 혜화문이 복원되었는데, 그 자리에 문을 세울 수 없어서 북쪽 멀리 떨어진 곳에 세웠다. 여기서 말하는 홍화문 앞길이란 넓게 보면 현재 종로4가 교차로에서부터 혜화문 있던 고갯마루까지에 이르는 긴 길을 가리키며 좁은 의미로는 원남동사거리에서 월근문 앞까지를 가리킨다.

　　이 길은 조선시대에도 큰 틀에서는 지금과 크게 달라지지 않았다. 창경궁의 북쪽에 자리 잡은 큰 시설로 성균관과 흥덕사가 있었다. 성균관은 도성의 문묘이며 전국 문묘의 으뜸이고 나라에서 지내는 공자에게 올리는 제례를 치르는 곳이었다. 문묘 제례에는 국왕이 직접 참여하는 경우도 흔했다. 또 왕세자 입학식도 이곳에서 치렀다. 따라서 이런 행사시에는 국왕의 가마가 홍화문 앞길을 거쳐 문묘까지 이동하곤 했다. 흥덕사는 태조가 창건한 절이며 1417년(태종7)에는 태상왕 이성계가 사액하고 전지와 노비를 내려 준 곳이었다. 세종 때는 교종의 수찰이 되어 선종 수찰(首刹)인 흥천사와 쌍벽을 이루었다. 연산군 때 폐사되고 말았지만 그 이전까지 도성 주민들이 자주 찾는 이름난 도성 내 사찰이었다. 도성 사람들이 문묘나 흥덕사에 가기 위해서는 반드시 창경궁 앞길을 이용하지 않으면 안 되었다.

　　17세기 이후에 가서도 홍화문 앞길은 조선 초기와 크게 달라지지 않았다. 그러나 1776년(정조 즉위년)에 경모궁이 들어서면서 주변 양상이 달라졌다. 이전에는 제대로 된 가로가 없었던 경모궁 앞길 즉 지금 대학로라 불리는 길이 점차 중요한 길로 부각되고 상대적으로 홍화문 길은 사람들의 발길이 뜸해졌다.

　　경모궁은 동향해서 자리 잡았다. 창경궁과는 등을 지고 지어졌으며 경모궁의 정문은 창경궁 반대편에 있었다. 경모궁 앞쪽은 성균관에서 흘러내려오는 물길이 남쪽으로 흘러내렸는데 경모궁 건설과 함께 이 물길에 다섯 군데 다리가 설치되고 주변에는 많은 상점들이 들어섰다. 그 위치는 대체로 현재의 동숭동 대학로 좌우에 해당한다. 물길을 따라 길도 새롭게 확장되었다. 길 남쪽 끝에 어의동궁이 있었다. 어의동궁은 왕실 혼례가 있을 때 왕비나 왕세자빈이 될 사람이 한동안 머무는 용도로 쓰였다. 어의동궁 남쪽은 지금 종로5가 교차로가 된다. 종로5가 교차로는 조선시대

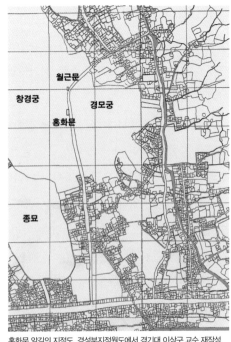

홍화문 앞길의 지적도. 경성부지적원도에서 경기대 이상구 교수 재작성

에는 어의동 동구라 불렀다. 경모궁은 한양 동편 지역의 도로체계에 적지 않은 변화를 준 셈이다. 지금 경모궁 자리에 들어선 시설이 서울대학 병원이다.

20세기 초에 만들어진 지적도를 보면 홍화문 앞길은 대체로 일정한 도로 폭을 유지하면서 운종가에서 혜화문까지 이어진다. 길이 월근문 앞에서 크게 동쪽으로 꺾인다. 도로 폭은 돈화문 앞길보다 약간 좁은 편이지만 도성 안 다른 도로에 비하면 넓다. 폭은 넓은 곳이 약 15미터이고 좁은 곳은 8미터가 되는 곳도 있다. 홍화문 앞이 제일 넓고 운종가와 만나는 지점은 절반으로 줄어들었다.

홍화문 앞길의 행사

백성들에게 쌀을 나누어 주는 사미 행사

1795년(정조19) 6월 18일은 정조의 생모 혜경궁 홍씨의 회갑이 되는 생일이었다. 왕은 아침 일찍 명정전에 나가 직접 지은 모친을 칭송하는 글을 올리고 어머니에게 아침 생일상을 차려 올렸다. 아울러 명정전 뜰 안팎 가득 신하들을 불러 음식을 내렸다. 2품 이상은 명정전 동북 곁채에, 시종들은 북쪽 곁채에서 음식을 차려 주고 나머지 시종과 무관, 잡직들에게도 남쪽 행각과 명정문의 바깥채 및 금천교 주변에 자리를 마련해 주었다.

　　정오 가까이 되자 왕은 홍화문에 나아갔다. 좌·우의정과 영의정, 각부 판서들과 수원부사, 개성부사 등이 대동했다. 나라 최고위 관료들이 모두 참여했다. 이 자리에서 왕은 도성민들 중 가난하고 생활이 어려운 백성들에게 쌀을 나누어 주는 행사를 벌였다. 참여한 사람들은 중부에서 31호, 동부에서 80호, 서부에서 208호, 남부에서 135호, 북부에서 58호였다고 하고 한 호마다

《원행을묘정리의궤》에 실린 사미 행사 그림

쌀 세 말씩을 나누어 주었다고 한다. 이 날의 쌀 나누어 주는 행사는 따로 그림으로 만들어 혜경궁을 모시고 수원의 현륭원을 다녀 온 일을 기록한 《원행을묘정리의궤》에 수록했다.

생활이 어려운 백성들에게 쌀을 내려 주는 행사는 이전에도 행해 오던 일이었지만, 이를 특별한 행사로 꾸민 것은 영조였다. 영조는 1749년(영조25)에 먼 옛날 주나라 문왕이 백성들을 보살핀 고사를 근거로 왕이 친히 "궁궐문에 나가서 백성들을 보살피는 의례(臨門恤民儀)"를 정했다. 그리고 이 의례에 따라서 실제로 백성들에게 쌀 나누어 주는 행사를 그 해 8월 15일에 창경궁 홍화문에서 거행했다. 이때 왕은 창덕궁을 처소로 삼고 있었는데, 돈화문 대신에 홍화문을 쌀 나누어 주는 장소로 삼은 것은 홍화문이 이런 행사에는 적합하다고 판단했기 때문으로 보인다. 돈화문은 문루가 높고 커서 문루에 오르면 문 주변을 내려다보기가 마땅치 않은 데 비해서 홍화문은 높이도 낮고 문루에서 문 아래를 내려다보는데 불편이 적었던 듯하다. 또 홍화문 주변이 도로가 좌우로 이어져 있어서 문 앞이 양 측면으로 사람들이 늘어서기에도 알맞았기 때문으로도 보인다.

이날 행사에는 왕세자(사도세자)도 대동했다. 왕이 문루에 오르고 왕세자를 비롯한 2품 이상 대신들이 문루에 올라 왕에게 절을 올리고 나서 행사가 시작되었다. 마침 비가 부슬부슬 내리고 있었다. 왕은 서둘러 쌀을 나누어 주도록 재촉했다. 한성판윤이 고하기를, 쌀을 얻으러 왔던 한 과부가 행사

홍화문 앞길의 행사

장 앞에 와서 쓰러져 죽었다고 하자 마음이 슬프고 참담하다 하면서 매장하는 일 등을 관가에서 잘 치러 주라고 지시했다. 한 늙은이가 지팡이에 의지한 채 서 있는 것을 보고 나이를 물으니 일흔둘이라고 했다. 자루도 없이 와서 기다리는 것을 보고 빈 섬을 주어 사람을 시켜 쌀을 지고 부축해 가게 했다. 왕이 왕세자에게 "이들이 모두 나의 백성들인데 처참하고 가련하기가 매우 심하다."고 일렀다.

목을 길게 늘이고 구경하는 왕세자 입학례

1817년(순조17) 3월 11일, 봄기운이 완연한 가운데 가랑비가 내리는 날이었다. 이제 아홉 살이 된 순조의 맏아들 효명세자가 정식으로 스승을 두고 학문을 시작하는 의례를 문묘에서 치렀다. 입학례라고 하는 이 의례는 왕실의 큰 경사였다. 왕자가 태어나서 무사히 성장해 지금으로 치면 초등학교 입학식을 치르는 것과 같은 행사였지만, 상대가 세자로 책봉된 인물이었으니 그 의미는 지금의 입학식과는 비교가 안 되는 일이었다. 입학례는 세자가 문묘 대성전에 나아가 먼저 작헌례를 올린 다음, 명륜당에서 거행되었다.

행사 한 달 전쯤 예조에서 왕에게 물었다. 이전에 있었던 세자 입학식의 경우, 현종 때는 선인문을 나와서 문묘에 갔다가 돌아올 때는 돈화문으로 들어왔고 숙종과 경종, 영조 때는 집춘문으로 나가서 돌아올 때도 집춘문을 통했으며 신사년 즉 1761년(영조37) 정조가 왕세손이던 시절 치른 입학례 때는 홍화문으로 나가서 돌아올 때도 홍화문을 거쳤다는 선례를 들면서 이번에는 어느 문을 이용할지 정해 달라고 했다. 순조의 답은 신사년의 예를 따르라는 것이었다. 정조의 왕세손 시절 사례를 따라 홍화문으로 나가서 홍화문으로 돌아오도록 했다. 순조가 부왕인 정조의 전례를 본받으려는 뜻도 담겨

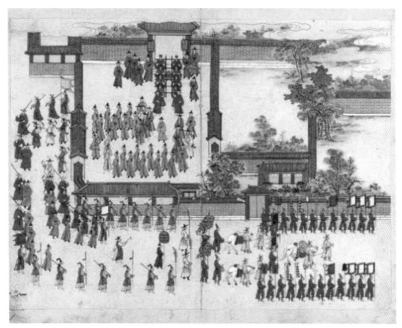

효명세자가 아홉 살이 되어 성균관에 입학례를 치르러 가는 행차 모습이다. 많은 사람들이 목을 길게 늘이고 손을 모아 송축했다고 한다. 정축입학도첩 왕세자출궁도, 경남대학교 박물관 소장

있지만 자신의 맏아들 입학례를 창경궁의 정문을 통과하도록 해 행사의 격을 높이려는 의지도 반영되었다고 볼 수 있다.

　행사 당일 세자는 곤룡포를 입고 가마에 올라 홍화문의 동협문을 나서서 관현을 거쳐 문묘 동문 밖에 이르렀다. 대기소에서 잠시 머물렀다가 대성전에 들어가 공자 신위를 비롯해서 4대 제자의 신위에 술잔을 올리고 절을 올리는 의식을 치르고 나서 명륜당의 대청에 올라가 서쪽에 앉아 동향했다. 맞은편에는 장차 세자의 스승이 될 남공철(南公轍, 1760~1840)이 앉아 있었다. 세자가 절을 올리고 남공철이 답례를 한 후에 남공철이《소학》을 읽어나가자 세자도 따라 읽었다. 세자가 스승에게 물었다. "어떻게 하면 성인이 될

　　　　　　　　　　　　　　　홍화문 앞길의 행사

수 있습니까?" 스승이 답하기를 "세자께서 어린 나이에 입학하여 이미 성인이 되기를 스스로 기약하는 뜻이 있으시니 참으로 이 마음만 잘 미루어 확충하신다면, ······ 그렇게 될 수 있는데 지금부터가 그 시작입니다."고 답했다. 세자가 또 물었다. "효도를 하려면 무엇부터 먼저 하여야 합니까?" 스승이 답하여 "다만 마땅히 덕을 닦고 착한 행실을 하는 것으로 근본을 삼아야 할 것입니다. 부모의 마음을 기쁘게 해 드리는 데에 어찌 이보다 더 큰 것이 있겠습니까?"라고 했다. 문답이 끝나고 세자가 스승에게 예를 표하고 문묘를 나섰다. 이날의 행사를 적은 실록의 마지막 구절이다.

> 시종하던 신하들과 선비로써 다리를 에워싸고 구경한 사람이 수천 명이나 되었는데, 모두 목을 길게 늘이고 손을 모아 송축하였다.[10]

모처럼 홍화문 앞길이 구경하는 사람들로 가득 메워지고 모두가 밝은 얼굴로 나이 어린 세자의 성장을 기원했음직한 하루였다.

홍화문으로 나가는 국왕의 재궁

1800년(순조 즉위년) 11월 3일, 쌀쌀한 날씨에 아직 해도 뜨기 전인 새벽에 나이 열한 살인 순조는 창경궁 집서문에 마련된 장막에 나갔다. 5개월 전에 부왕 정조가 갑자기 승하하고 왕의 시신을 창경궁 문정전에 모셨다가 오늘 드디어 재궁(梓宮)을 멀리 수원 능소까지 모시고 가는 발인 행사를 하게 되었다. 이를 위해 수개월 동안 국장도감이 치밀한 준비와 사전 예행연습까지 마

---

10 — 《순조실록》권20, 순조17년 3월 11일(갑인)

쳤다. 드디어 재궁이 빈전인 문정전을 나와 흥인문(興仁門)을 거쳐 빈양문(賓陽門)을 지나 홍화문을 나섰다. 순조는 집서문에서 내전으로 돌아들어갔고 홍화문 바깥에서는 미리 준비한 대거에 재궁을 모시고 앞에는 명정과 신백·고명·시책·애책에 옥인을 모신 작은 가마가 나서고 요령을 흔들며 가마가 움직였다. 승지와 각신들이 말을 타고 따르고 궁인들도 곡을 하면서 말을 타고 따랐다. 선인문 앞을 지나 이현고개를 넘어 종묘 동구에 이르자 영가가 잠시 멈추고 북쪽을 향했다가 다시 출발했다. 종묘 앞을 지나는 의례였다. 이윽고 영가는 숭례문을 나가 큰길을 따라 움직였다. 이날은 시흥 숙소에 머물고 이튿날 수원 행궁까지 갔다.

왕의 재궁이 홍화문을 나선 것은 이때가 처음이었다. 그 전까지 국왕의 빈전은 창덕궁 선정전으로 삼았기 때문에 재궁은 늘 돈화문으로 나갔는데, 정조 승하 후 처음으로 빈전을 문정전으로 정했다. 정조의 뒤를 이은 헌종, 철종 역시 문정전을 빈전으로 삼아 홍화문으로 재궁이 나갔다. 헌종 재궁이 나갈 때는 능소를 건원릉 곁으로 정했기 때문에 흥인문으로 재궁이 나갔는데, 흥인문 바닥이 낮아서 박석을 걷어내고 땅을 두 자 정도 파내고서야 겨우 재궁이 빠져나갔다.

왕비나 대비의 관은 관례에 따라 거의 홍화문으로 나갔다. 왕비나 대비는 승하 후 빈전을 거의 창경궁의 전각으로 삼았기 때문에 발인도 홍화문을 거쳤다. 숙종 계비 인현왕후는 한때 왕후의 지위를 잃고 사가에 나갔다가 다시금 궁궐로 돌아왔으며 1701년(숙종27) 서른다섯의 나이로 창경궁 경춘전에서 승하했다. 빈전은 환경전으로 삼았으며 약 4개월 후 고양에 마련한 명릉에 안장하기 위해 발인했다. 이때 발인의 경로를 보면, 환경전에서 빈양문을 지나 홍화문을 나가서 선인문 앞을 지나 신석교를 거쳐 이현궁병문을 지나 석교를 거쳐 종루-대광통교-소광통교를 거쳐 숭례문으로 해서 홍제원을

홍화문 앞길의 행사

넘어 명릉으로 향했다. 이날의 행로를 적은《승정원일기》에는 선인문 남쪽 신석교와 이현궁 남쪽 석교는 다리 폭이 좁아서 좌우에 보교를 설치해 영가가 지났다고 한다. 명릉에 관이 안장될 즈음에는 홍화문 밖에 현직과 전직 대신들과 기로소 원로 및 유생들이 한데 모여 부복하고 곡을 하고 절을 했다고 하며 명릉 안장 후 신위가 다시 궁궐로 돌아올 때는 성내외 길가에 사람들이 늘어섰다고 적었다. 홍화문 앞에 많은 대신과 유생들이 운집해 곡을 하고 절을 했다는 점에서 인현왕후의 파란 많은 일생은 당시의 식자층 사이에 애도하는 분위기를 이끌어 낸 듯하다.

이런 경우가 항상 있었던 것은 아니지만, 홍화문은 수많은 왕후들과 왕세자, 왕세자빈의 시신이 나가는 문으로 이용되었다. 또 홍화문을 지나 선인문 앞으로 해서 이현궁 앞으로 가는 홍화문 앞길은 이런 발인 경로로 지속적으로 쓰였다.

6

경희궁과
흥화문 앞길

숙종과 영조가 즐겨 찾은 경희궁

광해군의 경희궁 창건

선조와 후궁 공빈 김씨 사이에서 태어난 광해군은 임진왜란이 발발한 직후에 왕세자에 책봉되었다. 세자 책봉을 미루던 선조는 전란으로 왕이 도성을 버리고 북쪽으로 피난 가는 불의의 사태를 맞아 어쩔 수 없이 결단을 내렸다. 광해군은 즉위 후 왕권 유지의 불안감에서 벗어나지 못한 듯해, 재위 중 영창대군을 죽이고 선조비 인목대비를 유폐하는 등 무리한 일을 했다. 1616년(광해군8) 풍수가인 승려 성지(性智)의 인왕산 아래가 명당 자리라는 말을 듣고 이곳에 인경궁을 짓도록 했다. 인경궁 공사가 한찬 진행되던 중에 김일룡이라는 풍수가가 새문동에 왕의 기운이 있으므로 이곳에 궁 세울 것을 건의하자 이를 받아들여 또 궁을 짓기 시작했다. 새 궁은 경덕궁(慶德宮)이라고 했다. 새문동이란 돈의문 안쪽 일대를 가리키며 중종 이후로 왕실 인척들이 터를 잡고 있었다. 경덕궁을 지을 시점에는 정원군이 집을 짓고 살고 있었다. 정원군은 광해군의 이복동생이며 선조와 인빈 김씨 사이의 아들이다. 그 집터에는 왕암이라는 바위가 있고 정원군의 집은 바위 아래 있었는데, 왕암의 기운이 예사롭지 않다는 이야기가 전해 왔다. 경덕궁은 이 왕암을 중심으로 그 일대에 걸쳐 지어졌다. 궁궐이 완성된 것은 착공 2년 후인 1620년(광해군12)이었다. 이때까지 인경궁은 완성을 보지 못하고 계속 공사가 진행되고 있었다. 1623년(광해군15) 인조반정이 일어나면서 광해군이 왕위에서 쫓겨나고 정원군의 아들이 왕위에 올랐다. 뒤에 묘호를 인조라 칭한 왕이다. 정원군 집터에 왕기가 서려 있다던 말이 현실이 되자 사람들이 신기하게 여겼다고 한다.

인조반정 때 창덕궁이 불에 타는 사고가 있었는데, 이듬해인 1624년(인조2)에는 반정의 공훈에 불만을 품은 이괄이 난을 일으키면서 창경궁마저 소실되었다. 어쩔 수 없이 인조는 경덕궁에 들어와 거처하기 시작했다. 대왕대비인 선조비 인목대비는 인경궁을 거처로 삼았다. 인조는 대비를 뵈러 경덕궁의 북문인 무덕문(武德門)을 통해 인경궁을 오갔다. 인목대비가 인경궁에서 승하하자 혼전을 인경궁 승화전(承華殿)으로 했고 인조는 자주 찾아가 제례를 지냈다. 그러나 인경궁은 전각들을 철거해서 1633년(인조11) 창경궁을 다시 짓고 또 1647년(인조25) 창덕궁을 재건할 때 그 자재를 활용해 공사를 벌이면서 거의 자취를 잃었으며 이후 민가들이 들어서면서 완전히 사라지고 말았다. 대신 규모가 크지 않은 경덕궁은 그대로 살아남았다.

이후에 효종이나 현종 때는 창덕궁에 전염병의 조짐이 있거나 또는 왕실에 꺼릴 만한 일이 있어 거처를 다른 곳으로 옮겨야할 때 왕들이 경덕궁으로 옮겨왔다. 또 왕비의 혼전을 장기간 모셔야 할 경우에도 경덕궁의 건물을 활용했다. 그런 보조적인 기능 덕분에 경덕궁은 도성 서쪽의 별궁 역할을 했다.

1760년(영조36)에 영조는 궁궐 명칭을 경덕궁에서 경희궁(慶熙宮)으로 고쳤다. 인조의 부친 정원군은 인조 즉위 후 원종으로 추존되면서 시호를 공량·경덕·인헌·정목·장효(恭良·敬德·仁獻·靖穆·章孝) 대왕으로 했는데 경덕이 발음상 같은 것을 꺼려서 고친 것이다.

바위와 숲과 샘이 있는 궁궐

경희궁이 있는 곳은, 서쪽은 서대문(돈의문)에서 인왕산으로 연결되는 성벽 아래 경사지이고 북쪽은 사직단으로 넘어가는 경사지다. 동쪽과 남쪽이 비교적 평탄하다. 궁궐을 지을 때 풍수가가 전체 터를 잡고 건물의 좌향을 결정한 탓인지 건물의 구성은 다른 궁궐에서 볼 수 없는 특이한 점이 많다. 정문은

지도에 표현된 경희궁. 도성도 부분. 서울대학교 규장각 소장

동남 모서리에 있고 정문을 들어서서 서북방향으로 긴 진입로가 열리고 이 진입로 북쪽을 따라 동궁 영역과 침전 영역이 나오고 정전은 가장 뒤쪽에 자리 잡았다. 정전이 앞에 있고 그 뒤에 침전을 두는 전조후침(前朝後寢)의 일반 원칙과 다르다. 이 궁궐에는 기이한 형상의 서암(瑞巖)이라는 바위가 있고 또 신령스럽게 솟는 샘물이라는 영렬천(靈洌泉)이 있다. 궁궐은 늘 사방에 울창한 숲이 감싸고 있고 서북쪽 궁궐 가장 높은 곳에는 도성이 한눈에 내려다보이는 송단(松壇)이라는 소나무 사이 높은 대(臺)도 있었다. 상궤(常軌)를 벗어난 건물 구성과 독특한 외관을 지닌 전각들, 기이한 바위와 샘물이 있는 경희궁은 조선시대 도성 안의 이채로운 존재였다.

경희궁의 정전은 숭정전(崇政殿)이다. 그 바로 뒤 북쪽에 편전으로 지

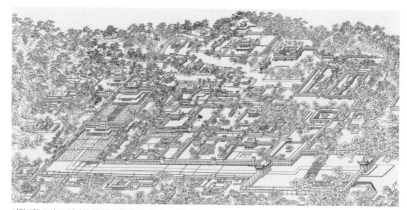
서궐도안 모사도. 명지대 국제한국학연구소에서 제작한 것을 부분 수정한 그림이다. 고려대학교 박물관 소장

은 자정전(資政殿)이 있다. 영조는 어느 날 자정전을 둘러보면서 이 궁이 오히려 창덕궁보다 궁궐 제도를 갖추고 있다는 평을 했다. 편전인 자정전이 정전인 숭정전의 바로 뒤에 놓여 있어서 편전이 정전의 동쪽에 있는 창덕궁보다 오히려 격식을 갖추고 있다는 평가였다. 정전의 서쪽으로 혼전이나 어진을 봉안한 영전(影殿) 즉 왕의 초상화를 모시던 태령전(泰寧殿)과 위선당(爲善堂)이 숲 사이에 자리 잡았다. 내전의 중심은 융복전(隆福殿)이었다. 그 바로 곁에는 회상전(會祥殿)이 있었는데, 회상전은 주로 왕이 거처하는 전각으로 삼았다. 경복궁이나 창덕궁에서 내전의 정침은 강녕전이나 대조전 한 건물만 있었는데, 경희궁에서는 정침인 융복전 곁에 따로 왕을 위한 건물이 추가되어서 색다른 면모를 보였다. 회상전 서쪽에 직각 방향으로 별당인 집경당(集慶堂)이 마련되어 있었다. 이 세 건물이 내전의 중심 건물이었고 그 남쪽에 흥정당(興政堂)이 놓였다. 흥정당은 공식적인 편전은 아니었지만 실제로 왕이 신하들과 국사를 논의하는 일은 대부분 이곳에서 행했다. 편전인 자정전이 숭정전 북쪽 높은 곳에 있어서 오가는데 불편했을 뿐 아니라 자정전을 왕이나 왕비의 빈전

숙종과 영조가 즐겨 찾은 경희궁

으로 이용하는 일들이 있었기 때문에 자연스럽게 흥정당이 편전 구실을 한 것이다. 흥정당 동편으로 동궁전인 승휘전(承暉殿)이 있었는데 숙종 때 화재를 당한 후에 복구하지 않았다. 대신 집무소인 경현당(景賢堂)이 주로 쓰였다.

경희궁의 진면목은 광명전(光明殿) 주변이었다. 주로 왕실의 대규모 연회를 여는 용도로 지어진 광명전을 두고 영조는 경희궁에서 가장 잘 지은 건물이라는 평을 했다. 〈서궐도안〉에 그려진 광명전 주변은 옆에는 직각 방향으로 부속 건물이 자리 잡고 뒤로는 울창한 수목 사이로 크고 작은 정자들이 있고 연못이 있는 별천지로 묘사되어 있다. 대비들이 머물던 장락전(長樂殿)은 건물 앞으로 중층 누각이 좌우에 뻗어 있어서 다른 궁궐에서는 찾아볼 수 없는 독특한 외관을 꾸미고 있다.

숙종과 영조가 즐긴 경희궁

숙종은 경희궁과 인연이 많았다. 왕은 이곳 회상전에서 태어났으며 융복전에서 승하했다. 재위 중에 여러 차례 창덕궁과 경희궁을 오가며 지냈다. 경희궁은 전각도 많지 않고 또 규모도 크지 않은데다 넓은 빈터도 거의 없었다. 따라서 왕이 단기간 머무는 데는 큰 문제가 없지만 대규모 행사를 치르기에는 제약이 많았다. 외국 사신이 왔을 때 접대하는 데 궁색한 점도 있었다. 그럼에도 불구하고 숙종은 숲이 우거지고 전각들이 아기자기하게 꾸며진 이곳에 머물기를 즐겼다.《궁궐지》〈경희궁편〉에 수록된 숙종이 지은 시는 30편이 넘는다. 전각 주변의 경치를 비롯해서 건물에서 일어난 일 또는 건물과 얽힌 일화를 두고 많은 시를 짓고 짧은 글인 명(銘)을 다수 지었다.

숙종은 왕암 바위의 신령한 모습을 아끼고 바위 이름을 상서로운 바위라는 뜻으로 서암이라 지었다. 지금도 왕의 글씨가 바위에 새겨져 있다. 서암 바위 남쪽으로 영렬천이라는 샘물이 있어서 물이 마르지 않고 시원했다. 영렬천 곁에는 혼전 건물인 영경당(靈慶堂)이 있었다. 숙종은 영경당 서쪽의 궁장이 낮아서 바깥 길에서 안이 들여다보이는 것을 꺼려 담을 높게 쌓도록 하고 또 영경당 이름을 고쳐 위선당이라 했다. 위선당 주변은 조망도 좋고 주변 경관이 아름다워 후에 영조는 위선당 8경을 지었다.

영조 역시 경희궁에 자주 이어했다. 영조는 재위 20년대에도 경희궁에 이어했지만 재위 37년부터는 완전히 거처를 경희궁으로 정하고 재위 52년 승하할 때까지 다른 곳으로 옮기지 않았다. 그 사이 1762년(영조38)에는 창경궁에서 아들 사도세자를 뒤주에 가두어 죽였다. 이런 사건이 영조로 하여금 재위 말년 15년간을 경희궁에서만 지내도록 했을지도 모르겠다. 사도세자 사후에는 손자를 왕세손에 책봉해 경희궁에서 함께 지냈다.

영조는 경희궁에서 지내면서 많은 자취를 남겼는데, 특히 숙종이나 선왕 경종, 또는 숙종 계비 인원왕후와 연관된 사연이 있는 건물에 대해서는 옛 일을 회상한 수많은 글을 짓고 이를 편액으로 제작해서 건물에 걸어두도록 했다. 지금도 이 편액들이 국립고궁박물관에 남아 있어서 영조가 경희궁과 가졌던 각별한 인연의 자취를 전하고 있다.

영조는 1776년(영조52) 집경당에서 승하했다. 뒤를 이은 정조는 경희궁 숭정문에서 즉위했으며 즉위 후 1년 반 정도를 계속 경희궁에서 지냈다. 그러나 정조가 머물던 존현각(尊賢閣)에서 왕의 신변에 위해를 가하려는 음모가 벌어지면서 거처를 창덕궁으로 옮겼다. 정조는 이후 한 번도 경희궁으로 이어하지 않았다. 뒤를 이은 순조, 헌종, 철종은 왕실에 특별한 일이 있을 때 짧은 기간 경희궁으로 거처를 옮겼다.

고종연간의 쇠락

경희궁은 1620년(광해군12) 창건한 이후 19세기 초까지 거의 200년 넘도록 큰 화재를 겪지 않고 전각들이 온전하게 유지되었다. 왕이 실제로 거처한 기간이 창덕궁에 비해 상대적으로 길지 않았기 때문에 그만큼 화재를 당할 위험도가 낮았기 때문이다. 그러나 1829년(순조29) 10월, 사람이 거주하지도 않던 경희궁 회상전 부근에서 불이 나면서 내전 대부분이 불에 타는 사고가 벌어졌다. 복구는 이듬해 봄부터 시작되어 1831년(순조31) 4월에 완료되었다. 화재 이전의 모습을 그대로 복구하는 수준이었다.

경희궁의 내전 복구공사가 한창 진행되던 1830년(순조30) 8월에는 창경궁 내전이 모두 소실되는 사건이 벌어졌다. 창덕궁에 머물고 있던 왕은 1832년(순조32) 7월, 거처를 내전이 복구된 경희궁으로 옮겼다. 경희궁에서 지내던 중 1833년(순조33) 10월에는 빈 궁궐인 창덕궁의 내전에서 큰 불이 나면서 대조전, 희정당을 비롯한 내전의 모든 전각들이 타버렸다. 창덕궁 복구는 곧바로 시작되었으며 미처 복구하지 못하고 있던 창경궁 내전도 함께 공사가 진행되어 두 곳의 복구는 창경궁이 1834년(순조34) 4월, 창덕궁이 9월에 완료되었다. 그러나 순조는 복구된 동궐에는 돌아가지 못하고 그 해 11월 경희궁 회상전에서 숨을 거두었다. 순조의 시신을 안치할 빈전은 장락전으로 했다.

순조의 뒤를 이은 헌종이 경희궁 숭정문에서 즉위했다. 즉위 5개월 후인 1835년(헌종1) 4월 17일, 순조의 관이 궁을 떠나는 발인이 이루어지자 다음날 왕은 창덕궁으로 거처를 옮겼다. 이후 경희궁은 더 이상 국왕이 머무는 거처로는 활용되지 못했다.

고종이 왕위에 오르고 3년째 되던 1865년(고종2) 경복궁 중건이 시작되었다. 근 270여 년 동안이나 빈터로 남아 있던 조선의 정궁이 다시 제 모습을 되찾는 사업이 시작된 것이다. 경복궁을 다시 짓는 공사는 도중에 마련해 놓은 자재들이 불에 타는 등 어려움이 있었지만 흥선대원군의 강력한 의지로 온갖 난관을 극복하고 3년 후에는 왕이 근정전에서 신하들의 축하를 받는 행사를 치를 수 있었다. 그런데 경복궁의 중건과 함께 250여 년 궁궐의 면모를 유지해 오던 경희궁은 거의 빈껍데기만 남은 곳이 되고 말았다. 경복궁을 중건하는 데 필요한 자재를 충당하기 위해서 경희궁에서 궁장과 문 및 정전이나 편전, 흥정당을 제외한 거의 대부분 건물이 철거되고 말았다. 이후에 경희궁은 뽕나무를 심어 왕실의 수요에 충당하는 데 쓰이거나 군사들의 조련장 또는 창고로 활용되는 등 거의 궁궐의 면모를 상실하고 말았다.

숙종과 영조가 즐겨 찾은 경희궁

경희궁을 둘러싼 문과 가로

궁장과 출입문

현재 경희궁 터는 서울역사박물관이 들어선 자리와 그 서쪽 경희궁 공원으로 쓰이는 일대가 쉽게 눈에 들어오지만 본래의 경희궁 궁장은 이 일대를 훨씬 넘어선 넓은 지역에 걸쳐 있었다. 우선 동쪽으로 보면 서울역사박물관의 동쪽 현재 주택지와 음식점들이 섞여 있는 지역이 모두 포함되어 있어서 경희궁의 아침이라는 주택 단지의 경계까지 동쪽 궁장이 있었다. 북쪽은 현재 성곡미술관 뒤로 사직단으로 넘어가는 곳까지 펼쳐져 있었다. 서쪽은 서울성곽의 서쪽 성벽과 경계를 함께 했는데 지금은 궁터 자리에 서울특별시교육청이 들어와 있다. 그 뒤로는 높은 경사지에 기상관측소가 있다가 지금 기상산업진흥원이라는 기관이 쓰고 있는데, 이곳은 경희궁의 가장 높은 전망시설인 송단이 있었던 자리에 해당한다. 서울역사박물관 남쪽의 큰길 역시 일부는 궁터였다.

궁장의 형태는 굴곡이 많은 지형만큼이나 불규칙하다. 전체적으로는 타원형에 가깝지만 일직선을 이루는 곳은 거의 없고 구부러지고 휘어진 담장이 지형의 높낮이에 따라 구불구불 이어졌다. 지금도 궁장의 일부가 남아 있는데 서남쪽 궁장 일부가 지금 어느 음식점 마당 뒤에 남아 있고 '경희궁의 아침'이라는 주택단지와 경계를 이루는 내수근린공원의 높은 곳에 일부가 있다. 다만 궁장은 근래에 수리를 하면서 사고석으로 치장하는 바람에 토벽에 막돌을 끼워놓았던 본래의 모습을 잃었다.

경희궁의 궁장에는 모두 다섯 군데 출입문이 있었다. 동남 모서리에 정문인 흥화문(興化門)이 있었고 그 북쪽 가까이에 궁에서 심부름하는 사람들이 드나들던 흥원문(興元門)이 있었다. 흥화문의 서쪽, 현재 흥화문을 복원해 놓은 위치쯤이 일반 관리들이 출입하던 개양문(開陽門) 자리이고 서쪽에 숭의문(崇儀門)이 있었다. 정문인 흥화문 다음으로 중요한 문은 북문인 무덕문(武德門)이었는데, 그 위치는 지금 축구회관 바로 북쪽 길 한가운데로 추정된다. 여러 문들이 모두 자취를 잃고 사라지고, 흥화문만 본래 자리 대신 과거 개양문이 있던 부근에 다시 세워져 있다.

단층으로 지은 흥화문

현재의 흥화문 건물은 과거 개양문이 있던 자리 부근에 옮겨서 세워져 있다. 1931년 장충단 부근으로 이전되어 일본 절의 정문으로 쓰이다가 지금 위치로 옮겨왔다. 위치는 달라졌지만 형태가 달라지지는 않았다. 건물은 정면 3칸, 측면 2칸의 단층이며 다포식의 공포를 짜고 겹처마에 지붕은 우진각지붕을 한 모습이다. 경복궁 광화문은 석축 위에 중층 지붕이었고, 창덕궁 돈화문은 정면 5칸의 중층 건물이며 창경궁 홍화문은 정면 3칸의 중층 지붕이

경희궁을 둘러싼 문과 가로

20세기 초 흥화문 전경. 국립중앙박물관 유리 건판 사진

었다. 따라서 앞의 세 사례에 비하면 흥화문은 건물 형식으로는 가장 낮은 것이라고 말할 수 있다. 이후에 덕수궁의 정문이 흥화문과 같이 정면 3칸 단층으로 지어졌다. 정문의 격식이 낮은 것은 경희궁이 도성 서쪽의 별궁으로 지어진 데 기인된다고 판단된다. 지붕을 우진각 형식으로 한 것은 궁궐 정문에서 공통적으로 나타나는 점이다.

흥화문 건물에서 눈에 띄는 부분은 가운데 어간의 기둥 간격 폭과 좌우 협간의 폭이 거의 차이가 나지 않는 점이다. 즉 어간이나 협간이나 모두 4.7미터 즉 약 15자이다(영조척 1자 31센티미터). 보통 출입문에서는 어간을 좌우 협간보다 넓게 잡아 어간의 위상을 높이는 것이 일반적이지만 여기서는 거의 차이를 두지 않았는데, 그것이 어떤 이유인지는 잘 알 수 없다. 공포는 전형적인 17세기 다포식의 시대적 특징을 갖추고 있다. 쇠서는 완만하게 아래로 내려간 곡선을 그리고 있고 내부의 살미 끝부분은 후대 같은 요란한 장식이 보

240

이지 않는다. 흥화문의 공포 모습은 같은 시기에 지어진 숭정전과 동일하다.

궁궐 정문을 누각식 중층으로 짓는 것은 상층에 북을 올려놓아서 왕의 출궁이나 환궁 때 북을 울려 왕의 움직임을 주변 사람들에게 알리는 목적이 있었다. 단층인 흥화문에서는 북을 놓을 마땅한 곳이 없어서 출입문 기둥 좌우에 북을 놓고 움직이지 않도록 묶어 놓았다고 한다. 이 문은 처음 동향해 있었지만 1915년에 남향으로 방향을 바꾸는 공사가 한 차례 있었다. 옛 사진에 의하면 처음 동향해 있을 때 문 앞으로 길게 월대가 마련되어 있는 모습을 볼 수 있는데, 남향으로 방향을 바꾸면서 월대가 사라졌으며 1988년 문을 지금 위치에 다시 지을 때에도 월대는 복구되지 못했다.

운종가로 이어진 흥화문 앞길

1701년(숙종27) 2월, 장차 왕이 경희궁에 이어할 것에 대비해서 한성부에서 흥화문 앞길의 도로 상태를 점검했다. 그 결과 도로 폭이 일정하지 않고 들쭉날쭉해 이를 바로잡았다는 기사가 《승정원일기》에 보인다. 한성부가 살펴보니, 송고교병문(松糕橋屛門)이란 곳이 가장 넓어서 48자2치(약 15미터)가 되었고 좁은 곳은 비변사 대문 앞으로 35자5치(약 11미터)였다. 이에 송고교병문을 기준으로 48자로 도로를 정비하기로 했는데, 그러기 위해서 도로를 침범해 있는 초가 여덟 채와 기와집 여덟 채 도합 열여섯 채 살림집을 철거하기로 하고 왕의 허락을 받았다고 한다. 숙종 때 정비로 흥화문 앞길은 도로 폭 15미터를 유지하면서 종루 쪽으로 곧장 연결되었던 것으로 보인다.

영조 때 제작된 〈도성대지도〉를 보면, 흥화문 앞으로 운종가로 이어지는 대로변 북쪽에는 훈국신영 즉 훈련도감의 신청사가 있고 이어서 비변사 청사가 있고 조금 더 나아가면 북쪽으로 야주현이라는 고개로 넘어가는 야

경희궁을 둘러싼 문과 가로

주개길이 그려져 있다. 훈국신영 바로 앞에서 길이 서남쪽으로 갈라지면서 돌다리를 지나면 돈의문으로 가는 큰길이 난다. 송고교는 어디에 있는지 〈도성대지도〉에는 그려져 있지 않다. 따라서 흥화문 앞길은 흥화문 조금 앞에서 서남쪽으로 돈의문 즉 지금 서대문 방향으로 길이 나 있었다고 짐작된다.

〈도성대지도〉에는 흥화문 앞에서 서남쪽으로 난 큰길이 돈의문까지 뻗어 있고 중간쯤에 관상감이 있고 뒤에 경희궁의 남문인 개양문이 표시되어 있다. 또 돈의문 북쪽 성벽을 따라 조금 올라간 위치에 숭의문이 있고 돈의문에서 숭의문 사이에 가는 샛길이 그러 있다. 흥화문 북쪽 궁장을 따라가면 흥원문이 있고 역시 흥화문에서 흥원문까지 샛길이 열린 것이 보인다. 궁장 북쪽 무덕문 앞으로 작은 길이 열려서 사직단 남쪽으로 이어진 모습도 확인할 수 있다.

결국 경희궁의 궁장 주변 다섯 출입문은 각각 운종가로 이어지거나 돈의문과 연결되기도 하고 또 사직단과도 이어지면서 도성 서쪽의 궁궐로서 주변 시설들과 크고 좁은 길을 통해 소통하고 있었던 셈이다. 지금은 궁장 자체가 모두 사라져 버리고 궁역이 크게 축소되어 주택가로 변모하거나 공공시설이 들어서면서 주변과 단절된 채로 남아 있다. 더욱이 다른 궁처럼 궁장이 남아 있지 않기 때문에 궁궐의 윤곽조차 파악하기 어렵게 되어 있는 상태이다. 그러나 적어도 17세기에서 19세기 초까지 경희궁의 궁장 출입문과 그 앞 도로들은 도성 서쪽 지역에서 궁궐의 색다른 면모를 지니고 주민들의 의식세계 속에 뚜렷하게 각인되어 있었는데, 흥화문 앞에서 벌어졌던 행사들에서 이를 짐작해 볼 수 있다.

흥화문 앞길의 행사

영조는 왕자 시절 생모 숙빈과 함께 사가에 나가서 성장한 경험을 갖고 있다. 그런 어린 시절의 기억 때문인지 다른 왕에 비해 백성들의 실생활에 많은 관심을 보였다. 그중 하나로 1749년(영조25)에는 임문휼민이라는 제도를 만들어 궁궐 문에서 불쌍한 백성들을 돌보는 행사를 자주 치렀다. 이런 일시적인 행사로 힘겨운 백성들의 삶이 얼마나 개선될 수 있었을지는 의문이지만 국왕으로서 이런 정도의 관심과 실천을 보인 경우도 흔한 것은 아니었다.

영조는 창경궁 홍화문에서 두 차례 백성들에게 쌀을 나누어 주는 사미행사를 벌였는데, 경희궁 홍화문에서는 실록에 기록된 것만도 모두 여덟 차례 행사를 가졌다. 쌀을 나누어 줄 뿐 아니라 직접 백성들을 불러 생활의 어려움이 무엇인지 들으려 했다.

첫 번째 사미행사를 1762년(영조38) 1월 4일에 있었다. 또 두 달쯤 지난

3월 9일에도 사미를 했다. 이때는 이틀 전에 왕이 육상궁을 들러 전배를 하고 나서 북부 순화방과 여경방의 70세 이상 노인들을 경희궁으로 부르도록 지시해 노인들에게 쌀과 비단을 나누어 주었다. 1766년(영조42) 9월 3일에는 홍화문으로 백성들을 불러 쌀을 내리되 건장한 이들에게는 쌀 다섯 말을, 약해 보이는 사람들에게는 쌀 세 말을 내렸다. 또 참석한 사람들 중에 가장 나이가 많고 약해 보이는 노인에게는 베 한 필도 함께 내려 주었다. 이날 쌀을 받은 사람이 몇 명이나 되었는지 사료에 밝히지 않아서 알 수 없지만 왕이 직접 홍화문 앞에 나와서 치른 행사이니 만큼 제법 무리를 이루었다고 짐작된다. 이날 행사에는 사도세자도 곁에서 자리를 했다.

1769년(영조45) 1월 5일, 새해 들어 첫 번째 조참의례를 숭정문에서 치렀다. 왕은 새해 들어 일흔여섯이 되었는데 여든을 바라보는 나이가 되자 스물에 총관이 되어 이 문에서 칼 차고 문을 지키던 일을 회상했다. 이틀 후에는 홍화문에서 백성들에게 쌀 나누어 줄 것을 명했다. 1월 7일 홍화문 앞에 모인 백성들에게는 고루 쌀 세 말씩을 나누어 주었다. 그중 강원도 금화에서 한양에 올라와 떠돌이 하는 사람에게는 시골의 형편을 묻기도 했다.

보통 사미행사를 하면 사궁민(四窮民)이라고 지칭되는 환·과·고·독(鰥寡孤獨) 즉 생활이 어려운 노인, 과부, 홀로 사는 사람들이 대상이었다. 1770년(영조46) 1월 2일의 행사에는 특별히 사민 외에 걸인을 대상으로 했다. 참석한 사람들이 예상외로 많자 호조판서가 "걸인이 이와 같이 많지는 않을 것인데, 요즈음 간사한 짓이 점점 늘어 부당하게 받는 자가 있을 듯싶습니다."고 아뢰었다. 자격이 없는 자가 걸인이라 속이고 있다는 지적이었다. 이에 왕이 말하기를 "모두 나의 백성들이니 비록 부당하게 받는 일이 있더라도 무엇이 해로울 게 있겠는가?"고 했다고 한다. 쌀 나누어 주는 행사 외에도 영조는 이따금 백성들을 홍화문 앞에 불러 모으고 왕이 문에 직접 나와 앉아서 여러 가지 생활의 어려움을 묻고 들었다.

　영조는 재위 9년경부터 술을 금하는 조처를 취했는데, 사대부가에서 이를 어기는 일이 잦았다. 1764년(영조40) 4월 26일, 왕은 흥화문 앞에 백성들을 크게 모아놓고 포도청에 명해 술 빚기를 금지한 영을 어긴 사대부 일곱 사람을 붙잡아 오게 해 군중 앞에서 조리돌리게 하고 서민으로 삼아 절도와 육진에 정배를 보냈다.

태조와 세조의 초상화 흥화문을 오가다

경희궁은 왕이 거처하지 않는 기간이 훨씬 많았는데 이렇게 빈 궁궐이 되었을 때, 경희궁의 전각들은 다른 용도로 활용되곤 했다. 그 가운데 특별한 행사로 어진 즉 임금의 초상화를 모사하는 작업이 있었다. 영희전 같은 곳에 모셔져 있는 역대 임금의 어진은 퇴락하면 새로 모사 작업을 하고 나서 새 어진을 본래의 자리에 모시게 되는데 어진 모사 작업을 경희궁에서 치렀다. 어진을 모시고 오거나 내가는 절차는 마치 생전의 임금을 모시듯 하는 각별한 것이어서 모처럼 흥화문 앞길이 성대한 행렬을 이루곤 했다. 그 가운데 주목할 일로 1735년(영조11) 영희전에 모신 세조의 어진을 경희궁에 옮겨온 일과 1837년(헌종3) 멀리 함경도 영흥 준원전에 모신 태조 어진을 경희궁까지 모시고 와서 새로 모사한 후 다시 준원전으로 보낸 행사를 꼽을 수 있다.

　1735년(영조11) 7월 28일, 영조는 즉위 11년째를 맞이해 영희전에서 작헌례를 치렀다. 이때 제2실에 모셔져 있는 세조의 영정이 많이 퇴락한 것을 보고 이를 새로 단장할 것을 명했다. 그러나 영정을 새로 단장한다는 것은 간단한 일이 아니어서 우선 오래된 그림을 보고 그대로 모사를 하고 퇴락한 오래된 그림은 세초 즉 지워버려야 하는 것인데, 이 작업에는 시간도 소요될

뿐 아니라 그 작업 과정이 마치 살아계신 임금을 대하듯 조심스럽게 움직여야만 했다. 따라서 모사하는 작업을 영희전에서 그대로 하지 못하고 어디 비어 있는 조용한 장소를 택하기로 했는데 그 장소로 경희궁의 광명전을 택했다. 이 결정에 따라 모든 준비를 갖추고 영희전에서 세조의 영정을 가마에 태워 건물을 나선 것이 그 해 8월 21일이었다. 이때 영조는 창덕궁에 거처하고 있었는데, 행사 당일에 창덕궁에서 영희전까지 와서 작헌례를 한 후에 영정은 큰 상자에 넣어 가마에 모시고 그 뒤를 왕이 탄 가마가 따랐다. 문무백관은 경희궁 흥화문 앞에 동서로 도열해서 선왕의 영정을 맞이할 준비를 하고 대기했다. 이윽고 영정을 모신 가마가 영희전 대문을 나섰다. 영희전에서 흥화문까지 가는 경로는 이 행사를 기록한《영정모사도감의궤》에 아래와 같이 상세하게 적었다.

영희전 대문-홍살문-죽전동사거리-혜민서 전로-구리고개병문 전로-소광통교 석교-대광통교 석교-종루 전로-생선전 전로-혜정 석교-경복궁 동구-삼간병풍 석교-야주고개-흥화문

행렬은 앞뒤로 울긋불긋한 깃발이 나부끼는 가운데 군사들이 사방을 에워싸고 붉고 푸른 산과 선이라는 장식이 달린 긴 막대가 열을 지었다. 영정은 무사히 광명전에 봉안되었지만, 이날 행사에는 고위 관원들이 많이 참석하지 않았다. 화가 난 왕은 3품 관리들은 파직시키고 2품 이상 관원들에게도 처벌을 내렸다. 특히 이날 종부시에서 불참 관원의 처벌을 강력하게 청했는데, 왕실 친인척으로 구성된 종부시로서는 세조 영정을 이봉하는 행사를 소홀히 여긴 고위 관리들에 대한 감정이 좋지 않았던 듯하다.

광명전에 모셔진 영정을 두고 이태(李珆)와 장득만(張得萬, 1684~1764)이

라는 왕실 화가가 모사 작업을 시작했다. 영정 모사는 열흘 정도에 완성되고 9월 16일에는 다시 신구 두 영정을 영희전으로 모시고 갔다. 이때는 구 영정을 다시 걸어 두고 신 영정은 상자에 보관했다고 한다.

1837년(헌종3) 9월 28일, 태조의 어진을 봉안한 함경도 영흥부 준원전에 도둑이 들었다. 값 나가는 그릇을 훔치려고 들어간 도둑은 실수로 어진에 연결된 끈을 당기는 바람에 어진이 넘어지면서 테두리가 부서지고 말았다. 달아난 도둑은 며칠 후 붙잡혔으며 함경감사는 왕에게 사건을 급히 보고했다. 왕실에서는 손상된 어진을 서울로 모셔와 경희궁의 빈 전각에 두고 모사해 다시 봉안하기로 결정했다. 임시로 봉안할 장소로는 역시 광명전이 선택되었다.

준원전이 있는 영흥부에서 한양까지는 험난한 여정이었다. 무사히 한양까지 어진을 모셔왔다가 다시 영흥까지 모시고 가야 하는 쉽지 않은 일정이 기다리고 있었다. 어진은 영정궤에 모시고 큰 가마에 태워 이동하기로 하였는데, 문천군을 필두로 덕원부, 안변부, 금화현, 영평현, 양주부 등 일곱 고을 이상을 통과해야 했다. 가마가 이동하는 데에는 수십 명의 가마꾼과 이를 호위하는 군사들이 필요했는데 이들은 연도의 고을에서 인원을 내보내기로 하고 대신과 예조당상이 전 일정을 인솔하도록 했다. 또 각 고을 백성들을 동원해 이동하는 도로를 고치고 다리도 놓았으며 길에는 황토를 깔도록 했다. 머무는 곳은 각 고을 객사로 하고 객사 정청에 어진을 봉안하고 수행 관리들이 익사에서 잤다.

태조 어진이 한양 흥인지문을 들어선 것은 그 해 12월 5일이었다. 즉위 4년째인 헌종은 아직 나이 열하나에 지나지 않았고 국정은 대왕대비 순원왕후가 수렴청정을 하는 상황이었다. 그러나 이런 행사에는 왕이 직접 맞이하는 일을 해야 했으므로 헌종은 돈화문에 미리 나가서 있다가 어진을 모신 가마가 창덕궁 동구에 이르자 나아가 절을 올리고 가마가 경희궁으로 이동하자 창덕궁으로 돌아들어갔다. 그런데 이때 행렬을 구경하는 사람들이 경우궁 뒤 언덕과 여염의 담장 위에 올라가 내려다보는 일이 있었다. 왕은 구경꾼들을 단속하도록 하고 어진이 돌아갈 때는 이런 일이 또 발생하지 않도록 엄히 다스리라는 분부를 내렸다. 한양의 백성들은 어떤 구경이든지 놓치지 않고 이를 구경하는 데 이골이 난 듯하다.

광명전에 무사히 봉안된 어진은 손상된 곳을 손 보고, 화원이 새로 모사를 시작했는데,《영정모사도감의궤》에 의하면 초본 하나를 미리 그리고 또 부본을 그린 후에 정본 제작에 착수했다고 하며 정본 모사가 완료된 것은 이듬해 2월 22일이었다고 하며 초본과 부본은 세초하고 불에 태워 없앴다고 했다. 아마도 어진을 모사하는 과정에서는 이처럼 초본이나 부본을 그려 연습을 한 후에 정본을 그린 것으로 보인다.

모사가 완성되자 수리를 마친 구본과 새로 만든 신본 두 점을 영정궤에 모시고 다시 흥화문을 출발했다. 출발 일은 2월 27일이었고 영흥부 준원전에 다시 봉안된 것은 3월 6일이었다.

흥화문을 들어가는 종묘의 27신위

종묘는 역대 임금의 신주를 모신 곳이다. 조선왕조가 가장 신성하게 여긴 건물이라고 할 수 있다. 종묘는 처음 창건할 때 신실을 5실로 잡았다가 세종 때는 별전인 영녕전을 지어 실을 늘렸다. 다시 명종 때 정전을 11실로 늘렸다. 임진왜란으로 소실되었다가 재건될 때도 11실이었는데 계속해서 신주가 늘어가는 바람에 영조 때 4실을 추가해서 15실이 되었다. 영녕전도 12실로 늘어났다. 이렇게 건물을 증축하게 되면 공사 기간 동안 신주를 다른 곳에 모셔야 하는데 그럴 때 활용된 것이 경희궁이었다. 현종 때 영녕전 증축 공사와 영조 때 정전 4실 증축 공사 때 이미 경희궁의 전각을 사용했다.

　조선 제24대 왕인 헌종은 순조의 손자이고 부친은 효명세자이다. 헌종이 즉위하면서 효명세자를 익종으로 추존했다. 그에 따라 순조의 3년 상을 마치고 종묘에 신주를 부묘할 때 익종의 신주도 함께 부묘하지 않으면 안 되었다. 그런데 종묘 정전에는 신실의 여유가 없었다. 부득이 정전과 함께 영녕전도 각각 4실씩 증축하기로 했다. 정전과 영녕전 두 곳을 한꺼번에 증축 공사를 하는 것은 17세기 이후 처음 있는 일이었다. 전례에 따라 공사 기간 동안 신주들은 경희궁에 모시기로 했다. 옮겨가야 할 신주가 무려 27위에 달했다. 정전과 영녕전에 모신 신주 중에는 태조의 4대조를 비롯해서 후에 추존한 왕들의 신주들이 모두 다 모셔져 있었기 때문이다.

　1836년(헌종2) 1월 10일, 정전에 모신 15위의 신주와 영녕전의 12신주를 합해서 모두 27신주가 한꺼번에 종묘 대문을 나와 경희궁 홍화문으로 이동했다. 조선 건국 이래 이렇게 많은 역대 임금의 신주가 한꺼번에 도성 한가운데를 지나간 일은 이전에도 이후에도 없었다. 신주는 여덟 개의 신련(神輦, 신주 모신 가마)에 분산해서 모시고 향을 모신 향용정이 각 신련 뒤를 따랐다. 행렬의 맨 앞에는 사령이 행렬을 알리고 그 뒤를 한성부 당상, 사간원의 관리를 비롯해 초관, 천총 등 대장들이 가고 청룡, 주작 깃발에 천하태평기가 뒤를 잇고 붉은 우산, 푸른 부채를 장식한 장대가 길게 이어지고 이어서 여덟 명이 한 조가 되어 어깨에 맨 여덟 개의 신련이 차례차례 가고 뒤를 이어 사이사이에 향용정이 따르고 그 뒤에도 붉은 우산과 푸른 부채가 줄줄이 가고 군사들과 관원들이 길게 행렬을 이어갔다. 행렬이 거쳐 간 경로는 다음과 같다.

　　종묘 대문-종묘 동구-창덕궁 동구 전로-통운 석교-종루 전로-운종가-혜정 석교-경복궁 동구 전로-삼간병문 석교-야주고개병문 전로-

홍화문

최종 출입문인 홍화문 안으로 끝을 알 수 없는 긴 행렬이 줄을 이었다. 정전 1실에서 8실의 신주는 광명전으로, 9실에서 15실 신주는 장락전으로, 영녕전의 신주는 위선당, 태령전, 자정전에 각각 나누어 모셨다. 그 사이에 정전과 영녕전을 증축하는 공사가 신속하게 진행되어 3개월이 안 된 3월 27일에는 다시 경희궁에 모셨던 모든 신주들이 홍화문을 나와 종묘로 돌아가는 행렬이 재현되었다.

이번 행렬은 임금 신주를 모시고 가는 것인 만큼 경호에 각별한 주의를 해서 잡인들이 담장 위에 올라가거나 높은 곳에서 행렬을 구경하거나 하는 일은 없었던 듯하다. 이를 위해 훈련도감의 군사 400명을 비롯해서 도성의 각 군영 군사들이 주변 가로를 가로막고 주민들의 접근을 엄하게 막았다.

홍화문을 나서는 한 많은 혼령들

단경왕후 신씨는 중종비로, 좌의정을 지낸 신수근의 딸이다. 1499년(연산군9) 성종의 둘째 아들 신성대군과 혼인했다. 혼인생활 7년째 되던 1506년(중종 원년) 반정이 일어나 연산군이 쫓겨나고 신성대군이 왕위에 오르면서 왕비가 되었다. 그러나 아버지가 반정 모의를 반대하면서 역적으로 내몰려 7일 만에 왕비의 자리에서 폐위되었다. 1557년(명종12) 사가에서 일흔하나에 죽고 시호도 없이 신비로 불렸다. 오랫동안 존재가 묻혀 있던 신비의 복위 청원이 구체화된 것은 영조 즉위 이후였다. 이미 숙종 때 단종이 복위되면서 억울하게 쫓겨난 인물에 대한 복위 분위기가 커졌다. 1739년(영조15) 신비에 대한 복위 상소가 올라왔고 영조는 몇 차례 논의 끝에 이를 수락했다. 신비에게는 단경이라는 시호가 정해졌다. 왕비로 복권이 되자 다음 단계로는 종묘의 중종신실에 부묘하는 절차가 기다리고 있었다. 부묘를 하기 위해서는 일정 기간 혼전에 신주를 모셨다가 종묘에 모시고 가는 절차를 밟아야 했으므로 경희궁의 위선당을 혼전으로 삼았다. 이 해 5월 1일, 홍화문 앞에 문무백관이 늘어선 가운데 단경왕후 신주가 천천히 홍화문을 나와 운종가를 가로질러 종묘 대문으로 들어가 종묘 정전의 중종신실 남편의 신주 곁에 모셔졌다. 왕비의 자리에서 쫓겨난 지 무려 233년만의 일이었다.

1776년(정조 즉위) 3월 10일, 영조의 뒤를 이어 즉위한 정조는 즉위 열흘이 지난 3월 19일에 영조의 맏아들이었던 효장세자를 왕으로 추존해 진종(眞宗)이라는 시호를 붙였다. 아울러 세자빈이었던 현빈(賢嬪)은 효순왕후로 추숭했다. 영조는 승하하는 자리에서 효장세자를 추존할 것을 유지로 남겼다고 하며 이를 시행한 것이다. 정조는 생부 사도세자가 죽은 후에 왕실 족보상 효장세자의 아들로 입적되어 있었다. 효장세자의 추존은 정조의 즉위가 왕에서 왕으로 이어진다는 것을 상징하는 일이었다. 진종과 효순왕후가 추존되자 장차 이들을 종묘에 모셔야 하는 절차가 기다리고 있었다. 종묘에 모시기 위해 일정 기간 신주를 새로 만들어 혼전에 봉안하는 과정이 따랐다. 종묘에 모시는 시기는 영조 신주의 부묘 때 함께 치르기로 했다.

영조의 첫아들 효장세자는 영조가 왕위에 오르기 전에 창의궁에서 1719년(숙종45) 태어났다. 일곱 살 되던 해에 아버지가 왕이 되면서 곧바로 세자에 책봉이 되고 아홉 살에는 관례를 치르고 바로 혼례까지 치렀다. 신부는 나이 열셋인 좌의정 조문명의 딸이었다. 그런데 혼례를 치르고 불과 1년 만인 1728년(영조4)에 세자가 승하했다. 열넷에 졸지에 남편을 잃은 효장세자빈은 궁궐 안에 그대로 남았다. 7년 후인 1735년(영조11) 현빈으로 봉해졌다. 이 해에는 시동생 되는 영조의 둘째 아들(사도세자)이 두 살에 세자로 책봉되었다. 1743년(영조19)에는 세자가 혼인을 해 왕실에는 새로운 세자빈(혜경궁)이 등장했다. 궁중에서 현빈의 설자리는 거의 없었다. 유일한 위안은 시아버지 영조의 보살핌이었다. 영조는 맏아들 효장세자에 대한 추모하는 정을 지니고 있었고 그런 만큼 현빈을 측은하게 여기며 왕실 행사에서 현빈이 홀대받지 않도록 그 자리를 배정하는 등 세심한 배려를 해 주었다. 승지가 문안할 때는 반드시 세자빈에 이어 현빈에게 문안을 올리도록 했고 왕이 창의궁에 마련해 놓은 효장세자 사당에 직접 갈 때 현빈을 데리고 가기도 했다. 현빈은 서른일곱되던 1751년(영조27) 창경궁 건극당에서 숨을 거두었다. 승하 후에는 남편의 사당에 신주를 함께 봉안했다.

그로부터 25년이 지나서 남편이 진종으로 추존되고 자신은 효순왕후로 추숭된 것이다. 추숭 후 효순왕후 신주는 경희궁 태령전에 진종과 함께 봉안되어 혼전의 의례 대상이 되었다. 조석으로 상식이 올려지고 애도하는 절차가 이어졌다. 드디어 영조의 삼년상이 모두 끝나고 영조와 영조비 정성왕후 신위가 종묘에 모셔지는 날, 남편 진종과 함께 효순왕후 신주도 경희궁 태령전을 나와 홍화문을 거쳐 종묘에 모셔졌다. 홍화문 앞에서는 문무백관이 동서로 나누어 서서 신주가 나가는 것을 바라보며 절을 올렸다. 종묘에서는 정전 제13실의 영조 신실 바로 곁 제14실에 안장되었다.

단경왕후나 효순왕후나 불행한 일생을 살았다. 비록 세월이 오래 흐른 뒤에 그 신위가 종묘 신실에 들어가 남편 곁에 나란히 놓이게 되었지만 과연 그 혼령들에게 어떤 위안이 되었을지? 그 신주들이 나가던 모습을 홍화문이 지켜보고 있었다.

7

고종연간의
경복궁과 경운궁

경복궁 중건

조대비의 중건 교지

1865년(고종2) 4월 2일, 대왕대비 신정왕후가 교지를 내렸다.

경복궁은 우리 왕조에서 수도를 세울 때 맨 처음으로 지은 정궁(正宮)
이다. 규모가 바르고 크며 위치가 정제하고 엄숙한 것을 통하여 성인
(聖人)의 심법(心法)을 우러러볼 수 있거니와 정령과 시책이 다 바른 것
에서 나와 팔도의 백성들이 하나같이 복을 받은 것도 이 궁전으로부
터 시작되었다. 그러나 불행하게도 전란에 의하여 불타버리고 난 다음
에 미처 다시 짓지 못한 관계로 오랫동안 뜻있는 선비들의 개탄을 자
아내었다. ……(중략)……익종(翼宗)께서 정사를 대리하면서도 여러 번
옛 대궐에 행차하여 옛터를 두루 돌아보면서 개연히 다시 지으려는
뜻을 두었으나 미처 착수하지 못하였고, 헌종(憲宗)께서도 그 뜻을 이

어 여러 번 공사를 하려다가 역시 시작하지 못하고 말았다.[1]

고 하면서, 이 궁전을 다시 지어 중흥의 큰 업적을 이루도록 하자는 뜻을 표했다. 이 교지에 따라 곧 공사를 주관할 영건도감이 설치되고 공사 준비에 들어갔다.

이때 신정왕후 조대비의 나이 쉰여덟이었다. 이미 노년에 접어들었다. 열둘에 왕위에 오른 고종은 아직 혼례도 치르지 않은 열넷 소년이었으므로 왕실 최고 어른인 조대비가 수렴청정을 했다. 실제 국정을 손아귀에 장악한 사람은 마흔여섯이 된 고종의 부친 흥선대원군이었다.

경복궁 중건이 조대비의 교지 형식을 빌리긴 했지만 그 구상은 모두 흥선대원군에게서 나왔다. 대원군은 같은 해 2월에 종친부를 중건하고 의정부 청사를 새로 고쳐짓도록 해 종친의 위상을 높이고 조정의 행정 조직을 조선 건국 초의 체제로 개편하려는 준비에 몰두했으며 이어서 나온 구상이 경복궁 중건이었다. 조대비는 다른 계획을 가지고 있었던 것으로 보인다.

경복궁 중건 교지가 내려지고 보름 정도 지난 4월 20일에 조대비는 창덕궁 연경당(延慶堂)과 의두합(倚斗閤)을 고쳐 지은 감독관과 장인들에게 크게 상을 내렸다. 연경당은 ㄷ자 작은 집에서 지금 보는 모습처럼 안채와 사랑채를 갖춘 살림집 형태로 바뀌었다. 공사가 완료되어 시상했다고 하므로 이미 그 전년부터 공사가 진행되었던 셈이다. 의두합은 어떤 건물인가? 바로 신정왕후의 남편이던 효명세자가 부친 순조의 존호를 올리면서 이를 기념해 연경당을 짓고 근처에 자신의 서재로 지은 것이다. 효명세자가 스물둘에 갑자기 승하하고 한 살 위였던 세자비는 30년 넘게 궁중에서 홀로 지내다가 드디어

1 —   《고종실록》 권2, 고종2년 4월 2일(병인)

고종의 즉위에 따라 대왕대비가 되었다. 그 동안 방치되어 퇴락해 있던 연경당과 의두합을 대대적으로 수리한 것은 남편에 대한 추모의 발로인 동시에 장차 있을 고종의 혼례를 대비해서 신혼부부의 거처를 마련해 주려는 배려였을 수도 있다.

그러나 이미 국정을 주도한 흥선대원군에게는 사소한 왕실 가족의 거처와는 차원이 다른 경복궁 중건이라는 원대한 구상이 설계되어 있었다. 조대비는 그 구상을 따라갈 수밖에 없었다고

흥선대원군. 출처: Homer B. Hulbert, *The Passing of Korea*, New York: Doubleday, Page, & Co. 1906, P.116, 위키백과에서 전재

짐작된다. 앞의 교지에서 남편 익종(효명세자를 추존)이 경복궁 중건의 뜻을 가졌고 아들 헌종도 그 뜻을 이으려 했다는 말은 의례상의 문구로 읽힌다.

경복궁 중건 공사는 교지가 내려진 바로 다음날 공사를 주관할 영건도감이 설치되었다. 공사 자금 조달을 비롯해서 자재를 구하는 일 등 온갖 난관이 있었지만 흥선대원군의 추진력으로 이를 극복하고 드디어 만 3년이 조금 넘은 1868년(고종5) 5월경에는 완공을 보았다. 그 해 7월 2일, 고종을 비롯한 왕실 가족이 창덕궁에서 경복궁으로 이어했다.

경복궁이 지어지고 나서도 영건도감은 해체하지 않고 계속해서 도성 안의 건축 공사를 벌였다. 영건도감은 중추부를 고쳐 짓고 흥인지문과 숭례문을 고치고 문묘를 수리하고 정전과 영녕전을 손보았으며 건원릉을 비롯한 십여 군데 왕릉의 정자각을 다시 지었다. 영건도감이 드디어 모든 공사를 마무리한 시점은 1872년(고종9) 9월이었으며 이때 비로소 도감의 책임자인 영의

정 김병학을 비롯한 제조와 감독관, 관리들과 장인들에 대한 시상이 이루어졌다. 근 8년 가까운 기간 동안 끊임없이 벌어진 도성 안 건축 공사가 이제 비로소 마침표를 찍은 셈이었는데, 그로부터 1년이 조금 지난 1873년(고종10) 11월에 고종은 명성왕후를 비롯한 민씨 세력의 힘을 빌려 친정을 선포했다. 흥선대원군의 10년 집권이 막을 내렸다.

영건도감 시상이 있던 날 영건도감이 올린 회계부에 의하면, 그 사이에 도감에서 거행한 공사의 총액은 783만 냥이었는데 그 가운데 왕실에서 내려 준 돈은 불과 11만 냥에 지나지 않았고 왕실 인척이 34만 냥을 내고 나머지 무려 727만 냥이 민간인들의 원납한 돈이라고 했다. 각계각층의 사람들이 저마다 다른 꿈을 안고 나라의 큰 건축 공사에 돈을 바친 것이다.[2]

옛 제도를 따르고 신질서를 반영한 중건 경복궁

1868년(고종5) 다시 지어진 경복궁은 1395년(태조4) 처음 지어질 당시 기본 틀을 유지했다. 1398년(태조7)에 완성된 외곽의 궁성도 거의 크게 달라지지 않았다고 짐작된다. 470년이 지난 시점에서 당초의 형태를 재현했다는 점에서 경복궁 중건이 보여 준 강고한 복구 의지를 읽을 수 있다. 그것은 조선 건국 초의 영화를 되살리겠다는 흥선대원군의 갈망을 보여 주는 것이다.

광화문에서 '흥례문-근정문-근정전-사정전-강녕전'으로 이어지는 남북 일직선의 건물 배치는 경복궁만이 지닌 가장 두드러진 질서였는데 그것이 재현되었다. 여기에 태종 때 지어진 경회루가 본래 위치에 다시 지어지고 또 세종 때 지어진 교태전이 강녕전 뒤에 재현되었다. 1995년 강녕전을 복원

---

2 — 《고종실록》 권9, 고종9년 9월 16일(정유)

경복궁 중건

하기 위해서 이루어진 간략한 발굴 조사에서는 고종 때 지어진 강녕전의 지하 하부에서 유사한 규모의 건물이 있었음이 확인되어서 고종 때 중건이 조선 초 경복궁이 있던 자리를 그대로 살려가면서 이루어진 공사였음을 확인할 수 있었다.

경복궁 중건이 건국 초기의 궁궐을 되살린다는 이념에 서서 중심부 건물들을 지었다고는 하지만, 400여 년의 세월이 만들어 준 궁중 생활의 변화를 도외시하고 옛날의 질서로만 되돌아갈 수 없는 것은 당연하다. 궁궐은 사람들이 사는 공간이기 때문에 실제 생활을 반영한 시대 변화가 고려되지 않을 수 없기 때문이다.

17세기를 넘어가면서 궁중 생활에 나타난 커다란 변화는 우선 대비의 존재가 부각된 점을 들 수 있다. 또 제사 의례가 중시되어 어진을 모신 진전을 두거나 국장이 있고 나서 치르는 빈전이나 혼전의 운영이 궁궐에 끼친 지대한 영향도 있었다. 이런 것들은 건국 초기 궁궐에서는 보기 어려운 부분이었다. 편전의 운영 방식도 세월이 흐르면서 달라졌다.

이런 궁궐 운용의 변화가 중건된 경복궁에 크게 영향을 끼쳤다. 우선 이전에 없던 대비를 위한 건물들이 크게 확장되었다. 교태전 동쪽에 대비 정침이랄 수 있는 자경전이 지어지고 그 주변으로 대비와 연관된 시설로 보이는 만경전이나 흥복전 등이 들어섰다. 역대 임금의 어진을 봉안한 선원전은 숙종 때 창덕궁에 처음 등장하더니 중건 경복궁에서도 동북 모서리에 11칸의 큰 규모로 지어졌다. 서북 모서리에 지어진 태원전이나 문경전, 회경전은 빈전이나 혼전 전용 시설로 마련된 것으로 보인다. 태원전을 단순한 제사시설로 보는 데는 주저가 따른다. 큰 으뜸이라는 건물명도 그렇고, 마침 경복궁 중건을 하고 4년이 지나서 맞이한 조선 건국 480주년 즉 8주갑을 당해 이 건물에 태조의 어진을 봉안한 점으로 미루어 태조를 현창할 목적을 갖고 건물을 마련했을 가능성도 크다. 그러나 실제로 운영된 상황으로 보면 역시 제사시설에 가깝다.

　　중건 경복궁에서 가장 눈길을 끄는 건물은 수정전(修政殿)이다. 근정전의 바로 서쪽, 궐내각사들이 모여 있는 구역의 동쪽 일곽을 차지했다. 남쪽으로 세 겹의 행각이 겹을 이루고 세 개의 출입문을 거치도록 한 진입 방식도 심상치 않다. 건물도 정면 10칸, 중앙 2칸의 대청을 두고 좌우에 넓은 온돌방을 두어 이전 편전에서 볼 수 없는 형식을 갖추었다. 경복궁으로 이어한 후 고종은 본래의 편전이던 사정전을 거의 사용하지 않고 신하들을 만나 나랏일을 의논하는 거의 대부분의 일정을 이곳 수정전에서 치렀다. 또 왕이 근정전에 가서 의식을 치르거나 광화문을 나가 출궁할 때는 수정전에서 의관을 갖추고 세 개의 문을 지나 동쪽의 유화문을 거쳐서 근정문으로 들어가거나 광화문으로 나갔다. 행사를 마치고 돌아올 때도 유화문을 통해 수정전을 거쳐 침전으로 이동했다. 수정전은 왕 움직임의 기점이고 종점이었다. 상대적으로 사정전은 간헐적으로만 이용되었다. 이런 변화의 배경은 쉽게 파악이 안 되지만 온돌방이 없는 조선 초기 형식의 사정전에 비해서 좌우 넓은 온돌방을 갖춘 수정전이 400년 동안에 달라진 궁중 생활에 더 적합했기 때문이 아닌가 추측해 본다.

　　그러나 수정전은 1873년(고종9) 경복궁 서북쪽에 건청궁(乾淸宮)이 지어지고 고종과 명성왕후가 이곳을 처소로 삼으면서 위상이 낮아졌다. 왕이 건청궁에서 신하들을 만나면서 수정전은 어진을 봉안한 곳으로 쓰거나 거의 활용될 기회를 잃었다.

경복궁 중건

궁성과 출입문

경복궁의 궁성은 경복궁 창건 3년 후인 1397년(태조7)에 완성되었다. 궁성의 남쪽 양 끝에는 동서 십자각이 세워지고 남쪽 광화문과 동쪽 건춘문, 서쪽 영추문이 세워졌다. 북쪽의 신무문은 1433년(세종15)에 마련되었다. 이때 축조된 궁성의 형태나 규모는 명확하게 언급된 기록이 없어서 과연 어떤 모습에 어느 정도 길이었는지 알 수 없다. 임진왜란 때 소실된 이후 경복궁은 빈터로 남아 있었고 사람들이 함부로 들어오지 못하도록 군사들이 지키고 있었다고 하므로 궁성도 어느 정도는 그 터가 잘 유지되었을 것으로 추측되지만 실상은 불분명하다. 경복궁 중건을 착수하던 초기에 "경복궁 궁장 아래에 있는 민가를 철거하는 일은 형세상 당연히 할 수밖에 없다. 그러나 백성들이 살 곳을 잃고 떠돌아다닌다는 소식을 들으니 매우 애처롭다."는 대왕대비의 전교가 있는 것으로 미루어[3] 이미 민가들이 궁성 주변에 집을 짓고 살고 있었다고 짐작된다.

다시 축조된 궁성은 전체적으로는 남북이 긴 장방형을 이루지만 사변이 직선으로 된 곳은 거의 없고 모두 완만하게 곡선을 이루는 모습이다. 이 것은 반듯한 긴 직선의 성벽이 주는 경직된 느낌을 꺼린 오랜 관습에서 나온 결과이다. 새로 축조된 성벽은 하단부는 크고 반듯한 장대석으로 지지하고 두세 단의 장대석 위에서 성벽 꼭대기까지는 사고석이라고 부르는 작은 네모난 돌을 가지런히 쌓아올리는 방식으로 이루어졌다. 사고석은 한자로 '四塊石(사괴석)'이라고 쓰며 큰 돌덩이 하나를 넷으로 쪼갠 것을 뜻한다. 보통 성벽에 쓰는 돌은 여러 사람이 함께 들 수 있는 정도의 큰 돌을 쓰다가 점점 크기가 작아져서 한 사람이 혼자 들 수 있는 크기로 줄어들었다가 17세기경에

---

3 — 《고종실록》 권2, 고종2년 4월 20일(갑신)

오면 이것을 다시 이괴석, 또는 사괴석으로 둘로 나누거나 넷으로 쪼개서 다루기 쉬운 크기로 변해왔다. 사고석 담은 보통 궁궐이나 왕실 사묘 같은 격식을 갖춘 곳에서나 쓰고 민간에서는 진흙으로 벽을 치고 그 사이에 자연 상태의 막돌을 넣은 담장을 만드는 것이 보통이다. 사고석 담을 축조하려면 많은 양의 석회가 접착제로 필요한데 석회는 고가이고 민간에서 쉽게 구하기 어려운 재료였기 때문이다.

중건된 경복궁의 궁성은 사고석으로 축조되었다. 창건 당시의 궁성 성벽은 어떤 재료로 이루어져 있었을지 잘 알 수 없다. 아마도 네모나게 다듬은 돌들은 밑에서 위로 올라가면서 조금씩 크기를 줄여가며 쌓아올렸던 것이 아닐까 추측되지만 확실치는 않다. 고종 중건 당시 궁성은 창건 때와는 축조 방식에서 제법 차이를 보였다고 짐작되며 그것은 기술의 변화라는 당연한 시대 추이의 결과라고 할 수 있다.

성문은 이전과 마찬가지로 네 군데 조성되었다. 광화문의 경우에는 지난 2010년 문을 목조누각으로 다시 복원하는 과정에서 지하를 발굴한 결과, 고종 때 만들었던 광화문과 정확하게 일치하는 지점에서 창건 때 것으로 보이는 광화문 석축의 하부 구조가 노출되었다. 따라서 적어도 중건할 때 광화문은 창건 당시 지었던 위치를 그대로 지켜서 다시 지었다는 점을 확인할 수 있다. 나머지 동·서·북문 역시 같은 위치에 다시 지었을 것이라는 추정도 가능해졌다.

경복궁의 출입문은 제각기 용도가 규정되어 있었다. 국왕의 출궁이나 환궁 및 중국 사신의 출입은 광화문이었다. 일반 관리들이 궐내 관청에 출근하거나 국왕을 알현하러 궁으로 들어갈 때 드나드는 문은 서쪽의 영추문이었다. 건춘문은 종친이나 왕실 사람들이 바깥을 드나들 때 주로 이용했다. 북쪽의 신무문은 왕이 북문 밖 경무대에서 과거 시험을 치르거나 후원 행사가 있을 때 이용하고, 궁궐을 수비하는 군사들도 이 문을 이용했다.

궁성 주변은 순라군들이 매일 순찰을 도는 길이 마련되어 있었다. 궁성 성벽 안쪽으로는 건춘문에서 신무문, 영추문 사이로 좁은 골목길 같은 길이 있어서 잡인들이 궁성 넘어 들어오는지 감시를 했다. 당연히 궁성 바깥도 매일 군사들이 지켰다.

동서 십자각의 용도 역시 주변을 감시하는 것이었다. 궁성 위에 높은 망루를 지어 주변을 감시하고 또 궁성의 위용을 높이려는 목적으로 짓는 시설을 각루라 했다. 중국 북경의 자금성 각루는 성벽 모서리마다 3층 규모의 높은 누각으로 지어져 있다. 동서 십자각은 단층의 누각을 남쪽 궁성의 양 끝에 세웠고 규모도 크지는 않았지만 각루의 형식은 잘 갖추었다. 경복궁 십자각은 창건 때 세웠다가 세종 때 와서 기울어지고 쓸모가 없다는 이유로 철거했다는 기록이 있다. 이후에 십자각이 다시 세워졌다는 기록은 보이지 않는다. 중건하면서 동서 십자각을 세운 것은 고종 때의 중건이 창건 당시 경복궁을 되살리는 것이었음을 잘 말해 준다.

후원의 확장

16세기 이전 경복궁의 후원은 궁성 안 침전 뒤의 넓은 공터였다. 이곳에 작은 정자를 세워 왕의 휴식처로 삼았다. 그러나 중건 경복궁에서는 과거 후원이 있던 자리에 흥복전을 비롯해서 많은 전각들을 지었다. 새로 들어선 건물들이 많았기 때문에 궁성 안에서는 후원을 마련할 여유가 없었다. 부득이 후원은 궁성 바깥에 따로 마련하지 않으면 안 되었다. 경복궁 북문인 신무문 밖은 민간에서 함부로 집을 지을 수 없는 공터였다. 조선 전기에는 신무문 밖에서 왕이 공신들과 회맹제(會盟祭)를 열곤 했다. 회맹은 중국 주나라 때의 고사를 본받아 치르는 군주와 신하 사이의 충성 서약과 같은 의식이었다. 세조는 회맹제를 가장 적극 치른 왕이었으며 숙종이나 영조도 신무문 밖 공터에서 회맹제를 가졌다.

이 신무문 바깥 빈터가 경복궁의 후원으로 조성되었다. 경복궁을 중건하면서 후원을 함께 조성한 것이다. 후원의 중심에 경무대(景武臺)라는 넓은 터전을 닦았다. 여기서 문무 과거 시험도 치르고 특히 무과 전시를 거행했다. 왕이 신하들과 가벼운 연회를 열기도 했다. 창덕궁 후원의 춘당대에서 치르고 연회를 열던 것과 같은 기능을 살린 셈이다. 경무대 주변에 융문당과 융무당을 지어 행사에 쓰일 건물도 마련했다. 1890년대에 와서는 경무대 주변에 논을 일구어 농사 시범을 보이도록 하고 그 곁에 경농재라는 집도 지었다. 또 안쪽 깊은 곳에 옥련정(玉蓮亭)이나 오운각(五雲閣) 같은 작은 정자도 지어 휴식처도 마련했다.

후원 조성과 함께 경복궁 북쪽 궁성 뒤로 담장을 길게 둘러서 후원 울타리를 쌓았다. 이 일대는 조선 전기에도 사람들이 함부로 다닐 수는 없었다고 짐작되지만 후원이 들어서면서 경복궁 동쪽 지역 즉 지금 삼청동 쪽과 서쪽 지역인 청운동 지역은 완전히 격리되었다. 궁궐 안에서는 신무문을 나가면 바로 후원 영역으로 들어갈 수 있었다. 또 후원 담장 남쪽 양끝에는 외부에서 후원으로 출입할 수 있는 문을 냈다. 동쪽이 춘생문(春生門), 서쪽이 추성문(秋成門)이었다. 춘생문 안에는 궁궐을 지키는 군사들이 머무는 금위군 직소가 있을 뿐이어서 이 문은 자주 쓰이지 않았다. 1895년 을미사변 즉 일인 낭인들이 명성왕후를 시해한 사건이 터지고 나서 김홍집 내각과 일본 세력은 고종을 경복궁에 유폐시키고 있었다. 이때 민씨 세력과 친미, 친러 세력들이 고종을 미국공사관으로 이어시키고 친일세력을 몰아내려는 계획을 세우고 춘생문으로 돌입했으나 문을 열어 주기로 약조한 수문장이 변심하는 바람에 계획이 좌절되는 사건이 있었다. '춘생문 사건'이라고 하는 이 일은 후원 출입문을 둘러싼 가장 기억에 남는 사건이었다. 추성문은 주로 왕의 출입에 이용했다. 왕이 육상궁이나 선희궁 전배를 할 때는 이 문을 나섰다. 추성문 바로 북쪽에 금화문이라는 1칸의 작은 문을 냈는데, 경무대 과거 시험에 응하는 유생들은 금화문을 이용했다.

후원 일대는 평소에는 사람들의 출입이 거의 없이 높은 담장 안에 숲이 무성한 곳이었다. 1869년(고종6) 11월 어느 날, 저녁 어스름한 때에 어떤 사내가 후원 안 융문당을 어슬렁거리다가 붙잡혔다. 심문 결과, 본래 춘천 태생으로 조실부모해 떠돌아 지내며 밥을 얻어먹고 지내다가 서울에 와서 우연히 추성문 근처까지 왔다가 앞으로 보니 소나무가 우거진 가운데 큰 건물이 있어서 절간으로 생각하고 밥과 잠자리나 얻으려고 들어갔다가 붙잡혔다는 것이다. 봉두난발에 초췌한 몰골을 해 동서를 분간하지 못하는 사람이었다고 하는 기사가 《승정원일기》에 있다.

광화문과 육조대로

중건 광화문

1865년(고종2) 4월 경복궁 중건의 교지가 내려지고 불과 1년 반 지난 1866년 (고종3) 10월 11일에 광화문 상량이 이루어졌다. 약 20일 전인 9월 20일에는 북문인 신무문 상량이 있었고, 11월 25일에는 영추문, 12월 25일에는 건춘문 도 상량을 했다. 경복궁의 네 대문이 다른 건물에 앞서 상량을 마쳤다. 아직 근정전이나 사정전은 기둥도 세워지기 전의 일이었다.

상량은 그 자체 건물을 세우는 과정에서 큰 의미를 지니며 미리 이름 난 문장가에게 상량문을 짓도록 해서 비단에 글을 써 상량문을 종도리와 장 혀 사이 같은 곳에 집어넣는다. 광화문 상량문은 당시 영중추부사로 있던 이 유원(李裕元, 1814~1888)이 썼다. 영중추부사는 중추부의 수장으로 정1품 관직 이다. 대신급에서도 최고위직이다. 이 상량문은 1927년 광화문을 옮길 때 종 도리 장혀에서 확인되었다.

1868년 다시 지어진 광화문 모습. 출처: 《조선고적도보》

　상량문은 경복궁 중건의 의미를 멀리 고대 중국의 선례를 들먹이며 길게 강조하고 정문이 지닌 뜻을 새기면서, "집의 모습은 천지를 따르고 위치는 음양을 따르되, 초석 하나 기단 하나도 바꾸지 않고 이전의 규격을 따라서, 조종의 법도에 정성과 뜻을 맡기고 사치하지 않지만 누추하지 않고 모두 중도에 합치되도록" 지었다고 강조했다.[4]

　보통 궁궐 같은 큰 건물을 지을 때 아무것도 없는 곳에 처음 궁을 지으면 먼저 중심부의 전각부터 세운다. 중심 전각이 이루어지면 외곽 건물을 짓고 가장 마지막에 궁장을 쌓고 궁문을 세운다. 창건 당시 경복궁도 먼저

4— 　원문은 "體象乎天地經緯乎陰陽, 一礎一砌之無改前規, 寓精義於法祖, 不侈不陋之皆合中道"이다.

내전을 이루고 정전을 짓고 제일 마지막에 가서 궁성을 쌓고 궁문을 세웠다. 그런데 기존에 건물이 있었거나 불에 탄 궁궐을 중건할 때는 순서가 반대가 된다. 즉 우선 외곽의 울타리를 먼저 세우고 문을 달고 그 후에 내부의 전각들을 하나씩 세우는 것이다. 왜 이런 순서를 밟는지 명확한 이유는 설명하기 어렵지만, 기존에 건물이 있었을 때는 우선 울타리를 정비해서 그 경계를 먼저 정하는 것이 일을 진행하는데 더 합당하다고 판단했던 것으로 짐작된다.

광화문 조성이 마무리된 것은 해를 넘기어 1867년(고종4) 봄경이었다고 짐작된다. 건물이 완성되면서 마지막으로 현판을 걸었다. 광화문 현판은 제조였던 임태영(任泰瑛, 1791~1868)이 썼다. 임태영은 1824년(순조24)에 무관에 임관, 낭청이 되어 내금위에 근무하기 시작해 죽산부사, 평양병사를 거쳐 1861년(철종14)에는 도성의 수비를 맡는 어영대장에 있었고 경복궁 중건을 하던 때에는 훈련대장으로 있으면서 경복궁 영건도감 제조를 맡고 있던 무관이었다. 강녕전이나 교태전을 쓴 사람에 비하면 신분이 낮은 편이지만 본래 큰 글씨에 능했고 궁궐의 내전 전각은 문관이 쓰지만 궁성의 문은 무관들이 쓰는 관례에 따라 임태영이 글씨를 쓴 것으로 생각된다.[5]

중건 당시 광화문은 근대기에 촬영한 사진들이 있어서 그 모습을 쉽게 확인할 수 있다. 또 1927년 광화문을 동쪽으로 이전하면서 미리 실측도를 작성해 놓아 세부 모습까지 확인이 가능하다. 이런 자료들을 통해 살펴본 광화문의 모습은 과연 조선왕조 정궁의 정문답게 조선시대 모든 성문 건축 가운데도 가장 돋보이며 장엄한 외관을 갖춘 건물임을 알 수 있다. 전체적으로는 조선 초부터 내려오던 궁성 정문의 형식을 계승하면서 세부에서는 19

---

5 — 경복궁 중건 당시 건춘문과 영추문, 신무문의 현판 역시 각각 무관인 이경하(李景夏, 1811~1891), 허계(許棨), 이현직(李顯稷)이 썼다.

광화문과 육조대로

세기의 기술적 특징이 잘 드러난 특징을 보인다.

우선 건물 전체 모습을 보면, 경복궁 궁성 남쪽의 성벽 중앙에 석축을 높게 쌓고 그 위에 중층의 문루를 세운 모습이다. 석축에는 세 개의 홍예문을 냈다. 석축 앞에는 긴 월대를 두었다. 월대는 폭이 29.7미터에 길이가 52미터에 달하며 좌우에는 돌로 난간을 꾸미고 중앙에는 임금이 다니는 어로를 별도로 꾸몄다. 장대석을 두벌 쌓아서 지면보다 약 75~90센티미터 높게 했다.

2008년 광화문 터에 대한 발굴 조사가 있었는데, 고종 때 중건하면서 축조했던 석축의 하부 구조가 완연하게 드러났다. 놀라운 일은 이 석축 하부 구조의 바로 지하 70센티미터 정도 아래에서 임진왜란 이전에 조성된 것으로 보이는 동일한 규모의 석축 하부 구조가 노출된 점이었다. 구조 기법으로 보아 이 하부 구조는 광화문이 창건될 때거나 세종 때 개축되면서 조성한 것으로 추정되었다.

석축 위에 세운 문루는 장대하다. 과연 조선왕조 정궁의 정문다운 위용을 드러낸다. 문루는 중층의 지붕이며 상층은 사방의 추녀가 지붕 꼭대기까지 뻗어 올라가는 우진각지붕이다. 지붕 용마루와 내림마루는 희게 회를 바른 양성이 뚜렷한 윤곽을 그려 준다. 용마루 양성 위에는 양 끝에 취두가 장식되고 내림마루 끝에는 용두가, 용두 아래 추녀마루에는 일곱 잡상이 올라가고 추녀목 끝은 흙으로 빚은 토수로 끼워져 있다. 이 정도면 지붕 장식에서는 최고급에 속한다.

규모는 정면 3칸, 측면 2칸이다. 서울 숭례문이나 흥인문, 수원 팔달문 등이 문루가 상하층 모두 정면 5칸, 측면 2칸인데 비하면 정면 칸수가 작다. 광화문 정면 칸수가 3칸인 것은 그 아래 석축에 세 개의 홍예를 낸 것과 관련이 있다. 보통 석축 위에 문루를 세우게 되면 홍예 사이에 초석을 두어야 하기 때문에 홍예가 셋이 있으면 상부에도 3칸의 건물을 두는 것이 적절하다. 대신 광화문의 경우 건물 전체의 정면 폭을 숭례문이나 흥인문보다 넓게 잡아서 건물의 격식을 한 단 높였다.

처마를 지지해 주는 공포는 전형적인 조선 말기의 모습이다. 19세기경이 되면 거의 대부분의 성문은 간소한 익공식으로 짓는 것이 보통이지만 광화문은 숭례문에서 팔달문, 흥인문으로 이어지는 포식의 전통을 계승하고 있다. 다만 세부는 숭례문 같은 초기의 간결하면서 힘 있는 모습은 보이지 않고 19세기의 복잡하면서 장식이 많은 모습을 보이는 점에서 역시 19세기 기술 상황을 반영한다.

장중한 석축과 중층의 우진각지붕이 주는 장중함을 갖춘 광화문은 조선시대 문루의 전통을 충실히 계승한 건물이다. 그러면서 세부적으로는 19세기의 섬세한 기술 취향을 적절히 살리고 있다. 이 건물은 멀리서 바라보면 조선 초기의 웅건한 기상이 느껴지고 가까이 근접해서 보면 19세기의 취향이 드러나는 역사의 중첩성을 지닌 건물이라고 평가할 수 있다.

종친부·의정부·삼군부의 청사 복구

왕실의 권위를 되살리려고 애쓰던 흥선대원군이 제일 처음 착수한 일은 쇠락해 있던 종친부를 회복시키는 것이었다. 고종 즉위 이듬해에 흥선대원군은 종친 업무를 맡아보던 관청인 종부시를 종친부에 합쳐 종친부의 규모를 키우고 또 왕실 어진이나 도서를 관장하던 규장각을 종친부로 옮기고 종친부 청사도 새로 지었다. 경복궁 중건 교지가 내려지던 1865년(고종2) 5월에는 그동안 국정을 주도해 오던 비변사를 의정부에 합설하도록 해서 의정부의 권한을 강화하고 퇴락해 있던 의정부 청사도 번듯하게 고쳐 짓도록 했다.

의정부 청사를 새로 짓는 공사가 한창 진행되던 1865년(고종2) 5월에,

영의정 조두순(趙斗淳, 1796~1870)은 건국 초에 군사 업무를 총괄하던 삼군부를 복설하고 의정부와 같이 정1품 관청으로 할 것을 청해 대왕대비의 허락을 받았다. 조두순은 예조 자리에 삼군부를 다시 설치할 것을 청하면서,

> 지금 예조가 있는 곳은 바로 국초(國初)에 삼군부가 있던 자리입니다. 그때에 정부와 대치해서 삼군부를 세웠던 것은 한 나라의 정령(政令)을 내는 곳은 문사(文事)와 무비(武備)이기 때문에 그랬던 것이었습니다.[6]

고 의미를 강조했다. 이미 비변사를 의정부에 합설해 그 동안 제 기능을 하지 못하던 의정부의 위상을 회복시키고, 나아가 삼군부까지 복설함으로써 건국 초기에 경복궁 앞에 문무가 서로 마주하던 모습을 되살리려는 의지를 읽을 수 있다.

1868년(고종5) 5월 경복궁이 완성되었을 때, 경복궁으로 거처를 옮긴 왕은 300년 동안 못한 일을 이제 이루어 기쁘고 다행이라고 하면서 종친부, 의정부도 중수되었고 삼군부도 다시 설치했으니 삼군부 청사가 다 이루어지면 세 관서에 특별히 음식을 내리도록 하라는 명을 내렸다.[7] 삼군부의 청사가 모두 갖추어지는 것은 그 해 4월이 되어서이다. 삼군부는 기존에 예조가 사용하던 자리에 들어섰으며 예조는 한성부 청사 자리로 옮겨가고 한성부는 경희궁 앞으로 이전했다.

실제로 삼군부 청사가 완성된 것은 1869년(고종6) 6월이다. 그때는 경복궁 중건도 이루어져서 왕이 경복궁으로 이어할 수 있게 되었다. 300년 동안

---

6 — 《고종실록》 권2, 고종2년 5월 26일(경신)

7 — 《고종실록》 권5, 고종5년 7월 2일(경진)

육조대로 전경. 광화문 앞으로 좌우에 의정부와 삼군부가 다시 세워져 국초의 체제를 회복했다. 그 남쪽으로 육조 관청들이 길게 이어졌다. 출처: 《조선고적도보》

조정의 숙원이었던 조선 왕조의 정궁이 복구되고 건국 초 경복궁 앞에 나란히 서 있던 의정부와 삼군부를 다시 세움으로써 조선 왕조의 왕권이 다시 한번 건국 초기 정신을 되살려 굳건하게 서기를 염원하는 바람이 왕실 사람들에게 새겨졌다고 짐작된다. 더욱이 3년 후인 1872년(고종9)이 되면 조선 건국 8주갑을 맞이하는 시점이었으므로 그 의미는 각별한 것이었음에 틀림없다.

육조대로의 정비

경복궁이 중건되어 광화문이 다시 제모습을 갖추게 되고 광화문 앞에는 의정부와 삼군부가 마주하게 되었다. 광화문 앞에 육조의 관청들이 좌우로 도

광화문과 육조대로

열하는 건국 초기의 모습이 복구되면서 육조대로는 새로운 전기를 맞았다. 경복궁이 중건되기 이전에 광화문 터는 허물어진 돌무더기가 쌓여 있는 볼썽사나운 모습이었다고 짐작된다. 또한 육조의 관청들도 제대로 관리되지 못하고 건물이 퇴락한 상태로 유지되었다. 의정부는 본청인 정본당이 복구되지 못한 상태로 남아 있었으며, 다른 관청들의 경우에도 전각들이 제대로 갖추어지지 못한 곳이 적지 않았다고 생각된다. 더욱이 각 청사의 대문을 낀 행랑들은 장랑이 길게 늘어서서 반듯하게 정돈되었던 태종 때의 모습과는 크게 달라져 있었다. 이들 청사는 국왕이 주로 창덕궁에 머물면서 제대로 관리되지 못한 것으로 추측된다. 드디어 경복궁이 중건되고 광화문이 대로에 들어서면서 그 동안 관리되지 못했던 육조대로도 새롭게 정비되어 국초 궁궐 앞길의 면모를 되찾게 되었다.

1890년에 광화문 앞을 촬영한 것으로 전하는 사진 자료를 보면, 석축 위에 광화문 문루가 우뚝 서고 월대 난간이 가지런하게 줄맞추어 있고 그 앞으로 널찍한 공터를 사이에 두고 해치가 서로 마주하고 있으며 이전에 삼군부가 청사로 쓰던 건물의 행랑 일부가 모습을 드러낸 장면을 볼 수 있다. 또 다른 조금 시기가 늦은 사진들에는 육조대로 좌우에 길게 행랑이 이어지고 중간중간에 대문으로 보이는 소슬지붕이 보이고 또 행랑 바닥에는 도랑이 행랑을 따라 이어진 장면도 확인된다.

해치

월대 남쪽 끝 약 15미터 되는 거리에 좌우로 돌로 새긴 해치(獬豸) 한 쌍을 두었다. 이 해치는 창건 당시 광화문 앞에는 없던 것인데 중건하면서 새로 설치한 것으로 보인다.[8] 해치는 상상의 동물로, 중국 한나라 때의 기록인《이물지》에는 "소처럼 생겼는데 사람들이 싸우는 것을 보면 그 잘못한 쪽을 뿔로 받는다."고 했다고 해서 보통 잘잘못을 바로 잡는 상징물로 여긴다. 그 때문에 사법관의 관명으로 쓰고 대사헌의 옷 가슴장식인 흉배에 새기는 것으로 알려져 있다. 《일성록》 1870년(고종7) 2월 12일 기사에는 해치와 관련해서 "가마가 이동할 때 해치 내에서는 백관은 말을 타지 못하도록 명하다(命動駕時獬豸內百官毋得登馬)."는 기사가 보인다. 관리들은 해치 앞까지 말을 타고 오다가 해치 앞에서 말에서 내려 걸어서 궁으로 들어간 셈이다. 해치는 해태로 더 알려져 있는데 해태는 해치의 속칭이라고 한다. 일설에 관악산의 화기를 막으려고 해치를 경복궁 앞에 세웠다는 이야기가 있지만 해치가 불을 막는다는 근거는 찾을 수 없다.

광화문 앞 해치. 출처: 〈독일인 헤르만 산더의 여행 전〉, 국립민속박물관, 2006

8 — 조선전기 광화문 관련 기사에 해치에 관한 것은 보이지 않는다. 또 조선전기까지 광화문 앞에서는 무과 시험을 치르거나 각종 행사가 있어서 해치가 있었다면 방해가 되었을 것으로 보여서 해치는 광화문을 중건하면서 처음 설치한 것으로 보인다. 이중화가 쓴 《경성기략》에 이세욱(李世旭)의 작품이라는 언급이 있다. 이중화는 근대기 국어학자로 1930년대 《조선말큰사전》 편찬에 참여했다. 같은 내용은 《별건곤》(제23호, 1929년 9월 27일 발행)에도 소개되어 있다.

광화문과 육조대로

활기 잃은 육조대로

고종의 잦은 어가 행렬

고종이 중건된 경복궁으로 거처를 옮긴 것은 1868년(고종5) 7월이었다. 해가 바뀌어 새해가 밝았다. 새해에 고종은 나이 열여덟이 되었다. 이미 3년 전에 수렴청정도 거두었고 혼례를 치렀다. 270여 년 조정의 숙원이었던 경복궁도 지어지고 바야흐로 국왕의 위상을 새롭게 드러내기에 모든 조건들이 갖추어진 해였다. 이 해에 고종은 국왕의 임무 중 하나인 종묘와 사직단의 친제와 도성 주변 선왕들의 능침 전배를 다녔다. 문묘 전배도 빠뜨리지 않았고 영희전이나 경모궁, 저경궁 등 왕실의 주요 시설을 찾아다녔다. 모든 행차의 출발은 광화문이었으며 육조대로를 통했다. 국왕의 행차는 도성 주민들에게 개방되었으며 백성들에게 새로운 시대가 열린다는 희망의 메시지가 전달되기에 충분한 행로였다.

1869년(고종6) 새해가 열린 정월 초이튿날, 고종은 종묘 춘향대제를 치르기 위해 경복궁을 나섰다. 사시 즉 오전 열한시경 궁을 나선 왕은 이날 밤을 종묘 재실에서 지내고 이튿날 자시 즉 새벽 1시 전후해서 제사를 지내고 궁으로 돌아왔다. 정월 8일에는 사직단에 가서 제사를 지냈다. 역시 이날 밤 재실에서 묵고 새벽에 제사를 지냈다. 모든 제사는 자시에 치르는 것이 원칙인 만큼 국왕 친제는 왕이 궁궐을 떠나 하룻밤을 재숙하지 않으면 안 되었다.

다시 정월 13일에는 영희전과 저경궁과 경모궁 전알을 했다. 영희전은 역대 임금의 초상화를 모신 곳이고, 저경궁은 선조비 인빈 김씨의 사당이고, 경모궁은 사도세자 사당이다. 인빈은 비록 종묘에는 들어가지 못했지만 인조 부친 원종의 생모여서 조선 왕실의 가계에서 중요한 위치에 있었고 사도세자는 은신군의 부친이므로 고종의 핏줄이 닿는 조상이 되는 셈이다. 정월의 맹추위에도 불구하고 종묘와 사직단의 친제, 영희전과 저경궁, 경모궁 전알을 강행한 것은 이제 18세 청년이 된 국왕이 모처럼 완성된 정궁 경복궁에서 직접 통치를 한다는 것을 백성들에게 널리 드러내 보이려는 정치적 행보였다.

봄이 되자 국왕의 발걸음은 도성 교외로 뻗었다. 3월 13일, 왕은 광화문을 나와 종묘 동구를 지나 흥인문을 나섰다. 수릉(문조 즉 효명세자 무덤)과 경릉(헌종 무덤)에 친제하기 위해서였다. 가계를 보면 두 왕은 고종의 직계에 해당했다. 걸음을 옮긴 김에 주변에 있는 건원릉(태조), 현릉(문종), 휘릉(인조비 장렬왕후), 혜릉(경종비 단의왕후) 전알도 겸했다. 친제는 하룻밤을 지내고 새벽에 치렀으며 날이 밝자 수릉 재실을 출발한 어가는 퇴계원에서 잠시 휴식을 취한 후 광릉(세조)을 들러 휘경원(순조 생모 수빈 박씨) 재실에 들어갔다. 휘경원 친제를 한밤에 치르고 왕의 가마가 궁으로 돌아온 것은 3월 15일이었다. 돌아오는 길에는 동관왕묘도 들러 전배를 했다. 이번 친제 때 고종은 군복차림에 말을 타고 궁을 나섰다. 아헌관으로 흥선대원군이 뒤를 따르고 영의정 김병학(金炳學, 1821~1879)이 종헌관을 맡았다. 비록 왕실의 실권은 여전히 대원군이 장악하고 있었지만 백성들에게 국왕의 당당한 모습을 각인시키려는 의지가 보이는 행차였다.

5월 28일에는 종묘와 경모궁 전알을 거행하고 8월 9일에는 다시 수릉과 건원릉, 현릉, 휘릉, 혜릉, 경릉의 친제를 치렀다. 수릉 재실에서 재숙한 왕은 다음날은 의릉(경종)과 정릉(태조비 신정왕후)까지 걸음을 옮겼다. 다만 이때는 흥선대원군은 빠지고 영의정 김병학이 아헌, 우의정 홍순목(洪淳穆, 1816~1884)이 종헌을 맡았다. 9월 13일에는 문묘 전배를 했다. 광화문을 나선 대가는 육조대로를 거쳐 '종각 앞길-종묘 앞길-황교-홍화문 앞길-관근교-비각교'를 거쳐 문묘 동신문으로 들어갔다. 10월 2일에는 종묘에 나아가 동향대제 친제를 치렀다. 역시 하룻밤을 재실서 묵었다. 11월22일에는 경모궁 전배를 했다.

이 해에 고종이 출궁한 횟수만 열 차례였다. 국왕의 출궁은 따르는 관원들 외에 호위하는 군사나 상궁 등을 포함해 아무리 적은 경우라도 500~600명은 쉽게 넘었고 멀리 왕릉에서 하룻밤을 재숙하는 경우에는 그 행렬이 한층 커졌다. 이런 행차를 한 해에 열 번 치른 것은 통상적인 경우는 아니었다.

국왕의 행차는 이듬해에도 계속되었다. 1870년(고종7) 해가 바뀌어 봄이 되자 이번에는 전 해에 들르지 못했던 도성 남쪽 왕릉 거둥을 했다. 3월 11일 왕이 탄 가마는 헌릉(태종)과 인릉(순조)으로 향했다. 광화문을 나선 가마는 숭례문을 지나 노량주교를 건너 '만안교-금불현(金佛峴)-승방평-곤도현(崑島峴)-덕량현(德良峴)'을 지나 과천 행궁에 잠시 머물렀다가 저녁나절에 헌릉 재실에 들어갔다. 이튿날 새벽 헌릉과 인릉 친제를 마친 가마는 과천 행궁을 지나 지지대고개를 넘어 수원 화성 행궁에 닿았다. 다음날 정조 어진을 모신 화령전에 작헌례를 치른 왕은 화성에 머물며 밤에 군사 훈련인 야조를 거행

국왕의 모습이 그대로 노출된 채색 그림인 대한제국동가도, 이화여자대학교박물관 소장

했다. 3월 14일 건릉 재실에서 묵고 다음날 새벽 건릉과 현륭원 친제를 행하고 3월 15일에는 다시 행궁에 머물며 수원 주민들을 만나보고 왕이 궁궐로 돌아온 것은 3월 16일이었다. 7일간의 긴 여정이었다. 4월에는 종묘와 경모궁 전배, 9월에는 건원릉과 수릉, 경릉 친제를 하고 이튿날 원릉(영조) 전알을 했으며 돌아오는 길에 태릉(중종비 문정왕후)과 강릉(명종) 전알을 했다. 10월에도 종묘 동향대제를 치르고 효창묘에도 전배했다.

　　이후에 고종의 어가행렬은 점차 뜸해지기 시작해서 1872년(고종9) 이후에는 거의 모든 제사는 관리를 대신 보내는 섭행(攝行)으로 치렀다. 일일이 왕이 친제를 하기에는 신체적인 무리도 따랐지만 그보다는 격변하는 나라

　　　　　　　　　　　　　　　　　　　　　　활기 잃은 육조대로

안팎의 정치 상황이 왕을 제사지내는 데 정성을 쏟도록 만들지 않았다.

고종연간의 어가 행렬은 몇 가지 점에서 이전 시기와 달랐다. 행렬의 규모 자체는 큰 차이가 없었지만 호위하는 군사들은 이전에 주로 창과 칼을 들고 있었지만 고종 때 와서는 총포를 쥔 군사들이 행렬에 늘어서기 시작했다. 가장 큰 차이는 고종 때 와서부터 행렬에서 국왕이 직접 모습을 드러낸 점이었다. 영·정조 때 〈반차도〉에서 국왕의 모습은 단지 어가를 그리는 것으로 대신했지만 고종 때 와서는 국왕의 모습이 그대로 노출된 모습으로 표현되었다. 이화여자대학교 박물관이 가지고 있는 그림 중에 〈대한제국동가도〉라는 채색 그림이 있다. 채용신이 그린 것으로 추정하는 이 그림에는 16명이 좌우에서 어깨에 맨 가마 위에 앉은 고종의 모습이 그대로 묘사되어 있다. 실제로 20세기 초에 촬영한 고종 어가 행렬 사진 중에는 고종의 모습이 그대로 노출된 장면이 알려져 있다.

고종은 자신이 궁궐 밖을 나와 종묘나 사묘 또는 도성 근교 왕릉 전배를 가는 모습을 의도적으로 주민들에게 보여 주려 했다고 생각된다. 자신의 모습을 보여 줌으로써 국왕의 존재를 백성들에게 각인시켜 주려는 정치적 의도를 지닌 것으로 보인다.

고종의 어가 행렬은 이 시기 서울에 와 있던 외국인들 눈에도 이색적으로 비쳤던 것으로 보인다. 1886년에서 1889년까지 신식 교육을 위해 설립한 육영공원의 교사로 초빙되어 온 윌리엄 길모어(Geoege William Gilmore, 1857~?)는 고종의 출궁 행렬을 이렇게 피력했다.

한국의 수도에서 볼 수 있는 것처럼 다양하고 화려한 색깔의 향연은 내가 아는 어느 행렬에서도 보지 못했던 군대의 다양한 복장, 비단으로 수놓은 화려한 왕실기와 군기, 번쩍이는 마구, 궁궐 사람들의 화사한 복장이 길가에 서 있는 백성들의 나들이옷과 어우러져, 아마도 인도를 제외한 세계 어느 곳에서도 비길 바가 없을 듯한 만화경을 만들어 낸다. 이러한 출행은 왕이 백성들에게 자신을 내보여 그들의 호감을 지속시키는 좋은 기회이다.[9]

신정왕후의 국장과 부묘

신정왕후 조대비가 1890년(고종27) 4월 17일 흥복전에서 승하했다. 나이 여든셋이었다. 일찍이 스물셋에 남편 효명세자를 잃고 홀몸이 되어 외롭게 궁중에서 지내다가 세월이 흘러 쉰여섯에 대왕대비가 되어 나라 최고 어른이 되었으며 3년간의 수렴청정을 마치고는 조용히 궐 안에서 지냈다. 그 사이 나라 안팎은 외국 세력의 유입과 민씨 세력과 홍선대원군의 갈등 등 혼란이 도를 더해 갔다.

신정왕후의 국장은 경복궁이 중건되고 처음 있는 왕실의 흉례였다. 왕후의 재궁을 발인하고 또 우주를 모셔와 3년 간 혼전에 모셨다가 종묘에 부묘하는 일이 경복궁을 중건하고 이곳에서 처음 벌어졌는데, 이것은 또한 경복궁에서 있었던 마지막 국장이기도 했다.[10]

신정왕후의 빈전은 경복궁 서북쪽 가장 깊은 곳에 마련한 태원전으로 삼았다. 고종은 여러 차례 직접 빈전에 나아가 음식과 술, 과일 등을 올리

---

9 — 윌리엄 길모어 지음, 이복기 옮김,《서양인 교사 윌리엄 길모어, 서울을 걷다 1894》, 도서출판 살림, 2009

10 — 5년 후 을미년(1895)에 벌어진 을미사변 즉 명성왕후가 일인들에 의해 시해되는 사건이 벌어진 후 명성왕후 빈전은 한동안 경복궁에 모셨다가 경운궁으로 옮겨서 그곳에서 발인했다. 그 뒤 1904년 승하한 철종비 효정왕후는 창덕궁에서 국장을 치렀다.

고 다례에도 참여했다. 이럴 때 왕이 움직이는 동선은 침전인 강녕전에서 지름길로 곧장 북쪽으로 가는 것이 아니고 반드시 가마를 타고 유화문을 거쳐 홍례문을 나와 광화문 안 서쪽에 있는 용성문을 지나서 궐내각사 옆으로 난 길을 따라 북쪽으로 태원전까지 긴 거리를 이동했다. 거의 경복궁 남쪽 끝까지 다 와서 다시 북쪽 끝까지 갔다. 5개월이 못된 8월 29일 무사히 대왕대비의 영가(靈駕)가 태원전 문을 나와 경안문을 거쳐 정양문, 청목문을 나가 광화문을 나섰다. 광화문 앞에서는 문무백관이 좌우로 나누어 열을 지어 절을 올렸고 영가는 천천히 육조대로를 지나 종루로 해서 종묘 앞길을 거쳐 홍인문을 나가 익종이 누워 있는 수릉으로 향했다. 산릉에 재궁을 안장한 후에는 신주가 온 길을 되돌아 다시 경복궁으로 들어왔으며 태원전의 바로 남쪽에 있는 혼전인 문경전에 안치되었다. 그로부터 약 1개월이 지난 9월 26일, 중국에서 신정왕후 국장을 위해 황제가 제사를 치르고 부의를 전해 주는 사제와 사부 행사가 치러졌다. 조선의 국장에 중국 황제가 사제·사부를 하는 것은 오랜 관행이었지만 특히 이번 의례는 중국 조정이 서양 세력들의 침탈로 시달리던 와중에서 치러진 점에서 특별한 점이 있었다. 또한 이전과 달리 황제가 북양함대를 이끌던 이홍장에게 조선으로 가는 사신을 위해 배를 내도록 명해 사신들이 육로 대신 인천으로 들어와 서울에 이르는 경로를 취한 행사였다. 황제의 칙서를 지닌 칙사가 모화관에 이르자 고종이 서대문 밖까지 나가서 이들을 영접했다. 숭례문에서부터 광화문까지 군사들이 도로 좌우를 포장으로 가리고 막아 일반인들이 함부로 사신들을 구경하지 못하도록 엄하게 경비를 선 가운데 사신과 왕이 나란히 광화문을 거쳐 경복궁에 들어와 의식을 거행했다.

　만 3년이 지난 1892년(고종29) 6월 9일, 드디어 종묘에 신주를 봉안하는 날이 밝았다. 왕과 왕세자가 혼전으로 쓰는 문경전에 나아가 사배를 올리자 신주를 모신 신여(神輿)가 경복궁을 나섰으며 왕과 왕세자가 뒤를 따랐다. 종묘에 이르러 신주가 정전의 익종대왕 신실에 안치되자 왕과 왕세자는 종묘 재실에 들었다. 다음날 날이 열리는 자시에 새로 신실에 모신 신위에 제사를 올리고 잠시 쉬었다가 왕과 왕세자가 궁으로 돌아왔다. 6월의 가는 비가 내리는 가운데 경복궁에 들어가 처음 치른 부묘 행사는 이렇게 무사히 끝났다. 이날의 행사를 기록한《승정원일기》에는 궁궐로 돌아온 왕이 이날의 부묘 행사에 참여한 많은 관리들에게 후한 상을 내렸다는 기사를 길게 적었다. 그러나 본래 부묘 행사에 수반되던 도성 길가의 결채나 산대놀이 등 떠들썩한 백성들을 위한 놀이는 어디에도 기록이 없다. 이미 이런 놀이의 전통은 17세기 창덕궁으로 이어한 이후 거의 소멸되어 없어지고 말았는데 비록 경복궁이 중건되기는 했지만 이전에 경복궁 광화문 앞에서 치러지던 화려한 행사의 전통은 되살아나지 못했다.

경무대에서 벌어진 과거 시험

경무대는 경복궁 후원의 한가운데 넓은 공터를 가리킨다. 경복궁을 중건하면서 신무문 밖 숲이 우거진 경사지에 길게 담장을 두르고 후원을 만들었는데 그 중심부를 경무대로 부르고 주변에 융문당과 융무당 건물도 지었다. 경무대에서는 문무 과거 시험을 주로 치렀는데 창덕궁의 춘당대와 유사한 역할을 했다. 또 왕이 중국 황제에게 절을 올리는 망배례(望拜禮)도 여기서 치렀다. 경복궁 후원은 북원(北苑)이라고도 불렀다.

경무대 좌우 담장에는 동쪽에 춘생문이 있고 서쪽은 추성문, 북쪽에 금화문이 나 있었다. 과거 시험이 있을 때 응시생들은 서쪽 금화문으로 출입했다. 추성문은 임금이 육상궁이나 선희궁 전배를 갈 때 이용했기 때문에 유생들은 이 문을 쓰지 못했다. 추성문은 왕의 출입을 고려해 문을 2칸으로 한 반면 금화문은 1칸짜리 문이었다. 따라서 경무대 과거 시험이 있으면 많은 응시생들이 비좁은 금화문을 드나드느라 붐비었을 듯하다. 동쪽 춘생문은 문 안쪽에 궁궐을 지키는 금위군의 숙소가 있어서 경비가 엄해 일반인은 거의 접근할 수 없었다. 1872년(고종9) 10월에 성균관 유생을 대상으로 치른 추도기 시험 때는 문을 담당하는 관리가 실수로 금화문 대신 추성문을 열었다고 크게 벌을 받은 일이 《승정원일기》에 적혀 있다.

고종은 경복궁으로 거처를 옮긴 후에 직극적으로 과거 시험을 시행해 전국의 인재들을 뽑고자 했다. 이전에 창덕궁에서는 문과 정시는 주로 인정전 마당에서 치르고 무과 시험만 춘당대 뜰을 이용했다. 경복궁으로 와서는 근정전에서 문과 정시를 치르는 일이 없지는 않았지만, 문과 시험이나 무과 시험을 모두 경무대에서 치르는 일이 잦았다. 왕이 직접 경무대에 나가서 과거 시험을 지켜보는 일도 자주 있었다. 무엇보다도 과거에 응시하려는 많은 사람들이 경무대까지 걸음을 옮기는 일이 빈번하게 벌어졌다.

과거 응시자들이 경무대까지 어떤 경로를 거쳤는지 전하는 기록은 잘 보이지 않지만 추정하기로는 육조대로를 거쳐 광화문 앞에서 서쪽 서 십자각을 돌아 영추문 앞을 지나 북쪽으로 담장을 끼고 한참을 올라가 추성문 바로 북쪽에 있는 금화문으로 들어갔다고 짐작된다.

1894년(고종31) 1월 1일 고종은 새해가 되어 왕세자가 스물한 살이 되는 것을 기뻐해 세자 생일날인 2월 8일에는 이를 크게 기념해 잔치를 열도록 하고 아울러 경무대에서 과거 시험을 치르도록 지시했다. 8일이 되자 강녕전에서 큰 잔치가 벌어지고 고종은 건청궁에서 외국 공사들을 접견해 축하를 받았으며 경무대에서는 서울과 지방에서 올라온 유생들을 대상으로 한 응제(應製) 즉 제목을 주고 그에 응해 답안을 작성하는 시험이 거행되었다.《일성록》

을 비롯한 몇몇 사료에는 이날 입문한 사람 즉 시험장에 들어간 사람이 무려 237,299명이라고 적었고 수권 즉 답안을 거둔 것이 215,739장이었다고 적었다. 과연 이 숫자가 실제 시험에 응한 인원수인지 의문이 들지만 아무튼 전국에서 이날의 시험을 위해 한양으로 몰려들었고 경무대는 이들의 응시로 큰 소란을 겪었을 듯하다. 이날 저녁에 일차 합격자가 선정되고 12일에 이들을 대상으로 한 시험이 역시 경무대에서 거행되어 합격자에게는 직부전시(直赴殿試) 즉 과거의 최종시험 자격이 주어졌다. 17일에는 다시 성균관에서 공부하던 유생들을 대상으로 한 응제가 또 있었고, 19일에는 세자와 나이가 같은 스물한 살이 된 유생들만을 대상으로 한 별도의 시험이 있었다. 27일에도 인일제 즉 정월에 치르도록 한 절기의 시험을 이날 거행했다. 이들 일련의 시험장은 모두 경무대였으며 왕이 왕세자를 대동해 직접 시험장에 나오기도 했다.

1894년(고종31)은 갑오년이었으며 고종 치하에서 갖가지 사건으로 점철된 해이기도 하다. 왕세자 생일잔치를 벌이던 바로 그 달에 전라도 고부를 필두로 황주목, 개성부, 금성현 등지에서 민란이 벌어져 전국이 뒤숭숭한 분위기에 휩싸였으며 급기야 고부의 민란이 동학농민혁명으로 비화한 것이 바로 이때였다. 또한 청나라와 일본의 첨예한 대립이 나날이 도를 더해가서 결국은 7월에 청일전쟁이 발발했다. 이런 숨가쁜 해에 조정은 왕세자 스물한 살의 생일잔치를 비롯해서 그에 수반해 2월 한 달 내내 경무대에서 과거 시험을 벌였다.

활기 잃은 육조대로

고종의 경운궁 건립

경운궁 이어

1894년(고종31)은 왕실에 적지 않은 변화가 몰아친 한 해였다. 동학농민군이 서울을 향해 북상하는가 하면 이를 진압하겠다는 핑계로 청나라 군대가 인천에 상륙하고 이에 뒤질세라 일본군도 한반도로 들어와 청나라와 일본 군대가 남의 나라 땅에서 충돌했다. 전쟁은 일본의 승리로 끝나버리고 조선은 청의 정치적 간섭에서 벗어날 수 있었다. 왕의 존칭을 대군주폐하로 고쳤다. 전쟁 후 일본의 강압적인 정치 간섭이 더 강해졌다. 연말에 동학농민군은 관군과 일본군의 협공에 밀려 패퇴하고 말았다.

1895년 을미년이 밝았다. 왕실은 일본의 간섭을 물리치기 위해 러시아와 손을 잡는 정책을 취했다. 대군주폐하가 된 고종은 직접 하늘에 제사지내는 의례의 필요성을 느껴 도성 안에 하늘에 제사지낼 환구단(圜丘壇) 건설을 명했다. 명성왕후는 적극적으로 친러 정책을 도모하고 일본 세력을 저지하기 위한 방안들을 강구했다. 이런 와중에 일본에 의해 명성왕후 시해라는 극단적인 만행이 벌어졌다. 8월 20일 경복궁 건청궁의 곤녕합에서 사건이 벌어졌다. 고종의 신변도 안심할 수 없는 상황으로 치달았다.

1896년(고종33) 2월 11일, 고종은 왕세자와 함께 러시아공사관으로 거처를 옮겼다. 아관파천이라고 부르는 이 조처로 일단 일본의 정치적 위상은 약화되고 러시아가 그 자리를 대신했다. 러시아공사관에 머무는 동안 고종은 친일세력들을 배제한 새로운 통치 구상을 하는 한편 인접한 경운궁으로 이어하기 위한 준비를 진행했다. 경운궁 내 낡은 전각들을 고치고 새롭게 몇몇 건물을 지어 장차 왕이 머물면서 통치의 새로운 기반을 닦으려는 구상을 추진했다. 해가 바뀌어 1897년이 되자 고종은 2월 20일 러시아공사관을 나와 경운궁으로 이어했다.

고종이 경운궁으로 이어하면서 왕세자를 비롯해서 왕세자비와 생존해 있던 헌종 계비 효정왕후가 모두 이곳으로 거처를 옮겼다. 또 경복궁에 있던 명성왕후의 빈전을 이곳에 옮겨 모셨다. 경복궁 선원전에 있던 역대 임금의 어진도 옮겨와 봉안했다. 왕실의 공식 의례는 물론 신하들의 접견이나 외국 공사들도 여기서 만났다. 이런 제반 활동을 위해서는 적지 않은 건물들이 필요했는데, 고종은 이미 러시아공사관으로 거처를 옮긴 직후부터 경운궁 이어를 염두에 두고 이런 시설들을 짓도록 했다.

이어한 그해 10월에는 새로 조성한 환구단에 나아가 황제 즉위식을 거행하고 국호를 대한제국으로 선포했다. 황제 즉위에 따라 왕실의 제반 의례도 황제에 준한 형식을 취하려는 노력이 있었지만 충분한 준비도 없었고 또 재정적인 뒷받침이 부족해 일부에 그쳤다. 예를 들어 태조를 태조고황제라 하고 정조를 정조선황제 등으로 호칭을 바꾸고 고종황제의 복식도 황색을 가미한 것으로 바꾸었다.

고종의 경운궁 건립

대한제국의 앞길은 순탄하지 않았다. 제국에 영향력을 키우려는 러시아 세력에 맞서서 일본은 집요하게 나라 곳곳에서 영향력을 키워 나갔다. 결국 두 세력은 1904년 러일전쟁이라는 극단적인 선택을 취했으며 결과는 예상을 뒤엎고 일본의 승리로 끝났다. 당시 러시아는 자국의 복잡한 정치 변동 때문에 극동에 힘을 기울일 형편이 못되었고 일본은 이런 기회를 노리고 총력을 기울여 전투를 승리로 이끌었다. 1905년 을사늑약이 체결되어 대한제국은 외교권을 상실하고 이듬해부터는 통감부가 들어서서 나라 살림을 빼앗았다. 고종은 난국을 헤쳐 보려고 여러 수단을 강구했지만 모두 수포로 돌아갔고 결국 일본의 강압에 의해 1907년 황제위를 순종황제에게 물려주었다. 이후 고종이 머물던 경운궁은 덕수궁으로 이름이 바뀌었으며 순종황제는 창덕궁으로 가서 지내다가 결국 1910년 한일합방을 맞게 되었다.

경운궁

경운궁은 과거 정릉동 행궁 또는 서별궁으로 불리던 곳이다. 정릉이라는 이름은 태조 계비 신덕왕후 무덤에서 유래되었지만 무덤이 도성 밖으로 옮겨진 후에도 계속 이름이 남았다. 성종의 형 월산대군이 근처에 살았던 듯하고 임진왜란으로 도성 안 궁궐이 불에 타자 선조가 이곳을 행궁으로 삼으면서 정릉동 행궁 이름이 생겼다. 또 도성 서쪽에 있었기 때문에 서별궁이라는 별칭도 가졌다. 광해군 때 경운궁이라고 불리기 시작했다. 창덕궁이 지어지고 광해군이 그곳으로 떠난 후에는 일부 전각만 남겨 두고 궁궐로 쓰기 위해 점거했던 토지 대부분은 민간인에게 돌려주었다. 숙종이나 영조는 이곳을 찾아 옛일을 회고하곤 했는데, 영조는 1769년(영조45) 즉조당을 찾아 선조가 임진왜란 후 이곳에 머문 일을 회고하며 현판 글씨를 남겼고 1773년(영조

49)에는 선조의 기일을 맞아 세
손(정조)까지 데리고 즉조당에 와
서 사배를 올리기도 했다. 고종
도 이어하기 3년 전인 1893년(고
종30) 계사년에 즉조당을 찾아와
서 과거 계사년(인조가 의주 몽진에서
환도한 해)에 이 궁에 들었던 일을
회고한 적도 있다.

지도에 표현된 덕수궁, 1900년, 영국왕립아세아협회 소장.
출처: 허영환, 《정도600년 서울지도》, 범우사, 1990

　　이 일대는 서대문으로 가는 대로와 서소문으로 나가는 작은 길 사이
의 불규칙한 형상의 넓은 대지였으며 중앙부가 약간 언덕을 이루었다. 이 언
덕을 중심으로 남쪽 양지바른 곳에 조선 초에는 정릉이라는 무덤도 들어서
고 그 주변에 흥천사라는 장대한 사찰도 있었다고 짐작된다. 고종이 이어할
즈음 이 주변은 미국, 영국 및 러시아의 공관들이 들어섰다. 각국 공관들은
일정한 구획의 원칙 없이 편의에 따라 토지를 불하받아 자국 땅으로 삼고 있
었다. 대체로 영국이 중앙 언덕의 동쪽, 미국이 언덕 남쪽, 러시아가 서쪽 끝
에 자리 잡았다. 나머지 땅은 여전히 왕실이 차지하고 있었다고 추측된다.

　　즉조당은 뒤로 작은 언덕을 끼고 남향해 있었으며 이 일대 가장 중심
부에 위치하고 있었다. 고종은 러시아공사관에 머물면서 이곳에 당장 필요한
침전이나 그밖에 왕실 가족들이 거처할 곳과 편전 등을 짓도록 했는데, 일차
로 즉조당을 중심으로 동편에는 편전과 침전인 함녕전을 짓고 동북쪽에는
후궁이나 상궁 처소 등을 마련한 것으로 보인다. 함녕전 서쪽에 편전 용도로
경소전을 지었는데 이 건물은 곧 명성왕후 빈전으로 쓰이면서 경효전이라는
전호를 붙였다. 1897년 경운궁 이어 후에도 필요에 따라 계속해서 건물들이
지어져서 1900년경에는 침전 권역과 멀리 떨어진 미국공사관 북쪽 일대에

　　　　　　　　　　　　　　　　　　　　고종의 경운궁 건립

흥덕전을 비롯한 어진 봉안 처소가 마련되고 또 미국공사관 서쪽으로는 수옥헌 영역이 조성되었다.

이 시기 정전으로 쓰인 전각은 즉조당이었는데, 명칭을 태극전으로 고쳤다가 중화전으로 바꾸었다. 또 즉조당 곁에는 준명당이 들어서고 그 남쪽에 석어당이라는 중층의 별당도 마련되었다. 경복궁 선원전에서 옮겨온 역대 어진은 미처 제대로 된 전각이 없어서 별전이라고 부르는 임시 건물에 모시고 있었다. 1900년 10월 이 별전에 화재가 발생해 어진들이 모두 불에 타는 사고가 있었다. 고종은 즉시 어진들을 새로 모사해 그리도록 지시하는 한편 흥덕전의 남쪽에 따라 선원전을 짓도록 지시했다. 선원전이 완성된 것은 1901년이었다.

이 기간 경운궁의 정문으로 쓰인 것은 즉조당의 남쪽에 있었던 인화문(仁化門)이었다. 이 문 외에 동편에는 포덕문(布德門)이 있었고 북쪽 흥덕전 위에 있는 영성문(永成門)이 북쪽 출입문으로 쓰이고 있었다. 인화문은 남향해 있었고 포덕문은 동향, 영성문은 북향해 있었다.

중화전 건립과 경운궁의 재건

1901년(광무4) 7월, 고종은 경운궁에 새로 법전을 짓도록 명하고 이를 위한 도감을 설치하도록 했다. 법전이란 왕이 국가적 의례를 수행하는 궁궐의 정전을 가리킨다. 그때까지 경운궁에서 법전의 기능은 즉조당에서 수행했지만 이 건물은 처음부터 궁궐 정전으로 지은 것이 아니어서 여러모로 모양을 이루지 못한 것으로 보인다. 이 명에 따라 8월부터는 필요한 자재를 구하고 장인들을 불러 모으는 일이 시작되었다. 나라 재정을 맡은 탁지부에서 은화 30만 원을 지불했다. 공사는 해를 넘겨 1902년 정월에 시작되었다. 공사는 비교적 순조롭게 진행되어 그해 8월에는 상량을 마치고 11월 4일, 고종황제와 황태자가 중화전에서 문무백관의 축하를 받았다. 법전의 명칭은 중화전으로 하고, 이전에 중화전이라고 부르던 즉조당은 다시 본래 명칭으로 고쳤다.

새로 지어진 중화전은 대한제국 궁궐의 정전다운 요소들을 갖추었다. 전각은 근정전을 모범으로 하면서 규모를 약간 줄인 중층 건물이었으며 실내에 황제를 상징하는 황색을 적극 가미하고 천장에는 두 마리 용을 달아맸다. 이때까지 정전 천장은 봉황으로 치장해 왔지만 중화전에 와서 처음으로 용으로 장식했다.[11] 중화전과 함께 주변 행각을 짓고 행각 남쪽에 중문인 중화문을 세우고 아울러 조원문(朝元門)도 세웠다. 조원문은 궁장 동편의 대안문(大安門)을 들어와서 정전으로 향하는 첫 번째 출입문이었으며 대문의 구실을 하는 문이었다. 조원문이 세워지는 대신에 본래 경운궁 정문으로 쓰이던 인화문을 철거한 것으로 보인다. 중화전이 즉조당 남쪽에 넓은 영역을 차지하면서 인화문이 설 공간이 없어졌기 때문이다.

중화전이 세워진 이듬해 1903년 정월 초하루, 황태자와 문무백관이 중화전 뜰에 모였다. 고종 황제가 전에 나오자 황태자를 비롯한 모든 참여자들이 무릎을 꿇고 사배를 올렸다. 왕을 칭송하는 치사와 표가 낭독되고 문무백관이 만세, 만세, 만만세를 외쳤다. 1월 8일에는 새해 조하를 축하하는 잔치를 열었다. 외연은 중화전에서 거행되었는데 월대 앞으로 나무로 넓은 무대를 만들어 보계를 꾸미고 향을 피우고 춤과 음악을 곁들인 음식 대접이 있었다. 저녁에는 관명전(觀明殿)에서 내연을 열어 왕실 여성들을 중심으로 한

---

11 — 경복궁의 근정전은 중건할 때 천장에 봉황을 그려 넣었다. 이 점은 1902년 조선의 고적조사를 했던 세키노 타다시(關野貞)의 《한국건축조사보고》(1904)에 언급되어 있다. 이후 근정전에는 봉황 대신에 중화전과 마찬가지로 조각한 용을 달아맸는데, 그 시점이 언제인지는 불명확하다.

고종의 경운궁 건립

잔치를 벌였다. 오랜만에 벌인 왕실의 평온한 잔치였다. 그러나 이런 평온은 오래가지 못했다.

해가 바뀐 1904년 2월 30일, 왕이 머물던 함녕전 부근에서 화재가 발생하면서 중화전, 즉조당, 석어당 등 중심부 전각들이 거의 타버리는 사고가 일어났다. 명성황후 신주를 모신 경효전도 화재를 입었으나 신주는 꺼내어 준명당 행각에 무사히 옮겼지만 이 화재로 왕실의 각종 기물들이 재로 변해 버렸다. 고종은 즉각 경운궁 재건을 명했다. 화재 5일 후인 3월 5일에는 경운궁중수도감이 설치되어 화재 이전의 모습으로 궁을 재건하는 작업이 시작되었다. 유서 깊은 즉조당, 석어당이 다시 지어지고 명성황후 신주를 모신 경효전, 황태자 어진을 봉안한 흠문각(欽文閣)이 지어지고 함녕전에 이어 중화전이 지어졌다. 이밖에도 엄비가 머물던 영복당(永福堂)을 비롯해서 함희당(咸喜堂), 양이재(養怡齋)가 지어지고 조원문이 재건되었다. 정문인 대안문은 화재의 피해를 모면했기 때문에 약간의 수리만 가했다. 대신 건물 이름을 대한문(大漢門)으로 고쳤다.

경운궁을 다시 짓는 공사는 만 2년 지난 1906년 11월말에 마무리가 되고 공사에 참여한 사람들에 대한 시상이 이루어졌다. 지금 우리가 보고 있는 덕수궁의 모습은 거의 이때 다시 지어진 전각들 모습이다. 그 가운데 가장 유감스러운 곳은 정전인 중화전이다. 화재를 당하기 전 중화전은 중층 지붕의 우뚝한 전각이었지만 다시 지으면서 단층의 왜소한 건물로 변하고 말았다.

경운궁의 서양식 건물

경운궁에는 서양식 건물도 여러 동 있었다. 그중 일부는 지금도 남아 있다. 가장 일찍 경운궁에 등장한 서양식 건물은 정관헌(靜觀軒)으로 알려져 있다.

이미 1900년에 이 건물에 준원전에서 모시고 온 태조 어진을 임시로 보관했다는 기록이 《승정원일기》에 보인다.

1901년에는 수옥헌(漱玉軒)과 돈덕전(惇德殿), 구성헌(九成軒)이 지어졌다. 수옥헌[1904년 이후 중명전(重明殿)으로 고침]은 미국공사관 남쪽 경운궁과는 약간 떨어진 곳에 지어져 있었다. 돈덕전과 구성헌은 즉조당 북쪽에 있었으며 돈덕전은 2층의 당당한 외관을 지닌 건물이었다. 경운궁에서 가장 돋보이는 서양식 건물은 석조전(石造殿)이다. 18세기 유럽에서 유행하던 신고전주의 건축 양식의 이 건물은 대한제국 선포와 함께 궁궐 안에 서양식의 전각을 갖추려는 왕실의 의지와 대한제국 해관에서 일하던 영국인 브라운(John McLeavy Brown, 1835~1926)의 건축 구상에 청국 해관의 엔지니어로 있던 건축가 하딩 (John Reginald Harding, 1858~1921)의 설계로 구체화되었다. 공사는 1900년 착공되었지만 정국의 변화 등이 겹쳐 공사는 지지부진하다가 만 10년이 걸려 1910년에 가서야 준공을 보았다. 준공 후에는 건물 전면에 서양식 정원도 꾸몄다.

이들 서양식 건물들은 함녕전이나 즉조당, 중화전 등 조선의 전통적인 건물이나 궁궐 구성과는 이질적인 형태는 물론 지어진 위치 자체가 궁궐의 구성과는 조화를 이루지 못해 동떨어진 느낌을 주었다.

고종의 경운궁 건립

경운궁의 여러 문과 문 앞 행사

1897년(고종34) 음력 1월 19일, 고종이 익선관에 원령포를 입고 보련(步輦, 평상시 임금이 타는 작은 가마)을 타고 러시아공사관 앞문을 나왔다. 1년 가까이 머물던 러시아공사관에서 경운궁으로 이어하는 거둥이었다. 보련이 인화문에 이르러 수안문(壽安門)을 경유해서 의록문(宜祿門)으로 들어갔다. 왕이 대내로 들어가고 뒤를 따랐던 신하들이 흩어졌다.

인화문은 경운궁의 정문으로, 지금 중화문이 있는 주변이 아닐까 추측되며 남향해 있었다. 러시아공사관의 정문은 옛날 사진에 의하면 벽돌로 네모난 벽을 쌓고 그 사이에 홍예문 하나를 낸 서양식 출입문으로 추정된다. 러시아공사관 정문과 인화문 사이는 왕이 탄 가마가 이동할 정도의 도로가 확보되어 있었던 셈이다.

이 해 8월 20일, 경운궁에 모셨던 명성왕후 재궁을 발인할 때도 인화문을 거쳐 나갔다. 그 경로를 보면, 경효전에 모신 재궁은 돈례문(敦禮門)에서 금천교를 지나 인화문을 나가서, '신교-혜정교-이석교-초석교-홍인문'을 나가 청량리 삼각산 아래 홍릉으로 갔다. 이 시기 인화문 북쪽에는 금천교가 있었고 금천교 안쪽으로 돈례문이 있고 그 안쪽에 경효전이 있었다. 재궁을 땅에 묻는 하현궁 때에 대궐에 남아 있던 대신들과 서울의 유생들은 인화문 밖에 꿇어앉아 곡을 하고 사배를 올렸다고 한다.[12]

인화문은 경운궁의 정문일 뿐 아니라 모든 의례의 출발점이기도 했다. 이듬해 1898년(광무2) 10월 13일, 고종황제는 인화문 밖에서 독립협회 대표 등 200인을 불러 모아 협회 활동에 대한 황제의 다짐을 일러주는 자리를 가졌다. 독립협회는 초기의 민중계몽 운동을 넘어서 점차 정치세력화 되어서 정부와 대립하는 양상을 보였다. 협회는 각 계층 국민의 대표기관으로 자리 매김하면서 보수적인 관료층과 충돌했으며 관료층은 보부상들을 동원해 이들을 탄압하는 사태를 빚었다. 고종은 독립협회의 존재를 인정하고 이들의 주장을 수용하는 입장을 취했으며 인화문 앞에서 협회 대표들을 부른 것은 그런 조처의 일환이었다.

이처럼 인화문은 경운궁을 상징하는 대궐 정문으로 쓰이고 있었지만 그 위치가 지닌 한계도 있었다. 인화문 앞은 남쪽으로 제법 높은 언덕이 가로막고 있어서 앞으로 뻗어나갈 수 없었고 좌우로 난 도로도 원활한 소통을 할 정도의 폭을 충분히 갖추지 못하고 있었던 것으로 보였다. 이런 한계 때문에 이미 1899년경에는 따로 궁궐 동쪽에 또 하나의 출입문을 내서 정문의 구실을 하게 되었으며 그 문이 대안문이었다.

---

12 ― （명성황후）《빈전혼전도감의궤》, 정유 8월 20일(계사) 기사

경운궁의 여러 문과 문 앞 행사

대안문과 대한문

두 이름은 같은 문이다. 인화문 대신 1900년경부터 대안문이 경운궁의 정문이 되고 1906년 대안문을 수리하고 나서 대한문으로 고쳤다. 대안문에 대한 첫 번째 기록은 1899년(광무3) 4월 28일 종묘와 경모궁 전알을 위해 황제의 어가가 돈례문을 거쳐 대안문을 나갔다는《승정원일기》기사이다. 이후 국왕의 출궁과 환궁은 거의 대안문을 이용하고 각국 공사나 영사들도 이 문을 출입했다는 기사가 보인다.

1899년부터 경운궁에 화재가 발생한 1904년 사이에 고종의 어가가 경운궁을 나서는 대부분의 과정은 대안문을 통했다. 이 기간은 고종이 대한제국으로 국호를 바꾸고 나서 적극적으로 대한제국의 존재를 내외에 알리고 또 일본의 억압을 물리치려고 안간힘을 쓴 시기와 일치한다. 그런 만큼 대안문은 고종황제의 적극적인 대외 정치활동의 무대 중 하나였다고 볼 수 있을 것이다.

대안문의 존재는 19세기 말, 20세기 초에 서양인들이 촬영한 각종 사진에서 쉽게 확인해 볼 수 있다. 한 미국인 사진가가 찍은 것으로 전하는 사

대안문 전경. 출처: 까를로 로제티 저, 서울학연구소 역,《꼬레아꼬레아니》, 1996, 숲과 나무(촬영: 村上幸次郎)

진에는 정면 3칸의 대문에 '大安門(대안문)'이라는 글자가 선명하고 문 앞으로 고종이 탄 것으로 보이는 작은 가마를 중심으로 전후좌우에 신식 군복을 입은 군사들이 총과 창을 높이 들고 가마를 호위하며 문을 나서는 장면이 보인다. 주변에는 이 행렬을 구경하는 흰옷 입은 사람들도 늘어서 있어서 어가 행렬의 긴장감보다는 하나의 구경거리를 놓치지 않고 보려는 여유도 느낄 수 있다. 이와 유사한 분위기의 흑백사진들은 여럿 알려져 있다.

고종황제는 경운궁 동편에 환구단을 짓고 나서 이따금 환구단에서 직접 제사를 지냈다. 처음 환구단이 지어지고 아직 대안문이 지어지지 않았던 1897년 9월에 고종은 경운궁 동편에 있던 포덕문을 통해 환구단으로 갔다. 그러나 대안문이 세워진 후에는 환구단에 갈 때 반드시 대안문을 이용했다. 1899년 11월 19일 《일성록》에는 대안문을 나가서 환구단 대문으로 들어간 고종황제가 환구단 재실에서 의관을 갖추고 한밤중에 환구단 친제를 행한 과정을 적고 있다.

1904년 함녕전에서 시작된 대화재는 경운궁 침전과 정전 일대를 한순간에 잿더미로 만들었다. 다행히 대안문은 소실을 면한 듯하다. 이때 시작된 경운궁 중건 공사에서는 대안문은 간단한 수리만 한 것으로 의궤에 나온다. 대신 문의 이름을 대한문으로 고쳤다. 경운궁 중건은 비교적 신속하게 공사가 진행되어 1905년 12월경에는 중화전이나 즉조당, 석어당 등이 거의 다 지어졌다. 그런데 해가 바뀌어 1906년 4월에 대안문의 수리가 시작되어 약 열이틀 간의 공사를 해서 일을 마무리했는데 이 과정에서 문 이름을 고친 것이다. 수리 내용은 큰 것이 아니었지만 새로 대한문이라는 현판을 만들어 문에 걸었을 뿐 아니라 상량문도 정1품 돈령사사 이근명(李根明, 1853~1939)이 짓고 종1품 궁내부 특진관 윤용구(尹用求, 1840~1916)에게 쓰게 했다. 《경운궁중건도감의궤》에 실린 대한문 상량문의 문구 일부는 아래와 같다.

엎드려 바라건대, 상량을 올린 후에 산악이 궁궐의 문을 떠받치고 일월이 용마루를 곱게 하며, 금 장식의 문고리와 옥 장식의 처마끝은, 하늘과 땅에 걸쳐져 영원히 나란하고, 단협(丹莢, 요 임금 때 조정 뜰에 난 풀이름)과 취균(翠菌, 푸른 죽순)은 처마와 기둥을 향하여 상서로움을 드리우소서.[13]

그러나 건물이 하늘과 땅에 걸쳐져 영원하기를 바란 소망은 현실에서는 전혀 달랐다. 경운궁 중건 공사가 시작되던 1904년 6월에는 이미 러일전쟁이 일본의 승리로 종결되고 이듬해 1905년에는 일본의 강압에 의해 을사늑약이 체결되어 대한제국은 외교권을 상실했으며 대한제국의 자주권을 세계에 알리기 위해 헤이그에 밀사를 파견했던 고종의 노력은 수포로 돌아가고 일본은 이를 빌미로 고종의 퇴위를 요구하며 정치적 압박이 도를 더해 가고 있었다. 결국 고종은 대한문이 다시 태어난 이듬해 1907년에는 왕위를 아들 순종에게 물려주고 말았다.

대한문은 정면 3칸, 측면 2칸의 단층 우진각지붕 건물이다. 궁궐 정문으로는 경희궁 홍화문과 같은 규모와 형식을 취했다. 현재는 문아래 기단이나 월대가 전혀 보이지 않지만 20세기 초기 사진에는 앞으로 길게 돌출한 월대와 그 안쪽의 기단이 잘 갖추어진 모습을 보인다. 또 월대 한가운데는 왕의 출입을 위한 어도가 따로 마련된 모습도 볼 수 있다.

---

13 — 번역문은 문화재청,《대한문수리보고서》, 2005년에 의함

영성문을 나가는 재궁과 어진

영성문은 존재마저 잊힌 문이지만, 적어도 경운궁이 활발하게 궁궐로 운용되던 시절에는 경운궁 북쪽의 중요한 출입문으로 쓰였다. 경운궁은 별칭으로 '영성문대궐'이라 불리기도 했는데 그만큼 영성문의 비중이 컸다. 이 문을 나서면 육조대로 동구에서 서대문으로 가는 대로와 만나기 때문에 운종가나 종묘로 나가는 데는 대안문보다 훨씬 편리한 이점도 있었다. 영성문의 위치는 옛 서울덕수초등학교 교정의 북쪽 끝 작은 교차로가 있는 한가운데이다. 새로 정한 도로 명으로 치면 정동로와 새문안2로가 만나는 지점이다. 이곳에 경운궁의 북쪽 대문으로 영성문이 북향해 있었고 이 문을 들어서면 남쪽으로 바로 오른쪽에 홍덕전이 있고 그 남쪽에 선원전이 있었다. 또 홍덕전의 길 건너편에는 순종비의 혼전인 의효전(懿孝殿)이 있었다.

영성전은 왕실 가족들의 일상적인 출입문으로는 잘 활용하지 않은 듯하다. 문 안에 있는 시설이 선원전이나 홍덕전 등 주로 제사 관련 시설이 모여 있었던 탓으로 보인다. 또 이 문을 들어서도 중화전이나 함녕전이 있는 경운궁의 중심부로 가기 위해서는 작은 언덕을 하나 넘어가야 하기 때문이다. 대신 이 문은 국장이 있을 때 재궁이 나가기도 하고 신주가 혼전으로 들어올 때 주로 이용되었다. 1900년 태조의 어진을 새로 모사하는 일을 할 때는 홍덕전에서 모사 작업을 했기 때문에 어진

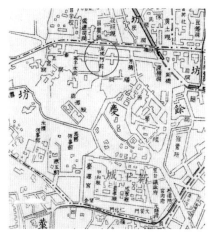

1907년 서울지도에 표시된 경운궁. 파란 동그라미 부분이 영성문 자리이다. 최신경성전도, 서울역사박물관 소장

경운궁의 여러 문과 문 앞 행사

이 들어오고 나갈 때 모두 영성문을 통했다. 이때 왕이 영성문 밖에 나가서 맞이하고 보내는 의식을 치렀다. 1904년에는 황태자비 순명비가 승하하자 빈전을 흥덕전에 모시고 있다가 발인할 때는 황태자가 영성문 밖에 나가 하직하는 절차를 치르기도 했다.

근대기의 사진 중에 먼 거리에 영성문이 살짝 보이는 것들이 있다. 우진각지붕에 3칸 규모인 점이 드러나서 건물 형식이 대안문과 거의 유사하다는 점을 보여 준다. 경운궁의 정문은 아니었지만 북쪽의 대문으로 위상이 높았음을 알 수 있다.

8

우리 곁의
궁궐과 가로

일제 강점기 궁궐의 수난

창경궁에 들어선 식물원과 동물원

1907년 7월 17일, 순종황제가 즉위했다. 황제에 오른 순종은 창덕궁으로 이어했다. 이미 일본인들이 통감부를 설치해 국정을 장악하고 있었다. 1909년 창경궁 안에 식물원·동물원이 세워졌다. 박물관도 설치했다. 통감부는 1908년 2월에 박물관 설치 업무를 전담할 일본인 관리를 임명해서 준비에 착수했으며 그해 7월에는 궁궐 업무를 주관하는 궁내부 안에 어원(御苑) 사무국을 두어 박물관이나 식물원·동물원에 관한 사무를 관장하도록 했다. 해외의 진기한 식물이나 동물을 구하고 눈길을 끌 만한 흥미로운 물건을 모으는 한편 창경궁 춘당대 뒤에 이제까지 조선에서 지은 적이 없는 철골과 유리로 된 식물원 건물을 짓는 공사에 들어갔다. 모든 작업이 완료된 것이 1909년 11월이었다.

  창경궁의 박물관·식물원·동물원이 지어지자 통감부는 이곳을 일반인들이 들어와 관람할 수 있도록 했다. 이를 위해 홍화문에서 입장표를 판매했는데, 이듬해 1월에 결정된 표 값은 1인당 10전이었다고 한다.[1] 1914년 보통학교 한 달 수업료가 10전이었다고 하므로[2] 적은 금액은 아니었던 셈이지만, 누구나 돈을 내면 궁궐을 들어가 볼 수 있다는 것이 과연 당시 사람들에게 어떻게 받아들여졌을지 궁금하다.

당시 덕수궁에는 고종황제가, 창덕궁에는 순종황제가 왕실 가족과 함께 생활하고 있었다. 따라서 두 궁궐은 손대지 않았지만 나머지 궁궐은 통감부에 의해 궁궐로서 면모를 잃고 있었다. 이미 경희궁은 정문이나 몇 개 전각을 제외하고는 모두 빈터가 되어 서울에 와 있던 일본인 자녀들을 위한 학교로 전용될 예정이었으며, 경복궁은 전각들이 하나씩 둘씩 민간에 매각 처분되는 상황이었다. 이런 상황에서 통감부는 창경궁을 일종의 박물관으로 전환한 것이다.

일본은 통감부를 설치해 조선의 국권을 거의 탈취한 상태에 있었으며 그런 상태에서 일방적으로 궁궐을 박물관이나 식물원으로 꾸며 일반인에게 개방한 일은 조선의 자존심과 왕실의 권위 실추를 조선인들에게 각인시키는 일일 뿐이었다.

전시장으로 전락하는 궁궐

1910년 한일합방이 되고 만 5년이 지난 1915년 7월, 조선총독부는 식민 지배 5년을 기념해 조선물산공진회라는 대대적인 전시회를 벌였다. 식민 지배

---

1 — 《내각왕복문》 1901년 1월 13일 기사. 어원 사무국에서 입원(入苑) 표를 10전으로 하고 홍화문으로 출입하도록 했다고 한다.

2 — 《조선총독부관보》 1914년 3월 13일 기사

일제 강점기 궁궐의 수난

의 성취를 과시하려는 목적이었는데 전시장으로 선택한 곳이 경복궁이었다. 이때 이미 경복궁의 많은 전각들은 철거되어 민간에 매각된 상태였으며 정문과 정전, 편전, 침전 등이 겨우 남아 있는 상태였다. 전시를 위해서 많은 새로운 시설들이 임시로 세워지고 전시장 입구를 상징하는 기이한 형태의 조형물이 광화문 앞을 가렸다. 전국에서 전시를 구경할 사람들을 조직적으로 동원해 궁궐 안은 북새통을 이루었다. 비슷한 전시는 1923년에도 부업품공진회라는 명목으로 치렀다.

아울러 각종 단체들에게 경복궁을 개방해 각종 모임을 열 수 있도록 했다. 1923년에는 전국궁술대회가 후원 경무대에서 벌어지고, 경회루에서는 전국기자대회라는 모임도 거행되었다. 이듬해에는 전국미술전람회가 개최되었다.

1919년 고종황제가 덕수궁에서 승하하고 1926년에는 순종황제가 창덕궁에서 승하했다. 공식적인 주인공이 사라지면서 두 궁궐도 개방의 운명을 맞았다. 덕수궁은 1933년 10월 1일 개원식을 가졌는데, 개관 첫날 6,000여 명이 관람을 했다고 하며 석조전 미술관을 찾은 사람만 3,480명이었다고 했다.[3] 1930년대 후반에 가서는 가을이면 국화 전시로 성황을 이루고 미술관도 늘 관람객들의 발길이 끊이지 않았다고 한다.

창덕궁은 순종 승하 후에도 왕실 가족들이 거처하고 있었기 때문에 출입을 제한하고 있었지만 완전히 통제를 한 것은 아니었다. 특히 후원은 비원(秘苑)으로 명칭을 고치고 일반의 관람을 허용하고 있었다. 비원의 경우, 물론 누구에게나 관람을 허용한 것은 아니고 허가를 얻은 단체에 한정하고 있었다. 1911년 5월 애국부인이라는 친일 여성단체가 비원에서 모임을 가졌다

---

3 — 《동아일보》 1933년 10월 1일자

고 하며, 1922년 10월에는 적십자가 총회를 비원에서 개최했는데 6,000명이 모였다는 신문기사가 있다. 1925년 4월 꽃이 만발한 계절이 되었을 때《동아일보》는 독자들의 서비스 차원에서 독자 대상의 단체 관람 기회를 마련했다. 당시의 신문 기사 타이틀은 "돈 내고도 보기 어려운 비경"이었으며 비원은 본래 일반에게 관람을 허락하지 않는 곳인데 이번에 독자들에게 특별한 기회를 제공하게 되었다는 설명을 달았다.

　　결국 1920년대에 들어가서는 서울 안 네 곳의 궁궐이 모두 제한적이지만 개방이 되었고 궁궐은 전시장이나 꽃구경하는 곳으로 변질되었다. 이 가운데 특히 창경궁은 일찍부터 일반에게 개방되었고 궐내에 수천 그루의 벚나무가 심어져서 벚꽃이 피는 3, 4월에는 행락객들도 붐볐다. 1927년 4월 26일 신문 기사에는 이날 창경궁을 입장한 관객 수는 낮에 36,000여 명, 밤에도 16,000명이나 되어 하루 전체로 52,000여 명이나 되었다고 적었다. 특히 야간의 밤 벚꽃놀이는 당시 서울에서 가장 이름난 놀이 중 하나로 꼽혔다.

일제 강점기 시가지 계획과 궁궐 가로

1912년 조선총독부는 경성시구개수 예정 계획이라는 것을 발표했다. 명칭은 시구개수로 되어 있지만 내용은 가로를 정비하겠다는 것인데, 요지는 도로 소통을 위해 신설 가로를 설치하거나 가로 폭이 일정하지 않거나 복잡하게 구부러진 곳을 바로잡는 것이었다. 모두 서른하나의 노선을 대상으로 했는데, 그 가운데 궁궐과 직결되는 것만을 열거하면 아래와 같다.

① 광화문에서 황토현까지의 도로를 폭 30칸으로 함.
② 황토현에서 대한문 앞 광장을 거쳐 남대문까지의 도로를 폭 15칸

　　　　　　　　　　　　　일제 강점기 궁궐의 수난

으로 함.

③ 동대문에서 종로를 거쳐 경희궁 앞까지 도로를 폭 15칸으로 함.

④ 돈화문 앞에서 고가네마치(黃金町) 광장을 거쳐 다이와마치(大和町)까지 도로 폭을 12칸으로 함.

⑤ 대한문 앞 광장에서 고가네마치를 경유해 광희문까지 도로 폭을 12칸으로 함.

⑥ 대한문 앞 광장에서 조선은행 앞 광장까지 도로 폭을 10칸으로 함.

지명 중에는 일본인들이 임의로 붙여 놓은 곳들이 있는데, 고가네마치는 현재의 을지로3가 일대를, 다이와마치는 중구 필동 일대, 조선은행은 지금 소공동 한국은행을 가리킨다.

첫 번째 언급된 광화문에서 황토현까지 도로는 바로 조선시대 육조대로를 가리킨다. 이 길은 뒤에 광화문통으로 통칭되었다. 이 구간의 도로 폭은 30칸으로 정했다. 여기서 1칸은 6자[4] 길이로 환산되며 약 1.8미터이다. 따라서 30칸이라면 54미터 폭이 된다. 조선시대 육조대로의 폭은 대략 55미터에서 58미터 정도였으므로 거의 달라지지 않았다고 볼 수 있다.

두 번째는 황토현에서 대한문 앞을 지나 남대문까지로 도로 폭은 15칸이라 했다. 황토현 북쪽의 절반 폭이다. 이 길은 지금 태평로로 부르는 곳이며 15칸 너비는 27미터에 해당한다. 나머지 길들은 동대문에서 경희궁 앞까지 즉 조선시대 운종가를 역시 15칸(27미터), 창덕궁 정문인 돈화문 앞에서 을지로 3가를 거쳐 필동까지 남북 방향으로 길을 냈는데 폭은 12칸 즉 21.6

---

4 — 전통적으로 1칸은 6자에서 10자까지의 범위에 있으며 조선시대에는 보통 8자를 기준으로 삼았다. 그러나 일제 강점기에 들어오면서 1칸 개념은 17세기 이후 일본에서 통용되던 6자를 기준으로 삼은 것으로 판단된다.

미터 정도이다. 나머지는 대한문 앞에서 을지로를 지나 동대문 남쪽의 광희문까지를 12칸, 또 대한문 앞에서 조선은행 앞 광장까지 10칸 즉 18미터 폭으로 계획했다는 것이다.

이 계획안에 따라 1913년부터 단계적으로 공사가 추진되어 1929년까지 17년간에 걸쳐 거의 조성이 완료됐다고 한다.[5]

시구개수 사업에 따라 궁궐 앞 도로는 이전과 크게 달라졌다. 우선 광화문 앞 육조대로가 달라졌다. 육조대로 남쪽 끝은 황토현이 가로막고 있었다. 황토현은 이미 1909년 일본 황태자가 서울을 방문했을 때 남대문 좌우 성벽을 철거하면서 동시에 삭토했는데 이때 남대문에서 광화문까지 남북 방향의 대로가 열리게 된 것이다. 돈화문 앞도 파자교 남쪽으로 필동까지 남북 도로가 새로 열렸다. 조선시대 한양의 가로는 기본적으로 동서 방향의 간선을 중심으로 운영되는 것을 특징으로 삼았는데 이런 가로의 전통이 무너진 것이며 그것은 특히 궁궐 정문 앞에서 가장 눈에 띄게 드러났다. 대한문 앞에서도 을지로로 나가는 길과 소공동을 연결하는 직선도로가 열리면서 고종 때와는 전혀 다른 가로 구성이 나타났다.

경복궁에 들어서는 조선총독부 청사

조선총독부는 초기에는 남산에 있던 통감부 시절의 청사를 그대로 사용하고 있었지만 곧 신청사 건립 계획에 들어가 경복궁에서 조선물산공진회가 열린 이듬해 1916년 7월에는 경복궁 광화문과 흥례문 사이에 청사를 짓는 공사에 착수했다.

---

5 — 손정목, 《일제강점기도시계획연구》, 일지사, 1990

일제 강점기 궁궐의 수난

청사 건물 설계는 일본에서 사무소를 열고 있던 독일인 게오르크 데 랄란데(Georg de Lalande, 1872~1914)에게 의뢰했다. 데 랄란데는 19세기 유럽에서 유행하던 설계 경향에 따라 중앙에 큰 돔을 얹은 장방형 입면의 석조건물을 계획했다. 건물은 4층이며 각층 면적을 포함한 연면적은 9,000여 평에 달했다. 건물이 완성된 것은 10년이 지난 1926년 10월이었다.

지상 4층의 석조건물이 들어서자 경복궁은 가려서 거의 보이지 않게 되었고 백악 아래는 전혀 새로운 건물이 우뚝하게 세워지게 되었다. 새로 지어진 건물은 경복궁의 기존 전각들과는 미묘하게 방향이 틀어졌다. 즉, 기존 건물들이 정남향에서 약간 서쪽으로 틀어져 지어져 있었는데 새 청사는 정남향으로 자리 잡으면서 방향이 달라진 것이다. 그 차이는 5.6도로 알려져 있다. 경복궁은 창건 당시에 임좌병향으로 좌향을 잡으면서 정남향을 피해서 지어졌는데 이것은 주변 지형 등을 고려한 결과였다고 짐작된다. 그런데 새 청사는 이런 방식을 벗어나 정남향으로 좌향을 정한 것이다.

조선 총독부 청사가 지어지면서 바로 대두된 문제는 청사 앞을 가로막고 있는 광화문의 처리 문제였다. 청사 남쪽 중앙에 광화문이 버티고 있어 출입에 제한을 주었으며 무엇보다 새로 지은 조선총독부 청사의 외관을 가로막고 있었기 때문이다. 식민통치자들은 광화문을 철거하기로 결정했으며 철거된 건물은 궁성 동편에 이축하는 것으로 했다.

광화문 철거에 대해서는 일본인 문예평론가 야나기 무네요시(柳宗悅, 1889~1961)가 1922년 8월부터 5회에 걸쳐 《동아일보》에 "장차 잃게 될 조선의 한 건물 광화문을 위하여"라는 글을 연재하면서 건물 철거에 대한 유감을 표했다. 야나기의 글은 여론의 비상한 관심을 불러일으켰으며 광화문 철거 반대 의견을 불러일으켰다. 1925년에는 한국 근대문학비평의 개척자 중 한 사람인 김기진이 《개벽》에 광화문 이전에 대한 비통한 마음을 담은 글을 신

경복궁을 가린 채 우뚝 세워진 조선총독부 청사 1930년 경. 출처:H.B. Drake, *Korea of the Japanese*, John Lane the Bodley Head Ltd., London, 1930

기도 했다. 그러나 이런 노력들이 조선 총독부 청사를 경복궁 앞에 지으려는 식민통치자들의 결정을 바꾸지는 못했다.[6]

1926년 8월 9일에 광화문 이전을 위한 해체 공사가 시작되었다. 이때 조선 총독부 청사 건물은 거의 완성을 눈앞에 두고 있었다. 해체는 빠르게 진행되어 상부 문루의 기와를 내리고 대들보와 기둥을 철거하고 하부 석축까지 제거되었다. 다시 지어지는 광화문의 위치는 궁성 동쪽 건춘문 북쪽 약 130미터 지점이었다. 광화문 이축이 완성된 것은 해체 1년이 조금 지난 1927년 9월이었다. 비록 건물은 다시 지어졌지만 광화문이 본래 갖고 있던 건축적 의미나 위상은 모두 상실되었다. 광화문은 경복궁의 남쪽 정문으로 경복궁을 바깥세상과 이어 주는 출입문이었다. 또 문 앞으로는 긴 월대가 있고

6— 《동아일보》, 1922년 8월 24일자 기사 및《개벽》제59호(1925년 5월 1일)

일제 강점기 궁궐의 수난

그 남쪽으로 육조대로가 펼쳐지고 대로 좌우에는 육조의 관청이 좌우로 도열해 조선왕조 최고의 권위를 상징했다. 그런데 옮겨진 곳은 그런 상징과는 아무런 관련이 없는 곳이었다. 옮겨진 광화문 앞으로는 북쪽에서 흘러내리는 중학천 물길이 흘렀다. 오랜 사진에는 광화문 바로 앞의 중학천에서 두세 아낙들이 빨래하는 모습이 보인다.

조선총독부 청사 건물은 4층의 높이와 40미터에 달하는 정면 길이뿐 아니라 네모반듯하면서 베란다의 깊은 음영이 주는 강한 인상 덕분에 위압적인 외관을 드러낸다. 여기에 지붕 꼭대기에 솟아 있는 돔은 멀리서도 이 건물의 존재를 바로 알아볼 수 있을 만큼 강력한 이미지를 던져 준다. 이런 건물이 경복궁을 대신해서 과거 육조 관청이 도열하던 육조대로 즉 광화문통 북쪽에 우뚝 서게 되자 이 가로의 경관은 하루아침에 전혀 다른 것이 되어 버렸다.

광화문통 좌우의 건물들도 달라졌다. 과거 광화문 바로 앞 동편에 있던 의정부 자리에는 경기도청이 들어섰고 2층의 벽돌 건물로 바뀌었다. 건너편 삼군부 청사가 놓여 있던 곳도 삼군부는 오래 전에 자취를 감추고 조선보병대가 그 자리를 차지했다. 나머지 경찰관 강습소(이조 자리), 경성법학전문학교(호조 자리), 경성중앙전화국 경성분소(병조 자리)가 들어서고 건물도 제각각 벽돌식의 무미건조한 관청 건물로 대체되었다. 조선총독부 청사는 이런 무채색의 관청 건물 북쪽 중앙에 우뚝 서게 되면서 한층 그 존재감을 드러내게 되었다.

광복 이후 가로의 확장과 변모

100미터 도로로 확장되는 세종로

1945년 광복을 맞아 과거 일제 강점기에 잘못 다루어졌던 부분을 바로잡는 일들이 거국적으로 전개되었다. 그 일환으로 서울의 지명을 바로잡는 움직임도 있었다. 일본인들이 광화문통으로 이름 지었던 육조대로는 '육조가(六曹街)'로 하자는 건의가 있었지만 바로 결정을 하지 못하고 해를 넘겼다. 이듬해 1946년 10월에 서울시가 특별시로 승격하면서 최종적으로 명칭이 확정되었다. 전에 육조가로 변경하려던 광화문 앞길은 새로운 명칭이 제정되었는데 그것은 '세종로'였다. 육조가 이미 사라지고 없는 것이었으니 그 보다는 서울의 심장부에 더 적합한 지명을 정하려는 고심의 결과였다고 생각되는데, "이곳이 경복궁의 앞길이며 세종의 탄생지인 준수방(俊秀坊)에서 멀지 않다."는 것이 이유라고 한다.[7]

새로 세종로라는 이름을 얻은 광화문 앞길은 여전히 혼란한 모습이었다. 북쪽에는 조선총독부 청사 건물이 그대로 남아 있고 남쪽 길 양쪽의 관청 건물들도 일제 강점기 모습을 그대로 유지하고 있었다. 세종로는 얼마 지나지 않아 벌어진 한국전쟁으로 심각한 훼손을 당했다. 조선총독부 청사 건물을 그대로 인수한 중앙청은 포화에 시커멓게 그을렸고 세종로 좌우 건물들은 심하게 파손되었다. 1952년 정부는 세종로의 정비와 확장 계획을 발표했다. 도로 폭을 100미터로 확장해 대한민국에서 가장 넓은 길로 만든다는 것이었다. 이곳은 대한민국의 심장부와 같은 곳이었으므로 100미터 도로는 수도 재건의 상징과도 같은 의미를 지녔다. 세종로를 100미터로 확장하는 일은 단기간에 달성되지는 못했지만 지속적으로 도로 확장을 시행해 1970년에 거의 달성되었다. 그 사이 과거 사헌부가 있던 자리에는 4,000명을 수용하는 대형 공연장인 시민회관이 지어져 이 일대 경관을 획기적으로 바꾸었다. 또 1970년에는 서북쪽 과거 삼군부가 들어서 있던 자리에 높이 25층의 정부종합청사 건물이 지어졌다.

지속되는 궁궐의 수난

1950년대 후반에서 1960년대를 지나면서 궁궐은 서울 시민들의 휴식처로 쓰였다. 궁궐 외에는 마땅히 시민들이 휴식할 만한 공간도 없었고 시설도 보이지 않았다. 넓은 공터를 보유한 경복궁은 많은 인원이 참여하는 큰 행사의 단골 행사장으로 쓰였다. 1962년 군사혁명 1주년을 기념한 산업박람회가 경복궁 경회루 주변 공터에서 벌어졌다. 이듬해 1963년 독일에서 서커스단이 공연을 할 때는 건청궁 주변 공터가 이용되었다. 1964년에는 미스코리아 선발대회도 여기서 거행되었다. 600년 역사를 지닌 궁궐에서 벌일 행사는 아니었지만 따로 많은 인원을 수용할 공간도 없었다.

봄철이면 창경궁은 벚꽃 구경을 하는 인파로 붐볐다. 특히 야간에 벌이는 밤 벚꽃놀이는 큰 인기였다. 사자나 코끼리도 달리 구경할 곳이 없는 서울 시민들의 큰 위안거리였다. 늦은 가을이 되면 덕수궁은 수만 송이 국화가 가득 전시되어 경내가 국화향기로 진동했다. 그나마 창덕궁은 계절에 따라 관람을 제한하기도 하고 후원은 일부를 통제해 현상 유지에 안간힘을 기울였지만 나날이 시설이 황폐해지는 것을 막기에는 역부족이었다. 1961년부터는 낙선재에서 윤비를 비롯해 이방자여사 가족이 거처하기 시작해 궁궐 한 모퉁이나마 평안을 찾았다.

박물관과 궁궐

왕조체제가 종식되고 시민이 나라 주인이 되는 과정에서 대두되는 문제 가운데 하나는 왕실이 소유하던 재산을 어떻게 처분할 것인가 하는 것이다. 왕실 가족의 개인적인 자산은 어쩔 수 없다고 하더라도 왕들이 거처하던 거대한 궁실의 경우는 이것을 개인자산화 할 수는 없는 노릇이고 결국은 국가가 관리하되 이를 시민들이 누릴 수 있는 공간으로 전용하는 것이 일반적인 대안이다. 다만 궁궐은 한 나라를 상징하는 여러 역사적인 또는 물리적인 기억들이 담겨 있는 곳이기 때문에 비록 시민들이 누리는 공간이라고 하더라도 함부로 시설을 개조하거나 뜯어서 다른 곳으로 옮겨가거나 하는 일은 할 수 없는 점도 있었다. 이런 경우 종종 대안으로 등장하는 것이 궁궐을 박물관으로 전용하는 것이다. 박물관은 나라의 문화 수준을 가늠하는 기준이 되기도 하고 또 왕실이 보유한 유물을 전시하기에도 알맞을 뿐 아니라 시민들이 시설을 충분히 누릴 수 있는 기회도 제공하기 때문이다. 나아가서 외국 사람들에게도 나라의 문화유산을 보여 줄 수 있다는 점에서 일석양조의 효과도 꾀

광복 이후 가로의 확장과 변모

할 수 있다.

조선왕조의 궁궐들도 기본적으로 이런 박물관 활용의 범주에서 벗어 나지는 않았다고 볼 수 있다. 이미 일제 강점기에 경복궁 안에 미술전시관이 들어서고 덕수궁에도 미술관이 지어졌으며 창경궁에도 박물관이 존재했다. 또 경복궁 근정전과 사정전 행각은 벽을 헐어내고 행각 안에 각종 석물이나 불상 등 조각물을 전시하는 장소로 활용되었다. 이런 상황은 광복 후에도 크게 달라지지 않아서 경복궁이나 덕수궁, 창경궁 등이 이전과 마찬가지로 전시장 또는 박물관으로 활용되었다.

1965년 12월, 정부는 경복궁 내에 종합박물관을 짓는 계획을 발표했 다. 종합박물관 계획은 기존의 국립박물관이 보유한 유물은 물론 그밖에 여 러 곳에 산재한 유·무형 유물을 한곳에서 소장 관리하려는 계획이었다. 그때 까지 국립박물관은 덕수궁 석조전의 비좁은 공간을 사용하고 있었다. 더욱 이 새로 짓는 건물의 외관은 한식으로 하고 내부는 현대식으로 할 계획이라 는 방안까지 구체적으로 정해졌다.[7] 이 발표안은 건축계를 비롯한 여러 단체 의 반대에 부딪혔다. 특히 새로 짓는 박물관을 경복궁 안에 지으려는 계획에 대해 장차 궁궐을 제모습으로 회복할 필요성을 제기한 반대 의견도 있었다. 그러나 정부는 경복궁 내에 박물관을 세우는 방침을 굳히고 일을 추진해 나 갔다.

이듬해 1966년 5월에는 설계안을 현상 모집해 당선안을 발표하기에 이르렀다. 당선안은 당초 구상대로 외관을 한식으로 한 것으로, 9,000평 대 지에 법주사 팔상전, 금산사 미륵전, 화엄사 각황전의 외형을 철근콘크리트 로 꾸미고 기단부는 불국사 청운교·백운교를 본뜨고 기단 위 난간은 근정전

---

7 ― 《경향신문》 1965년 12월 7일자

월대를 모방하는 방안이었다. 내부는 지하 7층으로 해서 수장고와 전시장을 갖추도록 했다. 이 설계안에 대해서는 건축계에서 적지 않은 문제 제기가 있었지만 수용되지 않고 그해 11월에는 기공식을 하고 6년이 걸려 1972년 8월 완공을 보아 국립중앙박물관의 개관이 이루어졌다. 지금도 남아 있는 이 건물은 현재 국립민속박물관으로 사용하고 있다. 우뚝한 철근콘크리트 기와지붕이 주는 궁궐과의 부조화도 문제지만 전혀 공간을 활용할 수 없는 지붕 밑 빈 공간의 낭비와 지하 수장고의 습기 문제 등은 아직도 해결하지 못한 숙제거리로 남아 있다.

철근콘크리트조 광화문 탄생

경복궁의 정문인 광화문은 1927년 조선총독부 청사가 지어지면서 궁성 동편으로 이전되었다. 이후 1950년 한국전쟁 중에 폭격을 맞아 상층 문루는 전소하고 하부 석축만 잔존해 있었다. 1967년 11월에 문화재관리국은 장차 지어질 종합박물관 정문으로 박물관 입구에 광화문을 복원해 세우려는 방안을 발표했다. 이 계획안 역시 여론의 반론이 적지 않았다. 서울시에서는 광화문을 다시 짓되 그 위치를 당시 중앙청 정문에 복원하는 방안을 별도로 추진했다. 해가 바뀌어 1968년에 접어들면서 결국 광화문 복원은 중앙청 앞에 세우는 것으로 가닥을 잡고 공사에 들어갔다.

　　그런데 이때 다시 지어지는 광화문 문루는 본래의 목조로 짓지 않고 영구적인 재료로 알려진 철근콘크리트조로 짓는 방안으로 결정되었다. 광화문 문루를 철근콘크리트조로 짓는다는 계획이 알려지자 문화계에 종사하는 많은 사람들이 반대 의견을 냈다. 시인 서정주(徐廷柱, 1915~2000)는 "콘크리트라면 굳이 광화문을 복원한다는 의미가 무엇인가? 그건 웃음거리가 아닌가?”했고 건축학자인 정인국(鄭寅國, 1916~1975)은 “원칙적으로 콘크리트는 부당하며 차라리 현대건축문화를 기념하는 창조적 모뉴먼트로서 앞으로 일변할 중앙청 앞 광장지대를” 염두에 두고 다시 생각해야할 것을 말했다. 콘크리트로 짓는 이유를 ‘영구성’과 ‘목재난’으로 발표한 행정당국의 발표에 대해서도 외국에서 목재를 수입해서라도 제대로 목조문루를 만들어야 한다는 소리가 많았다.[8]

　　이런 여론에도 불구하고 당국은 처음 계획에 따라 철근콘크리트조 광화문 공사를 강행했다. 다행히 문루는 1926년 이전될 때 만들어 두었던 실측도면이 있었기 때문에 화재 이전의 모습으로 다시 짓는 데 큰 어려움은 없었다. 철근콘크리트조 광화문은 1968년 3월 15일에 기공해 불과 9개월도 지나지 않은 그 해 12월 11일에는 완공을 보고 준공식을 치렀다. 이날 박정희 대통령은 준공식에 참석했으며 “철근콘크리트로 이렇게 거창한 우리 건축을 재현시킨 것은 건축계의 혁명”이라고 치하했다고 한다.[9] 아울러 대통령이 직접 쓴 한글 현판도 걸렸다.

　　그런데 새로 지어진 광화문은 태조 창건 때나 고종 중건 때의 제 위치에는 짓지 못하고 그보다 북쪽으로 14.5미터 뒤로 물려서 자리 잡았으며 좌향도 본래의 좌향에서 동쪽으로 5.6도 정도 틀어서 세웠다. 뒤로 위치가 물러난 것은 전면의 도로 때문이었으며 좌향이 틀어진 것은 중앙청 좌향에 맞추기 위해서였다. 일제가 조선총독부 청사를 지을 때 그 좌향은 경복궁과는 5.6도 동쪽으로 틀어서 정남향을 하도록 했는데 이번의 복원에서는 중앙청에 좌향을 맞춘 결과였다.

---

8 —　“광화문 복원에 이론”,《경향신문》1968년 3월 20일자

9 —　“박대통령 현판 제막”,《경향신문》1968년 12월 11일자

광화문 복구공사가 한창 진행 중이던 1968년 4월 27일에는 세종로 중앙분리대 남쪽 끝 중앙에 이순신장군의 동상이 세워졌다. 조각가 김세중(金世中, 1928~1986) 씨가 13개월의 작업 끝에 만들었다. 좌대 높이 12미터, 동상 높이 7미터의 거대한 장군상이 세종로 네거리를 바라보며 서게 되었다. 그리고 세종로 거리의 북쪽 끝에는 광화문이 다시 세워진 것이다.

광복 이후 가로의 확장과 변모

1980년대 이후 궁궐의 복원과 정비

서울대공원으로 가는 동물들, 제 모습 찾는 창경궁

1977년, 서울의 인구는 700만을 돌파했다. 급격한 인구 증가는 주택 부족 등 많은 도시 문제를 야기했다. 그 가운데는 늘어나는 서울 시민들에게 마땅한 휴식시설이 거의 없는 점도 대두되었다. 이 해 벽두 정부는 서울 남쪽 청계 산 일대 460만 평 땅에 대공원을 건설하겠다는 계획을 발표했다. 10년 예정 으로 시작한 공원 조성은 6년이 안된 1984년에 개장을 했다. 그 한 해 전인 1983년 창경원의 동물들이 서울대공원으로 대거 이사를 했다. 그에 따라 그 동안 동물원과 벚꽃놀이로 만신창이가 된 창경원을 조금이라도 옛 모습으로 정비하는 작업이 시작되었다. 이것은 광복 이후 줄곧 시민들의 휴식처 정도 로만 인식되던 궁궐이 본래의 모습에 가깝게 회복되는 신호탄이었다.

이보다 몇 해 앞서 창덕궁은 3년 가깝게 사람들의 출입을 통제하고 후 원 등을 정비하는 작업도 펼쳤다. 그러나 이때의 정비는 소극적으로 관람객들에 의해 파헤쳐진 길을 다듬고 수목을 가꾸는 정도에 그쳤으며, 정비를 마치고 나서는 다시 시민들의 관람장으로 이용되었다. 이런 소극적인 정비에 비하면 창경궁의 복원은 광복 이후 처음으로 시작된 본격적인 궁궐의 복원이라고 할 만하다.

우선 창경원으로 불리던 궁궐의 명칭을 창경궁으로 되돌렸다. 동물들이 빠져 나간 창경궁에는 동물사를 모두 철거하고 또 일제 강점기 때 심은 벚나무를 모두 제거하고 토종 수목으로 대체하는 공사를 벌였다. 숭문당 남쪽의 옛 박물관 건물과 자경전 터에 우뚝 서 있던 일본풍의 장서각 건물도 철거했다. 문정전을 복원하고 명정전 주변 행각도 다시 세웠다. 문정전을 다시 세울 때는 오랫만에 상량식도 옛날식으로 재연했다. 1984년 1월에 시작된 건물 복구는 2년 반 걸려 1986년 8월에 가서 마쳤다. 8월 23일, 창경궁 준공을 시민들에게 널리 알리기 위해 홍화문 앞에서 1킬로미터에 달하는 상감마마 동가 행렬도 재현되었다.

광복 50년과 조선총독부 청사 건물 철거

1990년 들어와 문화재관리국은 고도 서울의 풍치를 되살릴 수 있도록 경복궁과 창덕궁의 기본 궁제를 복원하는 사업을 추진하겠다는 발표를 했다. 궁궐을 이전처럼 시민들의 관람장으로 방치해 놓지 않겠다는 의지가 담겼다. 이에 따라 경복궁에서는 일제 강점기 때 철거되어 빈터로 남아 있던 강녕전, 교태전 등을 복원하기 위한 준비에 들어갔고, 창덕궁에서는 인정전 앞 행각과 진선문, 돈화문의 월대 등을 복원하기로 했다. 그런데 이런 정부의 경복궁 복원 방침은 예상하지 못한 방향에서 커다란 논쟁거리를 낳았다.

경복궁의 정면 한복판에는 일제 강점기에 지은 조선총독부 청사가 우뚝 자리 잡고 있었다. 조선총독부 청사 건물은 광복 후에는 중앙청으로 불리며 대한민국 정부청사로 쓰였다. 1982년 과천에 제2정부종합청사가 지어지면서 정부는 이 건물을 박물관으로 전용할 계획을 세웠다. 이때 건물을 철거해야 한다는 여론도 있었지만 철거 비용도 많이 드는데다 치욕의 역사 현장을 그대로 두어 역사의 교훈으로 삼겠다는 명분이 앞서서 그대로 존치시켰다. 1986년에는 여러 해의 준비 끝에 국립중앙박물관이 이 건물에 들어가게 되었다. 그런데 1990년에 들어와 정부가 경복궁의 기본 궁제를 회복하는 것을 목표로 궁궐 복원을 추진하게 되면서 구 조선총독부 청사 건물의 철거 문제는 새로운 논란에 빠져들게 되었다.

구 조선총독부 청사 철거는 사회 각계의 찬반 여론을 불러일으켰다. 관련한 학계에서 상반된 입장 표명이 나오고 언론에서도 적극적으로 다루었다. 철거를 찬성하는 쪽에서는 일제 강점의 역사적 상처를 상기시키며 조선 정궁의 정전을 가로막는 건물 철거는 당연한 것으로 주장했고 반대하는 쪽에서는 건물을 없애버린다고 민족 자존심이 회복되는 것은 아니며 오히려 건물의 보존을 통해 일제가 조선 역사를 단절시키려고 발버둥친 과거가 실패했다는 증거를 상징적으로 보일 필요가 있다는 논리를 폈다. 혹자는 해체의 필요성은 인정하되 교육적 자료로 활용하기 위해 제3의 장소에 이축하는 방안을 내기도 했다.

논쟁은 1991년 여름부터 시작되어 결론을 내지 못한 채 1993년을 맞았다. 새로 출범한 김영삼 정부는 문민정부를 표방하며 국민들의 관심을 불러일으킬 상징적 프로젝트의 하나로 구 조선총독부 청사 철거 문제를 꺼내는 동시에 경복궁 복원을 통한 '역사바로세우기'를 내세웠다. 같은 해 4월 1일 문화체육부 업무 보고에서 대통령은 경복궁 복원을 위해 구 조선총독부 청사 철거를 추진할 것을 지시하고 이 지시에 따라 철거 쪽으로 기울어졌다.

철거 방침이 구체화되면서 새로운 문제가 대두되었다.

당시 구 조선총독부 청사는 국립중앙박물관으로 사용 중이었다. 1986년 개관한 국립중앙박물관은 교통상의 이점과 바로 뒤에 있는 경복궁과 연계되어 관람객이 증가하는 등 높은 활용도를 보이고 있었다. 구 조선총독부 청사를 철거하기 위해서는 국립중앙박물관이 다른 곳으로 옮겨가야 하는데 방대한 유물을 보유하고 있는 박물관이 하루아침에 이전한다는 것은 쉽게 생각하기 어려운 일이었다. 당연히 문화계 쪽에서 새로 박물관을 지을 때까지 철거는 미루어야 한다는 주장이 나왔다. 이에 맞서서 건물 철거를 지지하는 각종 단체에서는 유물 보관을 이유로 식민통치의 본산인 조선총독부 청사 철거를 미룰 수 없다는 논리를 펴면서 광복회, 한글학회 등 여러 사회단체들이 건물 철거촉진위원회를 구성하고 해체 비용을 마련하기 위한 국민성금모금운동을 벌이기로 했다. 이제 조선총독부 청사 철거는 온 국민의 관심사로 대두되었다. 대통령의 지시로 철거 자체는 기정사실화되었지만 그 시기와 절차를 두고 또 다시 사회적 대립이 고개를 들었다. 정부는 조속히 일을 매듭짓기로 하고 1993년 11월 5일 "유물을 임시 전시관으로 옮긴 후에 구 조선총독부 청사 건물 철거를 완료하고 이어서 새로운 박물관을 짓는다."는 정부 계획을 공개했다. 드디어 1995년 8월 15일 광복 50주년을 맞는 광복절에 조선총독부 청사 건물의 돔 지붕 꼭대기가 철거되어 독립기념관 마당으로 이전 전시되고 박물관 유물은 경복궁 경내 문화재관리국 청사로 옮겨졌으며 이듬해 1996년 말에 완전 철거되었다.

구 조선총독부 청사 철거를 둘러싼 찬반 논란은 우리 사회에서 일제강점기 건물을 두고 벌어진 가장 뜨거운 논쟁의 하나였다. 마지막 결정을 정치적인 선에서 종결지음으로써 모처럼의 논쟁이 한 차원 높은 문화적 성숙을 위한 도약의 계기로 발전되지 못한 아쉬움이 크다. 이런 논의는 누가 옳

1980년대 이후 궁궐의 복원과 정비

고 누가 그르다는 흑과 백으로 판정을 내릴 사안은 아니라고 할 수 있으며 수많은 논쟁을 거치면서 그 과정에서 우리 주변의 건물과 역사, 사람들 간의 사고의 폭을 넓히는 기회로 선용하는 것이 중요한 일이라고 말할 수 있다. 그런 점에서 논의가 생산적으로 발전하지 못한 한계가 있었다.

지금 돌이켜 이 문제를 생각해 보면, 이 건물이 서 있던 자리는 경복궁의 정면일 뿐 아니라 세종로 북쪽 즉 과거 육조대로의 머리가 되는 곳이다. 이곳은 서울을 상징하는 핵심 위치이다. 건물 뒤는 한양의 주산인 북악산이 자리 잡고 있고 건물 앞은 과거 조선 최고의 관청들이 좌우로 늘어서 있던 육조대로이다. 이런 위치에 주변을 압도할 듯한 외관을 갖고 서 있는 구 조선총독부 청사를 그 자리에 그대로 두어도 좋다는 논리는 어떤 명분으로도 설득력을 얻기 어렵다.

복원되는 경복궁

구 조선총독부 청사 건물이 철거되고 나서 경복궁 복원 공사는 본궤도에 올랐다. 경복궁 복원의 출발은 1990년에 시작된 침전 복원이었다. 1991년 6월 5일 경복궁 복원 기공식이 노태우대통령이 참석한 가운데 거행되었다. 이 자리에서 노대통령은 앞으로 3년 후, 1994년이 되면 서울은 정도 600주년을 맞게 되며 이러한 때에 조선 왕조의 정궁이 그 옛날의 수려한 모습을 되찾게 된 것을 기쁘게 생각한다는 취지의 말을 했다.[10] 서울 정도 600주년을 눈앞에 둔 시점에서 시작된 경복궁 침전 복원은 장차 치르게 되는 서울의 각종 역사적 상징물 복원의 출발점이기도 했다. 침전권역에서는 중심 전각인 강녕

---

10 — 하성복, 《광화문과 정치권력》, 2010, 서강대학교출판부

전 외에 교태전과 주변의 부속건물인 연생전, 경성전, 연길당 등이 다시 지어졌다. 공사가 마무리된 것은 1996년이었다.

경복궁 복원은 침전 권역에 국한된 부분적인 복구에 머물지 않고 장기적으로 궁궐제도의 기본을 복구한다는 큰 계획 아래 진행되었다. 이를 위해서 1990년부터 2009년까지 20년에 걸친 장기계획이 수립되었다. 더욱이 이 장기계획은 정부에서 매년 별도의 예산을 지원하기로 하고 국회에서도 예산 지원을 위한 특별법이 통과되어 20년 동안 안정적으로 공사를 추진할 수 있게 되었다.

이 계획에 따라 1994년에서 1999년까지는 동궁 권역이 복원되었다. 과거 왕세자가 거처하며 공부하고 장차 나라 다스릴 경륜을 쌓아가던 곳이 제 모습을 찾았다. 1996년부터 2001년까지는 흥례문 권역이 다시 지어졌다. 흥례문은 경복궁의 대문이었으며 이 문에서부터 대내의 지엄한 영역이 시작되는 곳이었다. 구 조선 총독부 청사가 흥례문 터를 깔고 앉았던 것인데 청사를 헐어내고 문이 다시 모습을 드러냈다. 1997년부터 2005년까지는 태원전 권역을 지었다. 경복궁의 서북쪽 구석에 자리 잡고 있었던 빈전과 혼전 영역이었다. 이 자리에 대통령 관저를 경호하던 군부대가 오랜 기간 들어와 있었다. 지역의 경찰서장도 함부로 다룰 수 없던 경호부대가 사라진 것을 보면서 세월의 흐름을 느끼지 않을 수 없게 한다. 2003년부터 2006년까지는 건청궁 권역에 대한 복원이 진행되었다. 건청궁은 조선시대 고급 살림집 모습을 하고 있다. 조선말이 되면 민간 사대부 집의 수준이 궁궐 전각을 능가하는 쾌적하고 편리하며 아름다운 곳으로 성장했다. 이런 민간의 살림집을 궁궐에 들인 것은 창덕궁 낙선재가 처음이며 그 후 고종 초년에 연경당도 그런 모습으로 고쳤다. 건청궁은 이런 궁궐 내 살림집의 계보를 잇는 살림집 같은 건물이다. 고종과 명성왕후가 한동안 거처하다가 이곳에서 명성왕후 시해사건을 겪었다. 마지막으로 2006년부터 2010년까지 광화문 일곽이 복원되었다. 이로써 20년간의 경복궁 복원이 일단락될 수 있었다. 대한민국 정부수립 이후 궁궐 하나를 두고 이처럼 20년에 걸쳐 지속적으로 훼손된 건물을 복원하는 사업을 추진한 것은 처음 있는 일이었다.

되살아난 경희궁 터

숲이 우거지고 바위와 샘이 가득했던 별궁 경희궁은 이미 일제 강점기에 일본인 중학교로 전용되고 건물들도 모두 철거 또는 매각되어 옛 궁전의 모습을 잃은지 오래였다. 거기에 대지 동쪽은 관사 터로 잘려 나가고 서쪽 경사지도 기상관측소가 들어오는 등 이미 1940년대에는 이곳에 궁궐이 있었는지조차 알 수 없는 지경에 이르렀다. 광복 후에도 상황은 달라지지 않아서 공립 중고등학교가 들어서고 관사가 있던 곳은 민간에 팔려 나갔으며 서쪽은 기상대 외에 서울시교육청이 들어서서 궁터를 더욱 조여 왔다.

　　이런 상황에 변화가 나타난 것은 1970년대 말에 와서 강북 인구를 조절하고 강남의 학교 부족을 해소한다는 정책의 일환으로 시내 공립학교를 강남 등지로 이전하는 사업이 추진되면서이다. 이 사업에 따라 궁터를 차지하고 있던 서울 중고등학교는 강남으로 이전하게 되었는데 이 과정에서 궁터는 현대건설에 매각되었다. 현대건설은 교통이 편리하고 도심에 있는 궁터를 새로운 택지로 개발할 계획을 했던 것으로 보이지만 매각 후 궁터가 사적으로 지정되었기 때문에 아무런 개발 행위도 추진하지 못하게 되었다. 결국 서울시가 나서서 현대건설에 시내의 별도 대지를 상환해 주고 궁터는 서울 시민을 위한 공원으로 활용하고 일부는 옛 경희궁을 복원할 계획을 세웠다. 이때가 1985년이었다.

경희궁은 숙종과 영조가 아끼고 사랑하던 곳이었다. 이 궁궐이 자취를 상실한 것은 1910년경이었으며 75년이라는 세월이 흐른 뒤에 다시금 예전 궁궐의 자취를 일부나마 되살릴 기회가 찾아온 셈이었다. 광해군이 경희궁을 지은 것은 측근 풍수가가 이곳에 왕기가 서려 있다는 말을 들었기 때문이라고 전하며, 실제로 광해군의 뒤를 이어 왕위에 오른 인조는 경덕궁 터의 주인이었던 정원군의 아들이었다. 20세기에 들어와 나라가 식민지로 전락했을 때 이 궁궐도 더 이상 명맥을 잇지 못하고 자취를 감추었는데, 그로부터 80여 년이 지나면서 나라가 다시 왕성한 기운을 얻기 시작하자 궁궐도 회복의 기운을 되찾은 것이다.

1987년 과거 장충단의 일본인 사찰 정문으로 옮겨 갔던 정문 흥화문이 궁터로 되돌아왔다. 그러나 정문이 본래 서 있던 자리는 이미 다른 건물이 들어서 있었기 때문에 부득이 과거 관리들이 출입하던 개양문이 있던 부근에 이전 복원되었다. 1990년대 말에는 정전인 숭정전과 편전인 자정전도 제자리에 복구되었다. 정전과 편전이 앞뒤로 나란히 배치된 것을 두고 영조는 경희궁이 창덕궁보다 제도를 갖추었다고 평한 적이 있는데, 그 두 건물이 복원되어 최소한의 면목을 세운 셈이다. 서쪽 바위 사이에는 영렬천의 샘이 흐르고 서암 바위도 건재하다.

1990년에 들어와 서울시는 이곳에 박물관과 미술관을 세울 계획을 추진했다. 1994년 정도 600주년에 맞춰 6,000평 규모의 지상 3층 건물을 지을 것이라는 발표가 있었다. 이 계획은 또 다시 역사학계의 비상한 관심을 불러 일으켰고 건축학계나 문화단체의 반대 성명이 잇따랐다. 결국 서울시에서 한걸음 양보해 박물관만 건립하되 규모를 줄이고 2층 정도로 높이도 낮추는 방안으로 타결을 보았다. 궁궐과 박물관의 끈질긴 악연이 재현된 셈이었다. 박물관은 1997년 준공을 보았다. 명칭은 서울역사박물관으로 했다. 교

1980년대 이후 궁궐의 복원과 정비

통의 이점도 있고 또 서울의 역사를 조명하는 다양한 전시 기획들을 통해서 박물관은 비교적 긍정적인 평가를 받고 있다고 한다. 상대적으로 궁궐은 전각 몇 곳만 복원해 놓은 초라한 상태에 머물러 있다. 궁터의 3분의 1 정도는 여전히 주택지나 다른 공공기관이 들어서 있다.

앞으로 경희궁 터는 어떤 변모를 겪게 될지 자못 귀추가 주목된다. 지금은 비록 옹색한 터에 복원한 건물 몇 동이 있을 뿐이지만 그리 머지않은 시기에 이곳은 역사의 숨결이 느껴지는 궁궐의 모습이 되살아날 것 같은 느낌이 든다. 왜냐하면 경희궁이 들어선 터는 신령한 샘과 울창한 숲과 바위가 감싸고 있는 신비한 힘이 있는 곳처럼 느껴지기 때문이다.

다섯 궁궐 앞 가로의 현주소

20년에 걸친 1단계 경복궁 복원사업의 마지막 대미를 장식하는 일은 광화문 권역의 복원이었다. 광화문은 이미 1968년에 철근콘크리트조로 세웠다. 그런데 다시 광화문을 복원하겠다고 한 것은 기존의 광화문이 서 있는 위치 때문이었다. 1968년에 세운 광화문은 원 위치에서 14.5미터 뒤로 물러나 있었다. 또 방향도 본래와는 5.6도 동쪽으로 틀어져 있었다.

구 조선총독부 청사를 철거하느냐 마느냐를 두고 첨예한 관심을 기울였던 언론들도 제 위치에 광화문을 다시 세운다는 계획에 대해서는 침묵으로 동의를 표했다. 그러나 14.5미터 뒤로 물러난 것이나 5.6도 방향이 틀어진 것이 과연 반드시 바로 잡아야할 심각한 문제였는지는 짚고 넘어갈 과제였다. 기존의 콘크리트 문을 허물고 14.5미터 앞에 문을 다시 세우는 데는 막대한 비용이 소요되었다. 이런 비용을 들였다고 해도 정작 광화문 주변이 완전

복원된 광화문

하게 복원되는 것도 아니었다.

　본래 광화문 앞에는 길이 54미터의 월대가 있었는데, 이 월대는 광화문 앞 도로 상황으로 보아서는 도저히 원래대로 복구하기는 어려웠다. 광화문 좌우의 궁성은 동서 양 끝에 가서 동·서 십자각과 만나는 것이 본래 모습이지만 이것도 십자각 주변 상황 때문에 실현 불가능했다. 결국 큰 비용을 들인 광화문 복원은, 문을 본래 위치에 되돌려 놓는다는 명분 이상을 찾기 어려운 사업이었다. 여기에 콘크리트로 잘못 지어 놓은 건물을 목조로 되돌린다는 부수적인 성과가 언급되었다. 철근콘크리트조 광화문은 지은 지 30여 년이 지났지만 처마선 하나도 휘어지지 않고 콘크리트에서 쉽게 발생하는 균열 즉 금이 가는 것도 거의 보이지 않는 상태였다. 그럼에도 이 건물을 굳이 철거하려는 데에는 콘크리트 광화문에 대한 부정적인 인식이 한몫한 듯하다.

　드디어 2006년 12월 4일, '광화문 제모습찾기 선포식'이 거행되고 기존 콘크리트 광화문의 지붕 꼭대기가 철거되기 시작했다. 기존 건물 철거가 완성되자 본래 광화문 터에 대한 발굴조사가 시작되었는데 예상 외로 지면 약 1.3미터 아래에서 고종 중건 당시의 석축 하부가 고스란히 노출되었다. 더욱 눈길을 끈 것은 그 석축 하부의 지하 1미터 안팎에서 조선 초기 것으로 보이는 동일한 규격의 석축 하부가 노출되었다. 위치도 동일했다.

월대 하부 구조도 잘 남아 있는 것이 확인되었다. 월대 역시 고종 때 축조한 하부에 선대의 유적이 확인되었다. 문 좌우로는 궁성 하부 구조도 거의 훼손되지 않은 상태로 나왔다. 일제 강점기 때 광화문은 지하부까지 건드리지 않고 지상의 구조물만 철거해 이전했음이 확인된 셈이었다. 이런 발굴 성과는 광화문과 그 좌우 궁성 복원이 역사적 신뢰성 위에 진행될 수 있다는 보증서 구실을 했다.

발굴이 정리되자 곧바로 석축을 다시 축조하는 작업에 착수했다. 석축은 고종 때 쌓은 유구를 살려서 그 위에 다시 축조하는 방법으로 준비되었다. 한 가지 고민거리는 하부 90센티미터에 있는 초기의 석축 유구를 어떻게 처리할 것인지였다. 당초에 광화문 석축 하부는 땅속에 콘크리트 파일을 깊게 박아서 지면을 고정시키는 방안이 검토되었지만 가까운 곳에 지하철 3호선이 지나기 때문에 콘크리트 파일은 피하는 것으로 했다. 대신 석축 하부에 두께 1미터 정도의 콘크리트 판을 넓게 다지고 그 위에 석축을 쌓기로 했는데 이 경우 초기 석축 유구가 훼손될 우려가 있었다. 그에 따라 콘크리트 판의 두께는 유구를 건드리지 않는 70센티미터로 조절하고 그 위에 석축을 쌓기로 했다.

석축에 사용하는 석재는 기존에 사용하던 것은 극히 일부만 재사용하고 대부분은 새로 가공해서 썼다. 기존 석재 자체가 고종 때의 본래 것이 거의 없었기 때문이었다. 홍예문의 이맛돌에는 짐승 조각을 한 장식물이 있는데 다행히 이 부분은 본래의 것이 잘 남아 있었기 때문에 재사용이 가능했다.

석축 위에 세우는 문루는 당연히 나무를 다듬고 가공해서 조립했다. 기둥이나 대들보 같은 큰 자재는 강릉 주변의 금강송을 베어 썼다. 금강송이란 소나무 중에 비교적 곧게 자라고 나뭇결이 치밀한 것을 가리키는데, 강원도 태백산맥 일대에 널리 분포하는 소나무를 일컫는다.

광화문의 복원 공사는 일반인들의 비상한 관심 속에 진행되었다. 신문에서도 발굴 성과를 비롯해서 강릉에서 소나무를 베어오는 과정이나 문루의 조립 상황 등을 그때그때 기사화해 관심을 끌었다. 그러던 중에 2008년 2월 11일 숭례문 화재가 발생했다. 숭례문 화재는 온 나라사람에게 충격을 준 사건이었다. 이 화재는 문화재에 대한 일반인의 비상한 관심을 불러일으켰다.

여러 가지로 세간의 주목을 받아오던 광화문은 드디어 2010년 8월 15일 준공식을 가졌다. 다시 지어진 광화문은 세 개의 홍예문을 갖춘 거대한 석축 위에 높이 18.9미터에 정면 길이 23.8미터의 당당한 모습으로 다시 태어났다. 석축이나 문루는 1926년에 작성된 실측 도면에 근거해서 고종 때 중건된 광화문의 모습을 충실히 재현했다. 문 좌우는 사고석을 가지런히 쌓아올린 궁성이 동서 방향으로 길게 이어졌다. 문 앞에는 약 14미터 길이의 월대가 부분적으로 복원되었다. 준공식에는 이명박대통령이 참석해 현판 제막을 하고 광화문 앞에는 수많은 사람들이 모여서 행사를 지켜보았고 그 상황은 텔레비전으로 전국에 중계되었다. 건물 하나가 완성된 것을 이렇게 온 나라가 지켜본 것도 광화문이 최초의 일이었다.

광화문 광장에 돌아온 세종

구 조선총독부 청사 철거가 결정되고 이듬해에는 꼭대기 돔 철거가 예정되어 있던 1994년 12월 서울시는 '서울 상징거리 조성계획'이라는 시사성 있는 계획안을 발표했다. 내용은 광화문 앞을 옛 모습으로 재현하고 이곳을 시민들이 자유롭게 보행할 수 있도록 광화문 광장을 만든다는 것이었다. 문화재청도 이와 보조를 맞추어 광화문 광장에 대한 구체적인 청사진을 그렸다. 차량 통행을 멀리 주변 도로로 우회시키는 이 계획은 교통 문제를 비롯해서 해결해야 할 숙제가 하나 둘이 아니어서 검토만 거듭할 뿐 실행에는 옮겨지지 못했다.

2007년이 되어 서울시는 역점 사업의 하나로 광화문 광장 조성사업을 구체화시켰다. 연말에 구체화된 광장 조성계획은 세종로에 폭 100미터, 길이 740미터의 광장을 조성하겠다는 것이었다. 계획에 따르면 광화문 전면부 구간에는 역사회복 광장으로 육조거리와 월대를 재현하고 해치상을 원위치에 복원하고 세종로 공원 주변 구간에는 육조거리의 흔적을 재현하고 세종문화회관 전면부 구간에는 세종대왕 동상을 덕수궁으로부터 이전하고 동상을 중심으로 컴퓨터에 의한 영상물을 담아내는 장소로 꾸민다는 계획이었다. 이런 계획 아래 2008년 5월에는 광장 조성사업이 시작되었다. 그러나 현실적으로는 여러 제약이 따랐기 때문에 적지 않은 수정이 불가피했는데, 그중 대두된 논란의 하나는 세종대왕 동상을 세우는 방안에 관한 것이었다.

당시 덕수궁 안에는 세종대왕의 동상이 중화전 마당 동쪽에 있었다. 문화재청은 장차 덕수궁의 복원도 계획하고 있었고 덕수궁과 세종 동상은 관련도 부족해 그 처분을 고심하고 있었다. 그러나 이 동상을 광화문 광장에 옮겨올 경우 광장 남쪽 끝에 있는 이순신장군 동상과의 조화 문제나 위상 문제가 있어 반대 의견이 적지 않았다. 몇 차례 전문가들과의 논의 끝에 동상은 새로 제작하기로 하고 위치는 세종문화회관 앞으로 하기로 결정했다. 그에 따라 2009년 4월에는 동상 제작에 들어갔다.

다섯 궁궐 앞 가로의 현주소

광화문 앞 세종로에 세워진 세종대왕 동상

　2009년 8월 1일 광화문 광장이 시민들에게 개방되었다. 광장은 당초보다 약간 축소되어 폭 34미터에 길이 557미터 규모로 세종로 16개 차선 중 6개 차선을 보행자에게 돌려주고 이곳에 육조거리 모습을 축소해 재현한 해치마당, 서울 500년 역사를 기록한 역사물길, 광장 시작지점에 꽃으로 장식한 플라워카펫, 광장 양옆에 폭1미터 길이 365미터의 역사물길이 조성되었다.

　같은 해 한글날인 10월 9일, 드디어 세종대왕 동상이 경복궁 광화문 남쪽 광장 한가운데 그 모습을 드러냈다. 높이 6.4미터 폭 4.3미터에 주변에는 해시계와 측우기가 설치되고 하단 지하에는 세종이야기라는 기념관도 조성되어 한글 창제를 비롯한 세종의 업적이 전시되었다. 광화문이 제자리에 다시 세워지기 1년 전의 일이었다.

경복궁 광화문 앞은 앞에서 보았듯이 일제 강점기 이후 끊임없이 주변이 변하고 도로 폭이 확장되어 지금은 광장이라는 이름으로 불리고 있다. 도로 폭은 조선시대 육조대로 시절보다 거의 두 배로 넓어졌다. 한번 넓혀진 도로가 줄어드는 법은 없으니 광화문 앞에서 옛 가로 모습을 되찾기는 어려워 보인다.

창경궁 홍화문 앞길은 도로 폭도 약간 확장되었지만 문 건너편의 서울대학 병원이 궁궐을 압도하고 있어서 옛날 정취를 찾을 길이 없다. 비록 창경궁 쪽은 궁장이 길게 이어져서 낙엽이 휘날리는 늦은 가을이면 제법 산책할 만한 분위기도 살아나고 또 선인문이나 월근문이 있어서 무언가 사연 많은 고궁의 정취가 있다. 그러나 바로 곁으로 싱싱 달리는 차량이나 길 건너편 병원 건물이 모처럼의 분위기를 망쳐버린다.

경희궁 홍화문은 문자체가 제자리를 잃어 버렸고 길은 8차선 대로로 넓혀져서 역시 궁궐의 분위기를 잃었다. 무엇보다 궁장이 남아 있지 않기 때문에 일부러 복원한 건물을 찾아가지 않으면 궁궐이 있었는지조차 알 수도 없다. 근년 발굴조사를 통해 금천교 하부 구조를 확인해 겨우 금천교 다리를 복원해 놓았지만 바로 앞에 있는 서울역사박물관이 어도 한가운데를 가로 막고 있어서 더 이상의 걸음을 막는다.

덕수궁은 다른 곳에 비하면 상황이 나은 편이다. 비록 대한문이 본래 있던 자리에서 멀찍이 뒤로 후퇴한 상황이고 문 앞은 남대문에서 광화문을 잇는 가장 복잡한 대로 중 하나가 되었지만 길 건너 시청 앞에 멋진 광장이 있어서 덕수궁 긴 돌담과 기묘한 조화를 이룬다. 궁궐 자체는 초라한 규모로 축소되었지만 오래된 목조건물과 서양식 돌집이 이제는 익숙한 경관이 되어 친숙하다. 고종이 머물던 중명전도 새롭게 단장을 하고 미국대사관이 관사를 지으려던 선원전 터도 우리 곁에 돌아와 머지않아 건물이 복원될 것이라는 소식이다.

　서울에 남은 다섯 궁궐 가운데 궁궐 문 앞 가로가 도로 폭이나마 온전하게 살아남은 곳을 든다면 창덕궁 돈화문 앞길이 유일하다. 돈화문 앞길은, 1914년 〈경성부지적원도〉에 의하면 문 바로 앞 비변사 청사가 있던 곳은 도로 폭이 34미터 되고 그 남쪽부터는 22미터 정도의 수치를 보인다. 1912년 조선총독부가 발표한 경성 시구개수 계획에 의하면 돈화문에서 고가네마치(을지로길)까지 도로 폭은 12칸 즉 21.6미터로 정비하는 것으로 되어 있다. 따라서 이 길은 오히려 문 바로 앞은 조선시대보다 더 좁아졌고 나머지 구간은 이전과 거의 달라지지 않았음을 알 수 있다. 물론 본래 파자교 앞에서 끝났던 돈화문 앞길이 1912년의 시구개수 사업에 의해 을지로를 지나 필동까지 관통하는 남북도로로 바뀌기는 했지만 적어도 돈화문 앞에서 종로3가까지의 도로 폭은 조선시대 궁궐 앞 가로의 도로 폭이 그대로 유지되어 왔다.

　더 눈길을 끄는 곳이 있는데, 바로 돈화문로 양쪽의 뒷골목이다. 돈화문로를 따라 그 안쪽 좌우에 샛길이 있는데 이 길의 역사도 오래다. 이 길은 조선시대부터 서민들이 오가던 샛길로 보이며, 〈경성부지적원도〉에도 잘 그려져 있다. 도면상의 길 폭이나 형상이 지금과 거의 같다. 샛길은 서쪽은 돈화문 앞 과거 비변사 청사가 있던 자리 남쪽에서 시작해서 종로대로로 이어지고 동쪽도 돈화문 앞 공터가 끝나는 지점부터 시작되어 종로까지 뻗었다. 실은 양쪽 샛길은 종로대로의 북쪽 피맛길과 연결되고 있다. 그러고 보면 조선시대 한양의 가로는 대로변 뒤쪽으로 피맛길이라는 좁은 샛길이 서로서로 연결되어 있었던 셈이며 그 가운데 돈화문로 양쪽이 지금까지 잘 남아 있다.

　〈경성부지적원도〉에는 동서 샛길 뒤쪽으로 작은 물길이 각각 그려져 있다. 동쪽 물길은 창덕궁 안에서 금천교를 지나 돈화문 옆 궁장을 흘러 나

돈화문로의 현재 모습

와서 남쪽으로 길게 흘러내리고 있으며 서쪽 물길은 비변사 청사 부근에서
시작해서 역시 서쪽 샛길 뒤를 따라 남쪽으로 흘러내리는 모습이다. 이 가운
데 서쪽 물길이 남쪽 끝에 와서 직각방향으로 동쪽으로 꺾여서 파자교 아래
를 지나 동쪽 물길과 만난다. 합류한 물길은 어의동구를 지나 지금 종로4가
와 5가 중간쯤 되는 곳에서 창경궁에서 흘러온 물과 합류해서 남쪽 이교를
지나 청계천으로 흘러들어간다. 지금 이들 물길은 모두 복개되어 자취를 찾
아볼 수는 없지만 아마도 복개한 길 아래로는 지금도 옛 물길의 흔적을 남기
고 있지 않을까 추측된다.

　　돈화문로는 외형만 보아서는 과거의 흔적이 거의 사라지고 없는 듯 보
이지만 이렇듯 자세히 들여다보면 도로 폭에서부터 길 양쪽 샛길은 물론 물
길까지 그 자취가 생생하게 남아 있다. 지금까지 이 도로에 대해서는 길을
확장하거나 주변의 필지들을 통합해서 대형 건물을 짓는 일은 크게 일어나

　　　　　　　　　　　　다섯 궁궐 앞 가로의 현주소

지 않은 셈인데, 이런 가로가 아직도 잘 남아 있다는 것이 신기할 정도이다.

서울의 다섯 궁궐은 우여곡절을 겪으며 지금도 잘 살아남았다. 인구 1,000만을 헤아리는 대도시 서울에 궁궐 다섯 곳이 오롯이 남아 있다는 것이 경이롭다. 궁궐 앞 가로들은 어쩔 수 없는 세월의 소용돌이 속에 제 모습을 거의 잃었지만 완전히 자취를 감춘 것은 아니다. 궁궐과 가로를 살피고 그 역사를 읽어내려는 사람들이 있는 한 그 존재는 생명을 이어갈 것에 틀림없다.

기억으로 남는 궁궐과 가로

서울에 남은 유교도시의 기억

세종은 태조가 창건한 경복궁을 완전히 고쳤다. 광화문을 비롯한 궁성 문을 다시 짓고 정전을 제외한 거의 대부분의 전각을 다시 지었다. 세종은 체계가 잡혀 있지 않던 국가적인 유교의례들을 하나씩 바로잡아 조선왕실 의례절차의 틀을 다졌다. 세종이 경복궁을 뜯어 고친 이유는 이 궁궐을 유교의례에 적합한 공간으로 꾸미는 데 있었다고 짐작된다.

경복궁의 정문인 광화문 앞은 태종 때 모양을 갖춘 육조대로가 뻗어 있었다. 국왕이 사직단이나 종묘에 제사 지내러 갈 때나 왕릉에 절하러 갈 때 국왕이 탄 가마는 육조대로를 지났다. 중국 황제의 칙서를 가지고 사신이 서울을 찾으면 반드시 육조대로를 거쳐 궁으로 들어갔다. 세종은 국왕 출궁이나 사신 영접 절차를 세세하게 규정했다. 거가 출궁 시 가로변은 오색 천으로 치장하는 결채를 했으며 사신이 광화문을 들어올 때는 문 옆에 채붕을 꾸미고 산대놀이를 벌여 먼 길을 찾아온 사신의 노고를 위로했다. 선왕의 신주를 종묘에 봉안하고 왕이 궁으로 돌아올 때에도 성대한 결채와 채붕이 꾸며지고 가로에서는 기생이 춤추고 노래했으며 유생들이 글을 지어 올렸다. 세종 때 육조대로의 행사는 도성 주민들에게 개방되어 도성 안의 큰 볼거리가 되었다.

임진왜란 이후 경복궁이 복구되지 못하고 창덕궁이 시어소로 쓰이면서 양상이 조금 달라졌다. 돈화문 앞길은 가로 폭이 좁아서 육조대로에서 펼치던 행사를 수행할 수 없었다. 나라의 살림살이도 넉넉하지 못해 중국 사신이 와도 채붕을 꾸미고 산대놀이를 펼칠 여유가 없었다. 부묘 후 환궁 때에도 마찬가지였다. 그러나 국왕이 승하하고 재궁을 발인하는 의례절차는 이전보다 더 정성을 쏟았다. 왕이 왕비를 맞이하는 혼례가 있을 때는 화려하게 꾸민 왕과 왕비의 가마가 돈화문로를 지났다. 가례 행렬은 조선후기로 가면서 오히려 더 성대해져서 도성 주민의 색다른 볼거리가 되었다.

창경궁의 홍화문 앞길이나 경희궁 흥화문 앞길도 이따금 성대한 행렬이 오갔다. 영조와 정순왕후의 혼례 때에는 홍화문으로 왕과 왕비의 가마가 들어왔으며, 세조의 초상화를 다시 그리는 일을 할 때는 경희궁의 흥화문 앞길로 초상화를 모신 가마가 이동했다. 덕수궁의 동쪽 정문인 대한문은 고종황제의 통용문이었고 북쪽 출입문인 영성문은 선원전에 모시는 어진이 드나들던 곳이었다. 장대한 행렬들이 문 앞길을 오갔다. 도성 사람들에게는 큰 구경거리가 되었다.

조선시대 한양은 건국초기에도 인구가 약 10만 명 정도였다고 하며, 18세기경에는 공식적으로 20만을 헤아리고 성 바깥 구역까지 합치면 30만에 달했다고 한다. 이 정도 인구 규모로 보면, 한양에는 주민들을 위한 다양한 시설이 있었다고 보아야 하지만 〈수선전도〉 같은 고지도에는 주민을 위한 시설이 좀처럼 눈에 들어오지 않는다. 종루 주변에 밀집해 있던 상점과 남대문 밖이나 동대문 근처에 있던 시장이 도성 주민들의 생필품을 조달하던 곳이었다고 알려져 있지만 그 존재가 도시의 이미지를 결정할 정도는 아니었던 듯하다. 큰 명절이 되어 주민들이 한데 모여 왁자지껄한 놀이를 펼칠 만한 장소도 잘 보이지 않는다.

한양에서 눈에 띄는 시설이라면 여러 곳에 흩어져 있던 궁궐을 가장 먼저 꼽을 수 있다. 그리고 사직단, 종묘, 선농단, 남단 같은 국가적인 제사시설이 있다. 육상궁이나 경모궁 같은 왕실 사당이나 영희전 같은 어진을 봉안한 제사시설들도 빼놓을 수 없다. 교외에는 무수히 많은 왕릉이 도처에 산재해 있다. 사직단이나 종묘나 왕릉이나 모두 유교의례를 위한 시설들이다. 이런 시설들을 제외하면 한양에서 따로 내세울 만한 시설은 잘 보이지 않는다. 결국 조선시대 한양은 유교시설들로 가득한 도시였다는 결론에 도달하게 된다.

이 유교도시에서 그나마 도성 사람들에게 볼거리를 제공한 것은 국왕의 행차였다. 가로변에는 휘장을 치고, 호위하는 군사들은 주민들의 접근을 막았지만 이런 볼거리를 놓칠 한양 사람들이 아니었다. 주민들은 돌다리 난간 위에도 오르고 다락 난간에도 기대어 행차를 구경하곤 했다.

서울은 600년이 넘는 오랜 역사를 자랑한다. 인구 1,000만을 헤아리는 대도시이다. 600년 역사에도 불구하고 서울의 역사 유적은 내세울 만한 것이 그다지 많지 않다. 근대기를 지나면서 한양에 산재해 있던 수많은 제사시설들은 거의 다 사라졌다. 국유지였던 그 자리는 민간 기업의 대형 빌딩들이 들어서 있어서 과거의 흔적을 어렴풋하게 전해 줄 뿐이다. 그나마 살아남은 것은 사직단과 종묘 정도다. 이런 여건에서 다섯 군데나 되는 궁궐이 자취를 간직하고 있다는 데에 경의를 표하지 않을 수 없다. 경복궁이나 창덕궁, 창경궁은 궁터를 거의 원형 그대로 유지하고 있다. 경희궁은 많은 부분이 잘

기억으로 남는 궁궐과 가로

려나갔지만 중심부는 유지하고 있으며 덕수궁도 정전을 중심으로 핵심부는 남아 있다.

궁궐 다섯이 남아 있는 것으로 만족할 일은 아니다. 과거, 궁궐들은 한양이라는 도시 안에서 궁궐 바깥의 제사시설들과 유기적으로 연결되어 있었다. 제삿날이 되면 임금을 모신 화려한 가마는 궁궐 문을 나서서 시가지를 가로질러 갔으며 이런 국왕의 거둥은 도성 주민들에게 색다른 볼거리를 제공했다.

이 책에서 피상적으로 다룬 이런 행사들의 모습은 지금은 모두 사라졌다. 사람들의 기억 속에도 남아 있지 않다. 우리에게 기억은 소중한 자산이다. 기억이 풍부한 사람은 풍요로운 미래를 꿈꿀 수 있다고 생각한다. 아무런 기억할 것이 없는 것이야말로 우리를 가장 초라하게 만든다. 600년 한양의 역사를 풍성하게 하는 방안의 하나는 궁궐과 그 앞 가로가 지니고 있었던 다양한 기억들을 되살리는 일이라고 믿는다. 어떤 방법이 있을지 머리를 맞대고 궁리에 궁리를 해 볼 일이다.

격변하는 육조대로의 숙명

20세기에 들어와 육조대로는 격변의 소용돌이에 휘말려 들어갔다. 길 이름부터 달라졌다. 일제 강점기 동안 광화문통으로 불리던 길은 광복이 되면서 세종로가 되었다. 명칭과 함께 외형도 크게 변했다. 50미터 조금 넘던 가로폭은 광복 이후 100미터 확장 계획이 세워지고 결국 1970년대에 실현되었다.

가로변의 건물들은 한층 복잡한 변화를 겪었다. 조선말까지 좌우에 군림해 있던 의정부나 육조 관청 건물은 벌써 1894년 갑오개혁 때 명칭들이 달라지더니 일제 강점기에는 식민통치의 부속기관들이 길 양쪽에 들어섰다. 목조 행랑이 길게 이어지고 군데군데 출입하는 소슬대문이 서 있던 건물들은 하나씩 둘씩 사라지고 벽돌건물들이 가로변을 채워나갔다. 1961년에는 과거 공조와 형조가 있던 부근에 시민회관이 들어서더니, 1970년에 들어가면서 세종로 남쪽 옛 예조 터에 25층 높이의 정부종합청사 건물이 들어서고 1980년에는 세종로 북쪽 끝에 22층의 교보빌딩이 세워졌다.

1995년 서울시는 세종로를 국가중심가로로 조성한다는 계획을 발표했다. 이 계획은 약간의 곡절을 거친 끝에 2009년 광화문광장으로 모습을 드러냈다. 2010년에는 가로 이름도 세종대로로 바뀌었다. 이름에 걸맞게 세종대왕의 황금빛 동상이 광장에 들어섰다.

이처럼 끊임없이 이름도 바뀌고 모습도 달라지는 것은 이 길의 숙명인 듯하다. 조선왕조의 수도로 한양이 정해지고 그 머리가 되는 곳에 궁궐이 들어서고 궁궐 문 앞으로 대로가 펼쳐지는 순간 이 길은 온갖 정치적인 변화의 현장이 되었다. 정치 상황이 달라지면 이 길이 영향을 받았다. 경복궁이 지어지고 육조대로가 열리자 이 길은 나라 최고의 행사장이 되었다. 임진왜란으로 경복궁이 불에 타자 이 길도 소외된 채로 지냈다. 경복궁이 다시 중건되었지만 육조대로의 옛 영화까지 회복되지는 않았다. 일제 강점이 되자 경복궁 앞에 조선총독부 청사가 등장했고 광화문통은 식민통치의 상징가로가 되었다. 광복이 되자 온갖 정치적 행사를 하는 무리들이 이 길을 지났다. 1970년대 이후 여러 정치적 변화가 있을 때마다 세종로로 불리던 이 길은 그 현장으로 남았다. 이런 변화에 맞추어 이 길은 끊임없이 모습을 바꾸었다. 아마도 앞으로도 이 길은 우리가 예상하지 못하는 모습으로 달라질지도 모르겠다.

최근에 이 길은 온갖 정치적 욕구나 주장을 펼치는 장소로 쓰이고 있다. 그런 모습을 보면서 세종 때 석호라는 사람이 경상도 고령에서 올라와 지방 관리의 비리 사실을 적은 긴 두루마리 종이를 광화문 앞에서 중추원까지 펼쳤다는 이야기가 떠오른다. 육조대로의 숙명같은 일은 세종 때도 벌어졌고 지금도 이어지고 있는 셈이다.

세종대로에는 큼직한 세종대왕 동상이 세워지고 지하에는 세종의 업적을 새긴 전시시설도 있다. 육조대로를 만든 사람은 태종이었지만 실제로 이 길에서 치러지는 각종 행사의 절차를 정비하고 이를 내외에 과시하기 시작한 왕은 세종이었다. 세종의 동상이 이 자리에 서게 된 과정은 우연의 연속과 같은 것이지만 결과적으로는 육조대로의 가장 상징적인 인물이 들어섰다고 평가된다.

한 사람 더 떠오른다. 바로 온갖 난관을 극복하고 광화문 중건을 관철시킨 흥선대원군이다. 흥선대원군에 대한 정치적 평가는 그리 호의적이지 않은 듯하다. 그러나 적어도 경복궁과 세종대로를 바라보는 시각에서는 반드시 기억해 줄 만한 인물이라고 생각된다. 만약 흥선대원군이 경복궁 중건이라는 어려운 과업을 이루어내지 못했다면 지금 북악산 아래 경복궁 터나 그 앞 육조대로 길은 과연 어떤 모습이 되어 있을까? 구한말의 정치적 혼란과 일제강점기의 폭력적인 상황을 거치면서 궁터나 대로는 우리의 상상을 불허하는 모습으로 왜곡되었을 가능성이 높다. 그런 점에서 세종대로 어디 한쪽에 흥선대원군의 업적을 기억할 수 있는 작은 상징물이라도 만들 필요는 있지 않을까 생각된다. 흥선대원군을 위해서가 아니라 우리의 풍요로운 기억의 회복을 위해서 말이다.

왕실의 애환을 품은 돈화문로

육조대로는 숙명적으로 정치적 변화에 발맞추어 끊임없이 변신을 거듭할 수밖에 없다고 생각된다. 그와 대조적인 위치에 있는 곳이 돈화문로이다. 이 길은 지금도 조선시대의 가로 폭을 거의 그대로 유지하고 있다. 가로 뒤편의 좁은 골목길도 남아 있고 가로 양편의 뒷길 포장 도로 아래로는 여전히 상류에서 내려온 물이 흘러내리고 있다. 비록 가로 양쪽 건물들은 옛 모습을 잃었지만 다행스럽게도 몇 군데를 제외하고는 집터의 단위가 되는 필지들은 대부분 그대로인 듯하다. 무엇보다 길 북쪽 머리가 되는 곳에 돈화문이 17세기 재건된 모습을 그대로 간직한 채 서 있다. 문 뒤로 멀리 응봉의 자태도 그대로이다. 아마도 길 남쪽 종로3가 못 미친 곳 도로 아래에는 파자교 돌다리도 제법 남아 있지 않을까 추측된다.

돈화문로는 17세기에서 19세기 중반까지 조선왕실의 각종 경사와 애환의 현장이었다. 이 길로 인조를 비롯한 효종, 현종, 경종의 재궁이 지나갔다. 중국 사신들도 이 길을 거쳐 창덕궁으로 들어갔다. 비록 결채나 채붕을 엮는 전통은 지켜지지 못했지만 역대 임금의 신주를 종묘에 모신 후에 국왕이 문무백관을 거느리고 궁으로 돌아오는 행차도 이 길로 지났다. 왕실 혼례가 있으면 신부를 태운 가마가 어의동 별궁에서 이 길을 통해 궁으로 들어갔다. 영조나 정조는 한 해에도 몇 차례씩 앞뒤로 호위하는 군사들을 대동하고 이 길을 나서서 생모의 사당을 찾아가거나 부친의 무덤을 방문했다. 그런 행차는 도성 주민들에게 개방되어 구경나선 백성들이 가로를 메웠다. 영조 때 반란의 주모자 목을 치고 그 머리를 왕에게 올리는 헌부례가 벌어지고 순조 때 나라의 숙원이었던 노비문서가 소각된 현장이 돈화문이었으며 수많은 사람들이 돈화문로에 운집해 행사를 지켜보았다.

가장 마지막으로 돈화문로에서 벌어진 행사는 1926년 마지막 황제 순종의 국장이 있고 그 재궁이 궁을 떠나는 일이었다. 그 장면이 어느 외국인 선교사가 남긴 사진 한 장에 잘 담겨 있다. 멀리 돈화문이 보이고 돈화문로의 넓직한 가로가 이어지고 좌우에는 낮은 기와집들이 늘어서 있다. 황제의

순종황제의 인산 행렬. 성베네딕도 상트 오틸리엔 수도원 소장

운구 행렬은 흰옷을 입은 수많은 사람들에 의해 앞으로 나아가고 있다. 운구는 종로3가까지 온듯한데 연도에 수많은 사람들이 황제의 죽음을 애도하는 듯한 분위기가 담겨 있다.

돈화문로는 육조대로처럼 크고 번듯하지도 않고 가로변에도 이렇다 할 시설이 늘어서 있지도 않았다. 그러나 조선후기 왕실의 거의 모든 사연이 이 가로와 얽혀 있었다. 지금 이 길은 약간 침체된 듯한 모습이다. 그러나 조금 관심을 갖고 이 길을 들여다보면 제법 오랜 역사의 숨결이 남아 있다는 것을 쉽게 알아차릴 수 있다. 이 길에는 헤아릴 수 없이 많은 역사의 기억이 담겨 있다. 우리의 약간의 노력만으로도 그 기억은 어렵지 않게 되살아날 수 있다.

함부로 길을 넓히거나 필지를 합쳐서 큼직한 건물을 짓는 일을 피해야 할 것이다. 소중한 보물을 다루듯이 조심스럽고도 신중하게 이 길을 다듬어 나가는 지혜가 필요한 시점이다. 그 이전에 우선 우리가 해야 할 일은 이 길이 지니고 있는 역사적인 가치를 충분히 이해하고 공감하는 일이라고 생각된다. 서두르지 말고 차근차근 필요한 일을 궁리하면서, 더 많은 사람들이 이 길에 대한 관심과 이해를 갖기를 소망해 본다.

참고문헌

《고려사》

《고려도경》

《조선왕조실록》

《승정원일기》

《국조오례의》

《경국대전》

《홍재전서》

《퇴계집》

《(인조)국장도감의궤》

《(정조)국장도감의궤》

《(효종)부묘도감의궤》

《(영조정순왕후)가례도감의궤》

《(순조순원왕후)가례도감의궤》

《(명성황후)빈전혼전도감의궤》

本田二郎,《周禮通釋》, 秀英出版, 1977

손정목,《일제강점기 도시계획연구》, 일지사, 1990

허영환,《정도600년 서울지도》, 범우사, 1994

사진실,《공연문화의 전통》, 태학사, 2002

《서울지명사전》, 서울특별시사편찬위원회, 2009

윌리엄 길모어 지음, 이복기 옮김,《서양인 교사 윌리엄 길모어 서울을 걷다》, 도서출판 살림, 2009

하성복,《광화문과 정치권력》, 서강대학교출판부, 2010

찾아보기

찾아보기

찾아보기

찾아보기